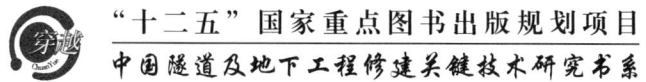

"十二五"国家重点图书出版规划项目

中国隧道及地下工程修建关键技术研究书系

公路小净距隧道

GONGLU XIAOJINGJU SUIDAO

何 川 李玉文 姚 勇 田志宇 著

人民交通出版社股份有限公司

China Communications Press Co., Ltd.

内 容 提 要

本书主要以双洞小净距隧道设计、施工关键技术研究的内容为基础素材,将作者近年来在此领域的研究成果进行了总结。全书共分四篇:第一篇介绍了小净距隧道的国内外发展现状;第二篇介绍了本书的研究方法;第三篇对小净距隧道设计与施工中的关键技术问题分章进行了研究;第四篇是典型小净距隧道的设计施工实例,便于读者在前三篇理论阐述的基础上,更好地理解、应用小净距隧道的相关技术与成果。

本书可供从事隧道科研、设计、施工及建设管理的相关人员使用,也可作为高等院校隧道工程专业师生的参考用书。

图书在版编目(CIP)数据

公路小净距隧道 / 何川等著. — 北京:人民交通出版社股份有限公司,2015.2
ISBN 978-7-114-12105-0

Ⅰ.①公… Ⅱ.①何… Ⅲ.①公路隧道—研究 Ⅳ.①U459.2

中国版本图书馆 CIP 数据核字(2015)第 042488 号

书　　　名:	公路小净距隧道
著 作 者:	何　川　李玉文　姚　勇　田志宇
责任编辑:	温鹏飞
出版发行:	人民交通出版社股份有限公司
地　　　址:	(100011)北京市朝阳区安定门外外馆斜街 3 号
网　　　址:	http://www.ccpress.com.cn
销售电话:	(010)59757973
总 经 销:	人民交通出版社股份有限公司发行部
经　　　销:	各地新华书店
印　　　刷:	北京盛通印刷股份有限公司
开　　　本:	787×1092　1/16
印　　　张:	16.75
字　　　数:	288 千
版　　　次:	2015 年 2 月　第 1 版
印　　　次:	2015 年 2 月　第 1 次印刷
书　　　号:	ISBN 978-7-114-12105-0
定　　　价:	48.00 元

(有印刷、装订质量问题的图书由本公司负责调换)

前　言

在地形、地质条件复杂的山岭区公路建设中会遇到大量的隧道工程,由于地形条件、路线总体线形要求或特殊的桥隧相连等因素影响,双洞分离式隧道方案往往会受到限制,通常需要采用连拱或小净距等特殊隧道结构形式。如果小净距隧道和双连拱隧道都能使用,则一般会对这两种方案进行比选,如京福高速公路把原设计的部分连拱隧道更改为小净距隧道、福建省漳龙高速把部分原设计的小净距隧道更改为连拱隧道。因此,有必要对这两种结构形式进行深入研究,以便在工程实践中选择最优方案,并促进这两种结构形式的进一步发展。

本书主要取材于西部交通建设科技项目"双洞小净距隧道设计、施工关键技术研究"的相关研究成果。重点介绍小净距隧道设计与施工中存在的重难点技术,包括小净距隧道的工程定义、分类及其中岩墙加固、支护体系、施工方法、爆破振动控制、监控量测体系及标准等。全书共分为四篇:第一篇介绍了小净距隧道在国内外的发展现状、主要技术特点、存在的主要问题;第二篇介绍了本书的研究方法,即数值计算、相似模型试验以及现场试验;第三篇对小净距隧道设计与施工中的关键技术分章进行了研究;第四篇为典型小净距隧道的设计施工实例。作者曾结合浙江省交通厅科技项目"连拱公路隧道综合修建技术研究"的研究成果,出版了针对连拱隧道的相关技术的《公路双连拱隧道》一书,某种意义上可将本书视其为姊妹篇。

感谢四川省交通厅公路规划勘察设计研究院、四川都汶公路有限责任公司、中铁二局第四工程有限公司等单位对课题研究提供的协助。同时,还要感谢参与课题的西南交通大学博士及硕士研究生所做的大量工作。

鉴于作者的水平及认识的局限性,书中如有不妥及谬误之处,望读者批评指正。

作　者
2014 年 12 月于西南交通大学

目　　录

第一篇　公路小净距隧道的发展与现状

第一章　国内外设计施工现状 ·· 3
　　第一节　我国小净距隧道的历史 ···································· 3
　　第二节　小净距隧道的基本特征 ···································· 4
　　第三节　平行小净距隧道的技术特点 ································ 4
　　第四节　特殊形式的小净距隧道 ···································· 9

第二章　国内外研究现状及存在的主要问题 ··························· 13
　　第一节　小净距隧道合理净距 ······································ 13
　　第二节　中岩墙加固技术 ·· 15
　　第三节　施工方法及控制爆破技术 ·································· 16
　　第四节　监控量测体系与基准 ······································ 17

第三章　与连拱隧道的比较 ··· 18
　　第一节　施工方法 ·· 18
　　第二节　防排水措施 ·· 19
　　第三节　中墙与中岩墙的比较 ······································ 20
　　第四节　其他比较 ·· 20

第四章　研究思路和对象 ··· 24
　　第一节　研究思路 ·· 24
　　第二节　工程对象 ·· 24

第二篇　公路小净距隧道研究概要

第五章　理论分析及数值模拟研究 ··································· 31
　　第一节　概述 ·· 31
　　第二节　小净距隧道相互影响的理论解析 ···························· 31
　　第三节　数值模型的建立 ·· 39
　　第四节　小净距隧道行为特征二维静力数值模拟分析 ·················· 45
　　第五节　小净距隧道行为特征三维静力数值模拟分析 ·················· 52
　　第六节　爆破作用下小净距隧道行为特征数值模拟分析 ················ 55

第六章　模型试验研究 60
第一节　概述 60
第二节　模型试验设计 62
第三节　模型试验概况 68

第七章　现场试验研究 74
第一节　概述 74
第二节　测试项目与方法 76

第三篇　公路小净距隧道专题研究成果

第八章　小净距隧道定义与分类 85
第一节　小净距隧道定义 85
第二节　小净距隧道分类依据 86
第三节　小净距隧道分类建议 105

第九章　小净距隧道中岩墙加固技术 107
第一节　概述 107
第二节　理论分析 107
第三节　数值计算 115
第四节　模型试验 127
第五节　现场试验 130
第六节　小结及工程建议 131

第十章　小净距隧道支护体系与设计方法 132
第一节　概述 132
第二节　小净距隧道支护体系的选取原则及对策 132
第三节　小净距隧道荷载确定 147

第十一章　小净距隧道施工方法 154
第一节　概述 154
第二节　小净距隧道施工措施选取的原则及对策 154
第三节　相邻隧道掌子面合理距离 168
第四节　支护体系的施作时机 172

第十二章　小净距隧道施工控制爆破技术 173
第一节　概述 173
第二节　研究的主要方法与手段 173
第三节　结论及工程建议 184

第十三章　小净距隧道监控量测体系及监控基准 187
第一节　概述 187
第二节　现场监控量测的项目及测试方法 187

  第三节 现场监控量测基准ᆢᆢᆢᆢᆢᆢᆢᆢᆢᆢᆢᆢᆢᆢᆢᆢᆢᆢᆢᆢᆢᆢᆢᆢ 192
  第四节 现场监控量测实施方案的制定ᆢᆢᆢᆢᆢᆢᆢᆢᆢᆢᆢᆢᆢᆢᆢᆢ 194
  第五节 小净距隧道现场监控量测的管理ᆢᆢᆢᆢᆢᆢᆢᆢᆢᆢᆢᆢᆢᆢᆢ 195

第十四章 地形偏压下小净距隧道行为特征ᆢᆢᆢᆢᆢᆢᆢᆢᆢᆢᆢᆢᆢᆢ 198
  第一节 数值模拟分析ᆢᆢᆢᆢᆢᆢᆢᆢᆢᆢᆢᆢᆢᆢᆢᆢᆢᆢᆢᆢᆢᆢᆢᆢᆢᆢ 198
  第二节 模型试验研究ᆢᆢᆢᆢᆢᆢᆢᆢᆢᆢᆢᆢᆢᆢᆢᆢᆢᆢᆢᆢᆢᆢᆢᆢᆢᆢ 212
  第三节 小结ᆢᆢᆢᆢᆢᆢᆢᆢᆢᆢᆢᆢᆢᆢᆢᆢᆢᆢᆢᆢᆢᆢᆢᆢᆢᆢᆢᆢᆢᆢᆢᆢ 222

第四篇 公路小净距隧道工程实例

第十五章 纳溪至宜宾高速公路南溪隧道ᆢᆢᆢᆢᆢᆢᆢᆢᆢᆢᆢᆢᆢᆢᆢᆢᆢᆢ 225
第十六章 映秀至汶川高速公路单坎梁子隧道ᆢᆢᆢᆢᆢᆢᆢᆢᆢᆢᆢᆢᆢᆢᆢᆢ 231
第十七章 映秀至汶川高速公路七盘沟隧道ᆢᆢᆢᆢᆢᆢᆢᆢᆢᆢᆢᆢᆢᆢᆢᆢᆢ 235
第十八章 雅安至泸沽高速公路徐店子隧道ᆢᆢᆢᆢᆢᆢᆢᆢᆢᆢᆢᆢᆢᆢᆢᆢᆢ 238
第十九章 广元至川甘界高速公路小净距隧道ᆢᆢᆢᆢᆢᆢᆢᆢᆢᆢᆢᆢᆢᆢᆢᆢ 241
第二十章 丽江至攀枝花高速公路小净距隧道ᆢᆢᆢᆢᆢᆢᆢᆢᆢᆢᆢᆢᆢᆢᆢᆢ 243
第二十一章 巴中至达州高速公路小净距隧道ᆢᆢᆢᆢᆢᆢᆢᆢᆢᆢᆢᆢᆢᆢᆢ 246
第二十二章 小净距隧道设计与施工要点ᆢᆢᆢᆢᆢᆢᆢᆢᆢᆢᆢᆢᆢᆢᆢᆢᆢᆢ 249

参考文献ᆢᆢ 252

第一篇　公路小净距隧道的发展与现状

第一章　国内外设计施工现状

在地形、地质条件复杂的山岭区公路建设中经常会遇到大量的隧道工程,因地形条件限制、路线总体线形要求或特殊的桥隧相连等情形,这些隧道工程的双洞线间距往往不能满足规范要求[1-2],需要采用连拱或小净距等特殊隧道结构形式。自上世纪末以来,国内相继修建了大量的连拱隧道工程,主要集中在云南、四川、贵州、福建等省区。从连拱隧道的实施效果看,连拱隧道存在结构复杂、施工工序转换多、防排水质量不易保证等问题,近年来通过一些研究工作的开展和施工工艺的改进,这些问题也在逐步得到解决[3-5]。相对而言,小净距隧道因其施工工序简单、工程风险较小、造价相对较低等优点,逐步得到了广泛的应用。

日本和欧洲国家在小净距隧道修建方面有大量成功的经验。日本的第二东(京)名(古屋)、名(古屋)神(户)等重要干线高速公路及中心城市周边公路中出现了大量小净距隧道,德国在七八十年代就出现了相应的工程实例,希腊在2004年的雅典奥运会基础设施建设中,也修建了大量的双洞小净距隧道。我国于20世纪90年代末开始建造小净距隧道,"京福高速公路"是我国第一次大规模推广小净距隧道的工程。近年来,通过工程实践,国内学者和广大建设者积累了宝贵的建设经验,但在小净距隧道的工程定义、分类及其中岩墙加固、支护体系、施工方法、爆破振动控制、监控量测体系及标准等工程措施方面,尚待开展深入、系统的研究工作。

第一节　我国小净距隧道的历史

在我国,小净距隧道出现的历史不久。铁路隧道采用这种结构形式较早,已建成的小净距铁路隧道如内昆线青山隧道,湘黔铁路娄底至怀化段线新坪渠隧道、新坪口隧道、新柳潭隧道,宝成复线须家河隧道,株六铁路复线关寨隧道,内昆铁路杨柳湾隧道,渝怀铁路板桃隧道等。宝成复线合站并行线位[6-7]使得新老二座须家河隧道同居于嘉陵江陡岸的一个山嘴上,两座隧道均分别在$R=400m$和$R=405m$的同向曲线上,线间距进口端为7.9m,出口端为7.5m,两隧道之间的中墙厚度仅为1.9~2.3m;板桃隧道[8]是渝怀铁路十大控制工程之一,隧道进口段Ⅰ、Ⅱ线两隧道开挖净距为 6.14m。

深圳、广州、南京、北京等地铁的修建中以及重庆的轻轨建设中,均出现了近距离施工和交叉重叠隧道的小净距隧道结构形式。深圳地铁一期工程[9]罗湖站至大剧院站区间重叠隧道,最小净距仅 2.8m;广州地铁二期工程[10-11]中的越秀公园车站、江南新村车站,采用了 3 孔隧道方案,3 孔隧道最小净距仅 2.7m。广州地铁一号线与二号线[12]的换乘节点公园前站,两条线路的联络线在公纪区间接驳,同时在区间左右线之间还设置存车线和交叉渡线,于是形成单线、双线和三线隧道,由于开挖断面多次转换,所形成的双洞并行隧道最小间距仅为 0.85m;南京地铁南北线一期工程[13]菊花台 2 号隧道出口和南北线南延支线左、右线隧道进口呈三洞相邻并排布置,正线隧道与左右线隧道净距只有 5.27m 和 1.69m 等。

在公路隧道方面,近年来这种结构形式相继被采用,如厦门市仙岳山隧道[14]为城市道路交通隧道,为双车道双线隧道,中岩墙厚度为 19m;宁波镇海招宝山隧道[15]是一座新建双线公路隧道,由上下行分离的两座独立且平行的隧道组成,单孔长 169m,单跨开挖宽度为 14.15m,高 12.35m,两隧道间净距小于 0.28B(仅为 2.98～4.20m),B 为隧道开挖跨度,后同;深圳梧桐山隧道[16]是沟通深圳、盐田港和香港的咽喉要道,由于受环境限制,下行隧道与上行隧道相距较近,中心距仅为 25m,边墙净距为 14m,远小于现行公路隧道设计规范要求;京福高速的里洋隧道[17]、金旗山隧道[18]等,都汶高速的紫坪铺隧道等均采用了小净距隧道结构形式。

第二节 小净距隧道的基本特征

小净距隧道在山区公路中主要修建在山岭重丘区埋深不大的丘陵部,在市区主要修建在受特殊地理条件限制或有特殊要求的区域。通过对国内外小净距隧道的调研发现,小净距隧道的长度都较短,且埋深也基本属于浅埋。

小净距隧道除了单独存在以外,还可作为采用组合结构形式的隧道的一部分。如厦门市成功大道梧村隧道,沿隧道轴线为双连拱隧道+小净距隧道+初期支护连拱隧道+分离式隧道,紫坪铺隧道为净距渐变小净距隧道+分离式隧道等。

小净距隧道的基本特征可以归纳为浅埋、中短长度,且多为考虑线路连接而修筑。

第三节 平行小净距隧道的技术特点

一、净距

小净距隧道与分离式隧道的区别在于小净距隧道双洞间的距离较小,先后行洞之

间的开挖会相互影响,不能按单洞进行考虑,且不同的洞间距对隧道的受力有很大的影响。表1-1为国内一些典型小净距隧道的隧道净距。

典型小净距隧道净距值　　　　　表1-1

隧道名称	所在线路	净距值(m)
紫坪铺隧道	都汶高速	3.73～12.36
联南隧道	京福高速公路	5
金旗山隧道	京福高速公路	5.1
仙岳山隧道	厦门城市主干道	16.5～22
招宝山隧道	宁波大桥工程	2.98～4.2

二、隧道跨度

隧道跨度是由隧道净空确定的,而隧道净空是由行车道数量、侧向宽度、余宽等众多因素决定的。由于两侧余宽和车道宽度等的标准和取值不同,隧道的跨度就有所不同。一般来讲,在我国目前所修建的双洞小净距隧道中,双向四车道占了绝大多数,如紫坪铺隧道[图1-1a)]、三福高速公路的联南隧道、岳潜高速巴掌湾隧道、京福高速公路、宝田高速公路的多座小净距隧道等。随着国民经济的发展,交通量不断增大,伴随而来的是多车道小净距隧道数量的逐步增多,如福州国际机场高速公路鹤上隧道为双向六车道[图1-1b)]、西岸隧道、黔灵山隧道为市政道路双向六车道、福州高速公路魁岐隧道为双向八车道。

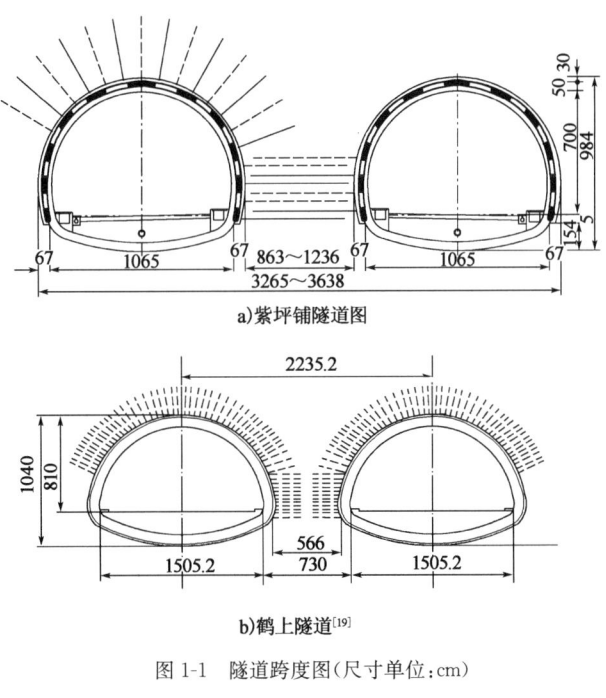

图1-1　隧道跨度图(尺寸单位:cm)

三、施工

(一)中岩墙加固

从本质上讲,小净距隧道的结构形式与分片式曲中墙连拱隧道的结构形式是相同的,区别在于连拱隧道的中墙采用了混凝土,而小净距隧道的"中墙"是加固了的岩柱体。一般来说,中岩墙的加固方式主要采用注浆加固、贯通长锚杆加固、预应力锚杆加固以及集中方式组合等加固方法。国内一些典型隧道的中岩墙加固方式见表1-2。

典型小净距隧道中岩墙加固技术统计表　　表1-2

隧道名称	围岩级别		
	Ⅲ级	Ⅳ级	Ⅴ级
紫坪铺隧道	A+B	A+B	A+B
里洋隧道	A+B	A+B	A+B
金旗山隧道	A+B(局部)	A+B(局部)	A+B
石狮隧道	A+C		A+B
联南隧道	A+B(局部)	A+B	A+B

注:A代表小导管注浆;B代表水平贯通预应力锚杆;C代表系统锚杆。

(二)爆破振动

小净距隧道由于中岩墙较薄,隧道开挖爆破对中岩墙的稳定与相邻隧道结构的受力有重要的影响,这就对隧道的动力稳定性提出了要求。目前国内外多采用岩石的质点振动速度作为隧道爆破作用的动力稳定性判据。国内典型隧道的振动速度临界值见表1-3。

典型小净距隧道爆破振动临界值表　　表1-3

隧道名称	所在线路	长度(m)	临界值(cm/s)
招宝山公路隧道	宁波大桥工程	169	12
梧桐山隧道	深圳罗沙公路	2270	Ⅲ级6,Ⅳ级4
椒金山隧道	大连市东北路	1098	10
小洋山隧道	上海国际航运中心	270	10
紫坪铺隧道	都汶高速	2500	15
大帽山隧道	泉州厦门高速公路	600(新建隧道)	Ⅴ级15,Ⅱ级~Ⅳ级20

(三)开挖方法

常用的双洞小净距公路隧道的施工方法主要有单侧壁导坑法、双侧壁导坑法和超前导洞预留光爆层法等。秦峰等[20]提出了中岩墙厚度为5m左右的双车道小净距隧道开挖方法,为小净距隧道施工方法的选择提供了有价值的参考(表1-4)。国内一些典型小净距隧道的开挖方法见表1-5[20-21]。

开 挖 方 法 表

表 1-4

围岩级别	施工方法	开挖顺序图例（以左侧洞为先行洞为例）		
		A	B	C
Ⅵ	A 单侧壁导坑法	(3,1/4,2) (5,7/6,8)		
Ⅴ	A 单侧壁导坑法； B 上下台阶与正向侧壁导坑法	(3,1/4,2) (5,7/6,8)	(1/2) (3,5/4,6)	
Ⅳ	A 上下台阶与正向侧壁导坑法； B 上下台阶与反向侧壁导坑法； C 上下台阶法	(1/2) (3,5/4,6)	(1/2) (3,5/4,6)	(1/2) (3/4)
Ⅲ	A 超前导洞预留光爆层法； B 上下台阶法	(2/1) (4/3)	(1/2) (3/4)	
Ⅱ Ⅰ	A 超前导洞预留光爆层法； B 全断面法	(2/1) (4/3)	(1/2) (3/4)	

典型小净距隧道开挖方法表

表 1-5

开挖顺序图例(以左侧洞为先行洞为例)

隧道名称	所在线路	Ⅲ 方法	Ⅲ 图示	Ⅳ 方法	Ⅳ 图示	Ⅴ 方法	Ⅴ 图示
紫坪铺隧道	都汶高速	先行洞:上下断面台阶法; 后行洞:上下断面台阶法	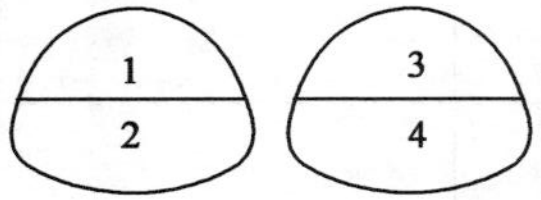 (1/2, 3/4)	先行洞:上下断面台阶法; 后行洞:上下断面导坑法	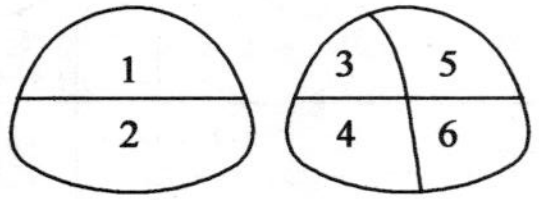 (1/2, 3 5/4 6)	先行洞:正向侧壁导坑法; 后行洞:正向侧壁导坑法	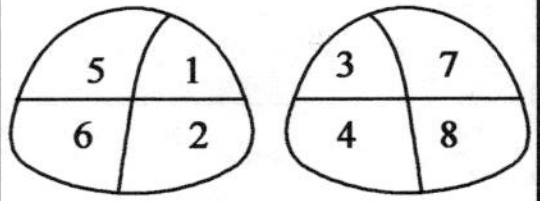 (5 1/6 2, 3 7/4 8)
金旗山隧道	京福高速	先行洞:上下断面台阶法; 后行洞:上下断面台阶法	(1/2, 3/4)	先行洞:上下断面台阶法; 后行洞:上下断面台阶法	(1/2, 3/4)	先行洞:正向侧壁导坑法; 后行洞:正向侧壁导坑法	(1/2, 3 5/4 6)
董家堰隧道	贵阳绕城高速	先行洞:全断面法; 后行洞:全断面法	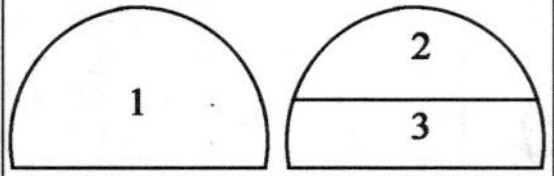 (1)	浅埋: 先行洞:台阶法; 后行洞:上下断面预留核心壁导坑法	(1/2, 3, 4 6/5 7)	先行洞:上下台阶法; 后行洞:正向侧壁导坑法	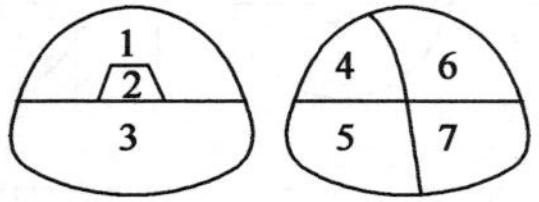
			(2/3)	浅埋: 先行洞:台阶法; 后行洞:上下断面预留核心土法	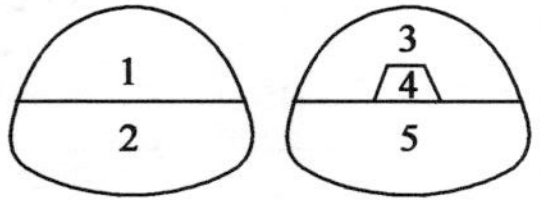 (1/2, 3 4/5)		

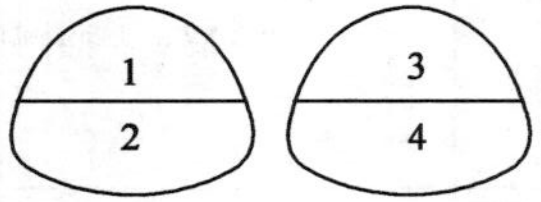

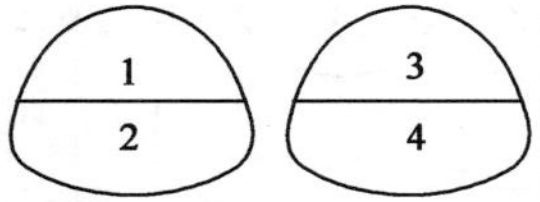

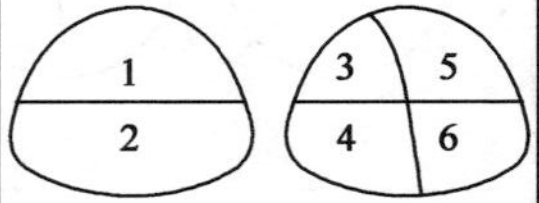

第四节　特殊形式的小净距隧道

在我国的工程实践中,除了比较常见的平行双洞小净距隧道外,还出现了一些特殊形式的小净距隧道。这些隧道的力学特性与平行双洞小净距隧道有一定的差异,其施工与设计往往需要进行专门的研究。

一、不对称双洞小净距隧道

小净距隧道受力复杂多变,通常设计为左右洞对称,有利于克服受力不平衡的问题。但在一些特殊情况下需要设计成非对称形式,如厦门机场路一期工程的万石山隧道[22],该隧道为双线双洞非对称小净距隧道,小洞为匝道隧道,断面较小,大洞为主线隧道,断面较大,双洞最小净距只有 2m。

二、小净距隧道群

群洞隧道不是单洞隧道的简单叠加,在其施工过程中应充分注意群洞间的相互影响,尽量避免或减小对相邻隧道的扰动和影响,以保证围岩的稳定和结构的安全。在小净距隧道群的施工过程中,各个单洞的开挖顺序显得尤其重要,图 1-2 为上海国际航运中心洋山深水港区小洋山隧道群单洞开挖顺序示意[23]。

(一)连拱加小净距隧道群

1. 苏州凤凰山隧道

苏州凤凰山隧道工程[24](图 1-3)位于吴中区木渎镇境内,属宝带西路延伸段改建工程的一部分,穿越七子山西北侧凤凰公墓区,隧址处为一小山体。凤凰山隧道由主洞隧道和南北附洞隧道组成,主洞隧道为 3 车道连拱隧道,供机动车通行,南北附洞隧道供非机动车和行人通行,主洞隧道和南北附洞隧道为小净距隧道。

2. 小洋山隧道

上海国际航运中心小洋山隧道[23](图 1-4)位于东海崎岖列岛上的小洋山岛,由 1 座连拱隧道(主道隧道)、2 座单拱隧道(地面辅道隧道)及管线隧道组成。主道隧道长 270m,采用上下行隧道独立承载的叠合式中墙双连拱结构;辅道隧道左右线均长 304m,为 2 座分离式小净距隧道,管线隧道专为港区内供水、供电线路而设。

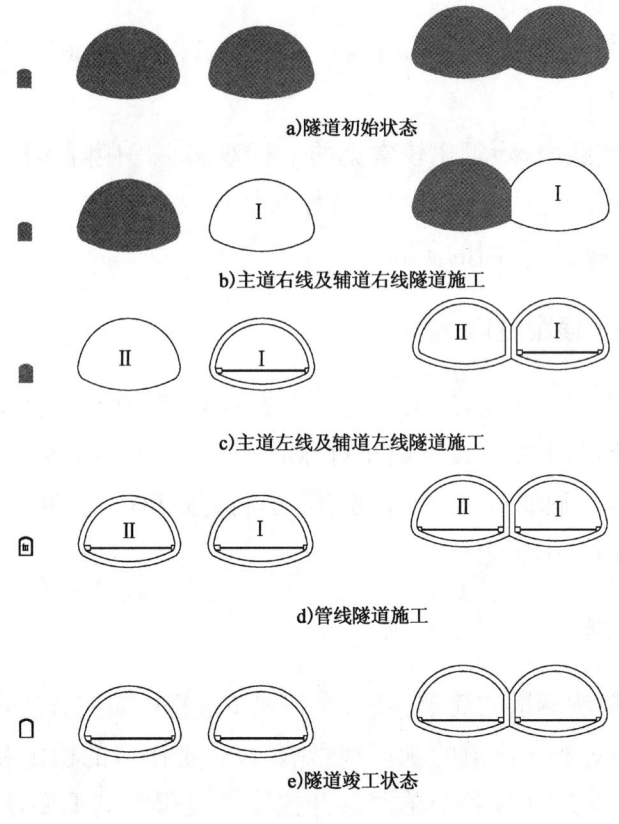

图1-2 小洋山隧道群整体开挖顺序示意图

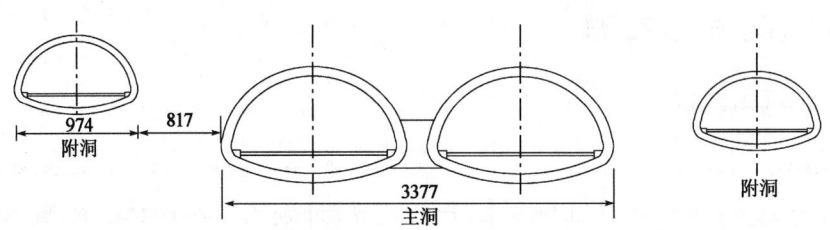

图1-3 凤凰山隧道示意图(注:图中未画出初支,后同;尺寸单位:cm)

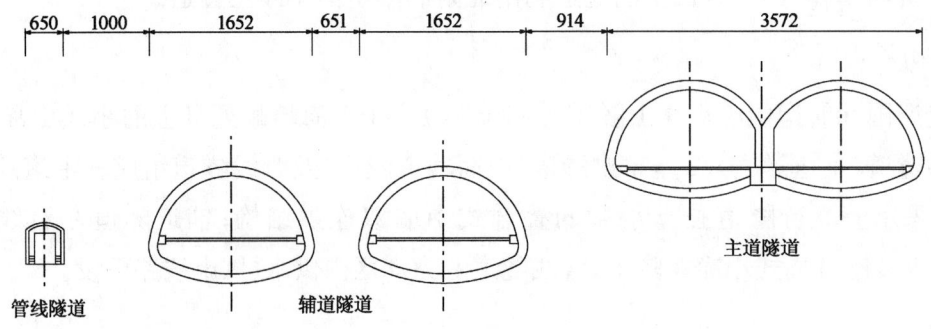

图1-4 小洋山隧道示意图(尺寸单位:cm)

3. 金鸡山隧道

金鸡山群体隧道[25]（图1-5）由主路连拱隧道和辅路隧道组成，横断面上形成四孔群体隧道。辅路隧道含左右两洞，长度分别为435m和363m。

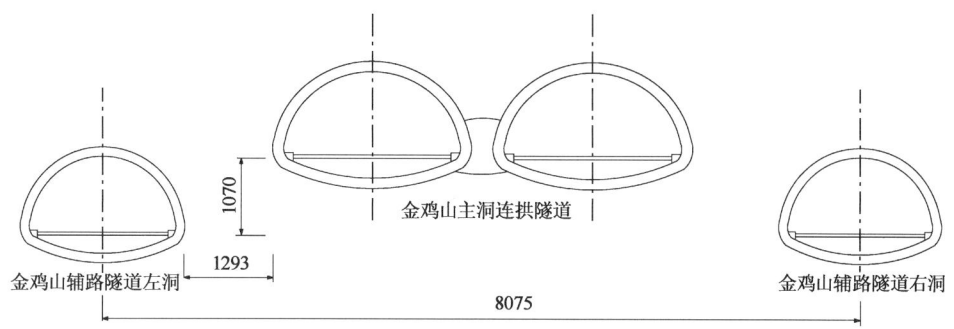

图1-5　金鸡山隧道示意图（尺寸单位：cm）

（二）由于扩建形成的小净距隧道群

随着交通量的增加，一些原有的高速公路车道数已经不能满足现有交通的要求。因此，需要增加高速公路的车道，相应的，原有的隧道也会进行增加或拓宽。如招宝山隧道，大帽山隧道等。

大帽山隧道[26]（图1-6）为国家高速公路网沈海线泉州至厦门高速公路的扩建隧道，扩建方案为在原两洞之间新建一四车道隧道，并将原右洞车道扩建为四车道，这样大帽山隧道形成了大断面小净距隧道群，从左至右有：原两车道隧道、新建四车道隧道和扩建四车道隧道。

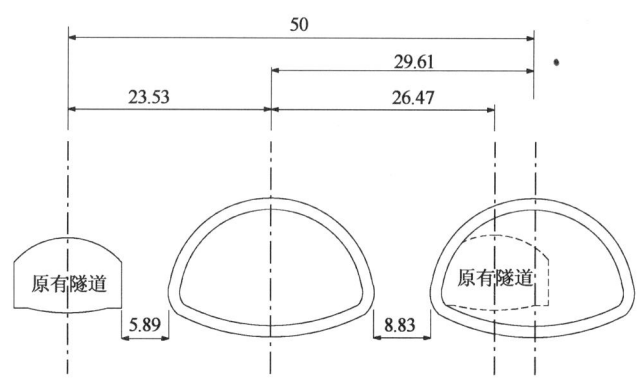

图1-6　大帽山隧道示意图（尺寸单位：m）

三、错台小净距隧道

错台小净距隧道一般多出现在浅埋偏压段且展线受到限制的地段。

1. 魁岐隧道

福州高速公路魁岐隧道[27]（图1-7）为上下行分离的双向八车道高速公路隧道,左洞全长737m,右洞全长738m,属浅埋特大断面偏压小净距隧道。

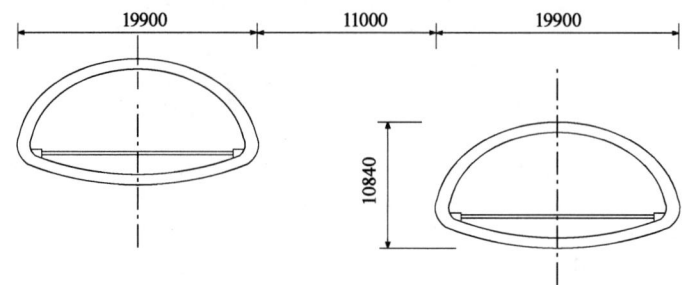

图1-7　魁岐隧道示意图(尺寸单位:mm)

2. 平台隧道

平年隧道工程[28]位于云南省剥隘地区,靠近广西壮族自治区左洞进口埋深17m,右洞进口埋深11m,左右两线隧道高程相差为4m,偏压角度为18°,其具体尺寸见图1-8。

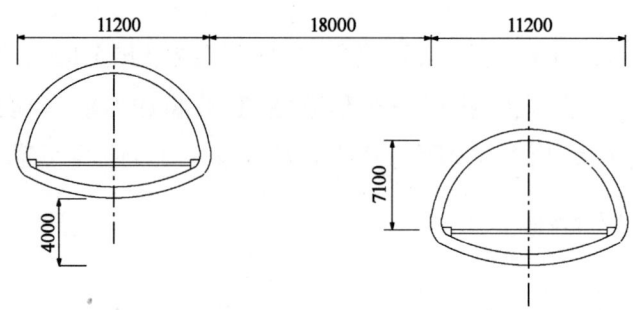

图1-8　平台隧道示意图(尺寸单位:mm)

本书在无特殊说明的情况下,小净距隧道专指平行双洞小净距隧道。

第二章　国内外研究现状及存在的主要问题

通过查阅文献可知,虽然小净距隧道在我国公路隧道中出现的历史较晚,但是经过不断的研究,已有相当多的研究成果,并且很多工程实例在小净距隧道的发展中都具有里程碑式的意义。然而由于小净距隧道本身的复杂性,在设计施工方面还有许多问题有待进一步的研究解决。

第一节　小净距隧道合理净距

一、国内外研究现状

国内研究始于 20 世纪 80 年代,朱敬民[29]等采用模型试验研究双线隧道问题,提出了层状岩体中开挖洞室的围岩扰动范围为一椭圆形区域,其水平长半轴为 2.5 倍洞室跨度,垂直短半轴为 1.5 倍洞跨;在复合式衬砌的支护下,洞周围岩的破坏亦属剪切破坏,破坏受变形控制,且始于岩体抵抗变形能力最弱的部位,并非受力最不利的部位;两洞室隔墙的厚度若大于 23m,在开挖时将不产生相互影响等重要结论。王景春[30]等借助某引水隧道现场测试与理论分析对比研究指出:合理的相邻隧道中心距必须经过综合分析确定,分析隧道所处的地质条件、断面形状、现有隧道的衬砌情况、施工方法等因素,尽可能减小不利于围岩和隧道结构稳定的方面,通过类比初步确定矢跨比,再进行分析验证,是确定最佳相邻隧道中心距的有效途径;在条件不容许有较大的隧道中心距,超规范规定的情况是可行的,施工中应尽量采用微差爆破、强支护等手段,以减小不利影响,加强监测,确保隧道施工安全。李誉[31]开展了"近距离二线隧道开挖稳定性的动静力分析",提出了解决分期修建近距离铁路隧道应注意的问题。

1999 年厦门市政建设指挥部和中铁西南科学研究院等单位开展了"现代城市双洞、双线隧道修建技术的研究",采用二维及三维有限元法对小线间距的围岩稳定性进行分析,结合施工技术,提出了城市双线隧道最小净距的参考值。同年,张玉军[32]等对京珠道沿线近距离隧道开挖与支护过程,使用平面和三维黏弹塑性有限元方法进行数值模拟,分析对比了围岩和支护结构的受力、变形及塑性区、受拉区的演化状况,对围岩-支护体系的稳定性进行了评价,用数值分析方法提出了双洞间距压缩的可能性。刘艳清[33]等以宁波招宝山隧道为依托,进行了"并行隧道超小净距施工技术研究",并在Ⅳ、Ⅴ级围岩净距3.5～4.2m下取得了成功,其总结的诸多参数、安全措施对小净距隧道有重要参考价值。吴焕通[34]采用平面弹塑性有限元程序对广州地铁2号线净距为0.85m的双洞区间隧道的施工进行模拟分析,通过5种开挖工法的模拟,并考虑中隔土体注浆与未注浆对隧道稳定的影响,以推荐合理的施工方法。

2004年,福建省高速公路建设指挥部与重庆交通科研设计院结合"京福高速公路福建段小净距隧道设计、施工关键技术研究"的研究成果,从施工中围岩的稳定和工程造价方面考虑,提出采用Ⅰ、Ⅱ、Ⅲ级围岩比例进行控制,确定小净距隧道合理净距。当Ⅰ、Ⅱ、Ⅲ级围岩占小净距隧道总长的80%以上时,双洞最小净距不宜小于0.3B;当Ⅰ、Ⅱ、Ⅲ级围岩占小净距隧道总长的50%～80%时,双洞最小净距不宜小于0.5B;当Ⅰ、Ⅱ、Ⅲ级围岩占小净距隧道总长的50%以下时,双洞最小净距不宜小于0.75B;当双洞最小净距小于0.3B时,宜与连拱隧道进行比选。

日本关于小净距隧道相互影响也开展了较多研究工作。日本学者山口嚴[35]、大久保達也[36]等在数值模拟计算方面,木村定雄[37]等在模型试验方面,蒋宇静[38]、樱井春輔[39]等在相互影响性评价方面均取得了一些研究成果。日本铁道技术学会于70年代初发表了《关于平行隧道研究报告》,认为平行隧道的中心间距在可以把地层看作完全弹性体时,约为开挖宽度的2倍,而在黏土等软地层中,则是开挖宽度的5倍,并且规定平行公路隧道的中心距为30m(约为开挖宽度的3倍),国铁单线隧道的标准净距是20m。1994年日本铁道综合技术研究所,在总结日本地铁实践的基础上,发布了《近接隧道施工指南》,提出了近接隧道施工影响范围分类(表2-1)。同时,针对不同影响情况,提出了施工前调查、影响预测与对策、安全监测、施工记录等不同近接程度的对策。这是迄今为止关于小净距隧道最为系统和有指导意义的成果,其划分的范围、规定的净距、提出的措施都较以往小净距隧道的研究有较大的突破,对今天的研究仍有指导意义。

二、存在的主要问题

目前对小净距隧道双洞间相互影响大小的机理尚在探索之中,设计上采取的工程措施缺乏理论指导,导致工程措施非强即弱,而过强的工程措施易造成不经济,偏弱了又易导致不安全。

相互影响范围划分　　　　　　　表 2-1

隧道位置的相互关系	隧道间隔	接近度的划分
后行洞比先行洞高	<1.0B	限制范围
	(1.0~2.5)B	需注意范围
	>2.5B	无影响范围
后行洞比先行洞低	<1.5B	限制范围
	(1.5~2.5)B	需注意范围
	>2.5B	无影响范围
新建隧道在既有隧道的下方	<2.0B	限制范围
	(2.0~3.5)B	需注意范围
	>3.5B	无影响范围

对于小净距隧道合理净距的判断标准而言，不同的标准所得到的合理净距有很大的差别。而采取哪种标准更为合理，更能有效地指导施工值得进一步研究。

第二节　中岩墙加固技术

一、国内外研究现状

Hiroshi Kuriyama[40]等人结合福岗市地铁 3 号线对岩柱加固方法、监控量测进行了研究，并进行了三维数值模拟分析；杨转运等[41]等根据小净距隧道在不同围岩类型下中央岩柱的力学性能分析结果，给出了中央岩柱加固处理的设计要点，并结合工程实例介绍了中央岩柱在施工中的加固处理过程；刘明贵[26]对大帽山小净距隧道群中夹岩累计损伤效应进行了研究；戴安全[42]对小净距隧道的中央岩柱稳定性进行了模糊综合评价，采用模糊数学方法建立小净距隧道中央岩柱稳定性综合评价 Fuzzy 模型；谭坤[43]通过数值计算研究了中夹岩柱的力学特性，以及各级围岩不同净距下不同加固方式的效果，以此确定了小净距隧道的合理加固方式；杨龙伟[44]通过模型试验研究了 V 级围岩下，中夹岩柱不同加固方式的效果，以此确定了中夹岩柱的合理加固方式；刘芸、周玉兵[45]等结合具体工程，提出对中夹岩柱进行区域划分；田志宇、林国进等[46]结合四川小净距隧道的发展现状，提出对中岩墙加固方法应进行简化、优化；何巍[47]对小净距隧道中夹层的受力变形特征进行了研究。

二、存在的主要问题

中岩墙在保证小净距隧道安全施工的过程中有着重要的作用，但目前对于中岩墙各种加固措施的加固机理、加固效果、不同影响程度的小净距隧道围岩的加固对策以及爆破作用对中岩墙的影响研究不足,导致在实际施工过程中加固措施非弱即强,不利于保证施工的安全性和进行优化设计。

第三节 施工方法及控制爆破技术

一、国内外研究现状

T. 川田等[48]对新镇干线公路上的尾山大理隧道设计、开挖方式进行了系统研究;今田辙[49]等对硬岩中小净距隧道的断面形式、施工措施和爆破控制进行了研究,并提出了标准断面和爆破控制标准;Solim. E[50]利用平面应变和三维有限元对小净距隧道进行了开挖模拟;中野研一郎[51]、根征喜[52]等在爆破振动控制等方面均做了一些研究工作;李云鹏[53]等对不同围岩类别小净距隧道施工过程进行了模拟研究,得出了Ⅱ类围岩合理间距不应小于 $0.45B$,Ⅲ类围岩应在 $0.35\sim0.45B$ 之间,Ⅳ、Ⅴ类围岩可在 $0.2\sim0.35B$ 之间选择,对信息化反馈施工,指出了必须重点监控与关注的位置;龚建伍[54]等对鹤上三车道小净距隧道爆破振动进行了测试和分析,得出了振动波在不同级别围岩、不同监测位置的传播及分布规律;张国华[55]等对大帽山大断面隧道爆破开挖围岩损伤范围进行了实验研究和数值计算,得到了一些有用的结论;唐明明[56]等结合西康高速公路长哨小净距隧道,对穿越公路偏压小净距隧道施工方法进行了探讨,分别针对上下台阶法、留核心土法、侧壁导坑法3种开挖方法进行了数值模拟,对不同开挖方式隧道不同位置的塑性区、围岩变形及地表沉降进行了分析,提出了符合实际的开挖施工方案,并同实际现场监测数据进行了比较;王明年[10]等人结合广州地铁中3孔平行小净距隧道,利用数值计算和模型试验对其施工力学行为进行了研究;仇文革[9]、张玉军[57]、陈先国[13]等人对深圳地铁上下交叠隧道利用数值计算、结合现场测试进行了研究;刘艳青、钟世航[33]等人结合招宝山小净距隧道的建设,利用数值计算和现场实测,对并设小净距隧道力学状态进行了研究;胡元芳[14]结合厦门仙岳山小净距隧道的建设,利用 2D-σ 有限元软件,对小净距城市双线隧道围岩稳定性进行了分析;原部兵[8]等人结合板桃隧道,王红伟等人结合广州地铁[12],王暖堂等人结合北京地铁[58],徐爱敏等[15]人结合招宝山小净距隧道,赖德良[18]等人结合金旗山小净距隧道等的现场施工对小净距隧道的施工技术进行了探讨;谭忠盛[6]等人结合株六铁路复线关寨隧道,陈宝林[7]等人结合宝成复线须家河隧道,王新荣[59]等人结合株六复线关寨隧道等利用现场实测资料研究了爆破振动对既有隧道的影响;刘慧[60-61]、阳生权[62]等人结合宁波镇海招宝山隧道,李树良[63]等人结合深圳梧桐山隧道,利用数值模拟和现场实测资料,研究了公路小净距隧道爆破振动的影响及减振技术。

二、存在的主要问题

由于小净距隧道开挖与支护相互影响,围岩的应力变化比较复杂,不同的施工方法对小净距隧道的受力会产生很大的影响。可以看出,虽然国内外的学者们做了很多有意义的工作,但对于小净距隧道的合理施工方法还需要进一步研究,且在不同的开挖方法中,爆破作用对开挖过程的影响还鲜见于报道。

第四节 监控量测体系与基准

现场量测是地下工程研究领域中一种很好的研究手段,现场试验的测量数据不仅可以为科研提供主要依据,更重要的是可以直接指导生产。

一、国内外研究现状

K. W. LO[64]等对新加坡高速公共交通系统中,处于回填土、海相黏土硬冲积层的四孔平行隧道做了多隧道相互影响的现场量测试验;H. R. Samuel[65]等对一已建隧道下穿新建隧道的影响性进行了评价;Kimmance,J. P. Lawrence[66]等人对近接施工的隧道进行了现场测量;陈宇[67]等对广贺高速公路某双向六车道小净距隧道进行了监控量测;覃卫民等[68]结合厦门市梧村隧道,对隧道的围岩位移进行了监测分析,对拱顶沉降前期损失、隧道右洞施工对左洞的沉降及收敛影响等进行了研究;蒋坤、夏才初等[69]对魁岐 2 号隧道进行了大量现场监控量测,通过分析监测数据,研究了地表沉降、拱顶下沉及洞周收敛、围岩内部位移、锚杆轴力、围岩与初期支护压力的分布特征及其变化规律。张煜[70]根据炉坪隧道的现场量测信息,对隧道围岩—支护系统的稳定性进行了分析和判断;郑俊清[71]、谢军旗[72]、李树鹏[73]等也分别根据量测资料,分析了围岩的变化规律和相邻左右洞开挖中相互间的影响。

二、存在的主要问题

我国给单洞隧道制定了相对成熟的现场监控量测管理体系与监控基准,但现行公路隧道设计和施工规范中尚无针对小净距隧道的相关标准。而学者们所做的工作更多的是针对特定的隧道,没有对监控量测体系与标准进行研究。因此,有必要制订针对小净距隧道施工的现场监控量测管理体系和监控基准以及提出及时解决施工过程中出现不良情况时的各种应急措施。

第三章　与连拱隧道的比较

连拱隧道的应用与小净距隧道相似,其基本特征为浅埋、中短长度,关于连拱隧道的详细介绍,读者可参阅本书的姊妹篇《公路连拱隧道》。

在小净距隧道出现之前,工程中遇到浅埋短隧道一般要同高边坡方案进行比选。近些年来,公路建设中强调环境保护,再加上修筑高边坡本身也存在投资高、运营中维护工作量大等问题,所以目前公路建设中尽可能减少高边坡工程。随着小净距隧道的出现,在当前隧道建设中,如果小净距隧道和双连拱隧道都能使用,则一般会对这两种方案进行比选,如京福高速公路把原设计的部分连拱隧道更改为小净距隧道、福建省漳龙高速把部分原设计的小净距隧道更改为连拱隧道。

第一节　施工方法

目前国内双连拱隧道常用的开挖方法为三导洞施工法[74-78](图 3-1),该方法在较

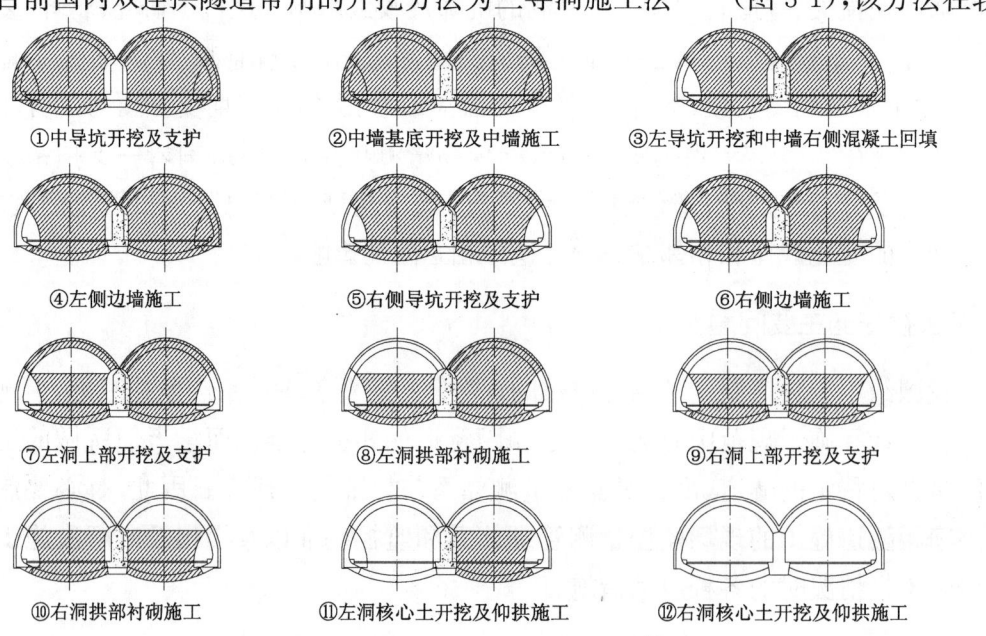

图 3-1　国内典型三导洞施工方法及步骤[3]

低级别围岩中具有安全可靠的特点,但施工工序繁琐,对工期与造价影响较大;针对三导洞法的缺点,一些学者提出"中导洞—核心土"[79-80]、"单洞施工"[5]法等工艺施工,这些方法可以减少施工工序,并且成功应用在了国内连拱隧道的施工中。但由于双连拱隧道自身的特点,其工序仍然较复杂。

小净距隧道的施工方法在第一章做过介绍,主要有单侧壁导坑法、双侧壁导坑法和超前导洞预留光爆层法等。从这些方法可以看出,除了中岩墙加固等少许特殊工艺外,小净距隧道的施工与普通分离式隧道几乎没有差别。因此,同连拱隧道相比,其具有施工工序少,施工周期短的特点。

第二节　防排水措施

对连拱隧道而言,防排水是其关键技术之一。我国已建成的连拱隧道中,隧道裂缝、渗水80%以上都出现在中墙部位。中墙由于顶部回填的施工质量较难控制,施工缝、变形缝不容易处理,因此常出现上述病害。工程实践还表明,几乎所有直中墙连拱隧道在中墙顶部的防水问题都很难解决(图3-2)。国内外学者对连拱隧道的防排水问题进行了大量的研究,也取得了一些成果。近年来出现的分片式曲中墙由于其防水层单独一次性完成(图3-3),使得连拱隧道中墙的渗漏水问题可以基本得到解决。但其也有结构和工艺复杂,造价较高的缺点。

小净距隧道的防排水措施与分离式隧道本质上没有区别。

图 3-2　某连拱隧道中墙渗水图[81]

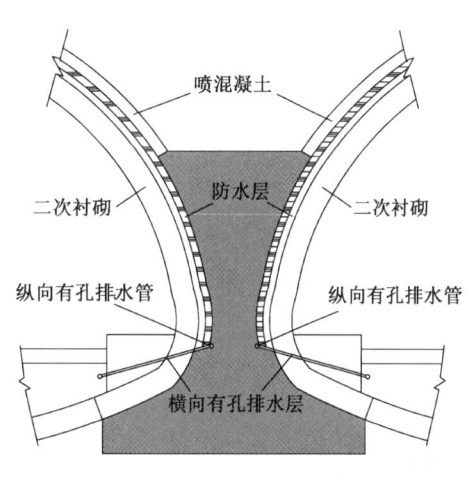

图 3-3　分片式曲中墙防排水图[82]

第三节 中墙与中岩墙的比较

中墙结构的重要性,对连拱隧道不言而喻。中墙是连拱隧道传力和承力的主要部位,对维护连拱隧道整体稳定性有着举足轻重的作用。中墙在施工过程中受力状态会经过多次转变(图 3-4),施工过程中作用在中墙上的主要荷载由中墙上方覆土荷载和左右主洞施工后经初期支护传至中墙顶部的荷载三部分组成。即使在施工结束后,中墙仍然会处于很小的偏压状态。在一些情况下,还需要对中墙的地基承载力进行验算,以免发生不均匀沉降,使隧道发生病害。

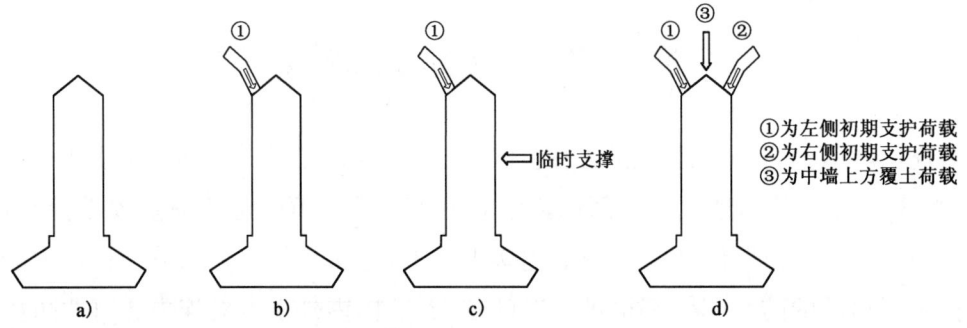

注:a)为中导洞开挖到先行洞初支施作之前的受力状态;
　　b)为先行洞初支施作后,中墙承担初支传来的偏压荷载;
　　c)在通常情况下,由于中墙在 b)部承受偏压荷载,因此中墙要进行临时支撑来保持中墙稳定;
　　d)在此后状态中,由于后行洞施工以及中墙顶部回填等原因,受力状态则为①+②+③。

图 3-4　三导洞法施工中岩墙受力简图

和中墙一样,中岩墙对小净距隧道也非常重要。小净距隧道由于中岩墙较薄,双洞之间的开挖相互影响大,因此通过合理的方式对中岩墙进行加固,对保证隧道在施工与运营期间的安全性意义重大。

作者认为,在"中岩墙柱体"强度较理想情况下,可优先考虑小净距方案;反之在"中岩墙柱体"自身强度极差,即使采用加固措施也很难保证强度的情况下,可以优先考虑连拱隧道方案。

如福建省漳龙高速公路[82]的木丝垄和马山隧道,以及斗米 1、2、3、4 号隧道,原设计为小净距隧道,由于地质条件差,中岩墙加固难度大,后优化设计更改为连拱隧道。

第四节　其 他 比 较

一、接线[81]

不论是连拱隧道还是小净距隧道,左右主洞行车道中线间的距离往往要大于洞外整体式路基行车道中线间的距离,因此需要从洞外车道合理过渡到洞内车道。

从接线方式上来讲,两种隧道结构形式基本一致。以直线段接线方式为例来说明两种隧道的接线方法。

方式1[图3-5a)]:保持隧道中线不变,隧道上下行行车道中线向两侧各偏移Δ,中间过渡段为L_0,Δ与L_0的关系可以通过式(1-1)进行计算:

$$L_0 = \frac{\Delta}{v_0} v$$

式中:Δ——隧道车道中线与洞外路基车道中线的偏移值;

v_0——行车偏移速度;

v——设计行车速度。

方式2[图3-5b)]:保持上行(或下行)线路车道中线不变,下行(或上行)线路行车道中线向外侧偏移2Δ。

方式3[图3-5c)]:保持线路中线不变,隧道位于平曲线附近,可通过调整洞外上下行线路车道中线平曲线要素,使隧道上下行线路行车道中线的间距加宽2Δ。

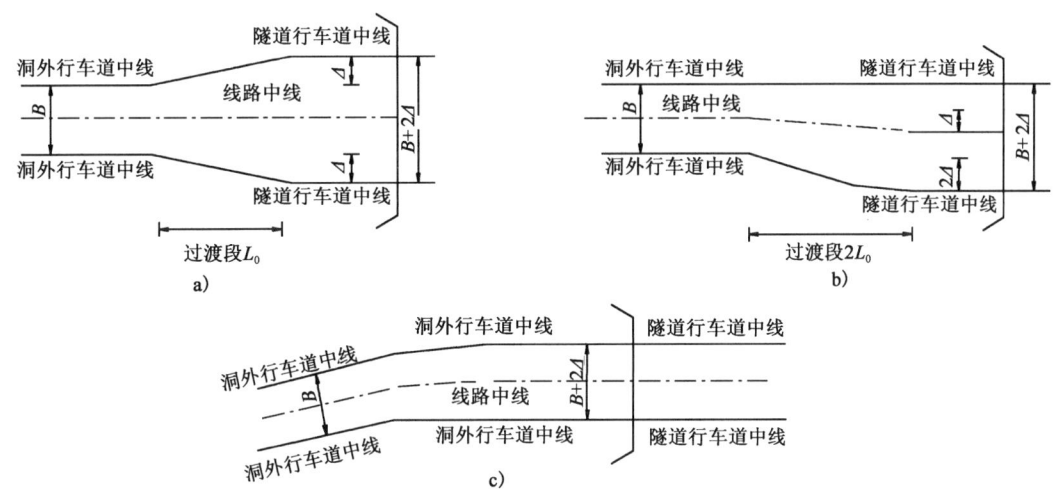

图3-5 隧道直线段三种接线方式图

一般来说,若地形条件受到限制,如隧道进出口段地势不开阔,或由于有地面、地下建筑物或水库、大型地质灾害等的存在,若按照规范中的标准来确定隧道的线位,就可能拆迁建筑物或遭到水害、地质灾害的严重威胁等。在这些情况下,隧道展线困难,或是造价增高,或是存在隐患,而连拱隧道由于具有隧道内行车道中线间的距离较小、净距隧道短(甚至还出现过无中墙连拱隧道),所需过渡段较短,所占面积较小等优点,则为优选方案。若地形条件允许,则需要对两种隧道进行其他方面的比较后选择适宜方案。

二、工程造价及工程量比较

对土木工程而言,工程造价是一个很重要的因素。因此,在山区隧道结构选型时,若在其他因素不是控制因素的条件下,经济效益则会占据主要地位。

2004年,陈文辉[5,83]等对京福高速公路福州、三明、南平路段上不同结构形式的隧道工程造价进行了对比分析,得到的一些结论如下:

(1)小净距隧道与连拱隧道主体工程延米造价对比。

①福州段为0.80:1.0。

②南平段为0.54:1.0。

③三明段为0.68:1.0。

④三福段为0.70:1.0。

上述对比方法结论直观,但由于合同投标价包含了工程的各个方面,对比具有宏观性。去除投标报价中不平衡报价等因素,上面的比较仍具有比较价值。从上面的对比结果来看,小净距隧道在工程造价方面占优势。

(2)不同形式的隧道工程量对比。

将不同形式隧道中每延米的工程量统计出来,计算延米工程造价和差异。

普通分离式隧道:小间距隧道:连拱隧道对比情况如下:

①Ⅱ级围岩为0.76:0.76:1.0。

②Ⅲ级围岩为0.75:0.79:1.0。

③Ⅳ级围岩为0.48:0.57:1.0。

④Ⅳ级围岩浅埋为0.60:0.82:1.0。

⑤Ⅴ级围岩为0.77:0.88:1.0。

⑥Ⅴ级围岩浅埋为0.74:0.97:1.0。

上述对比同样具有比较直观的优点,但由于不同隧道围岩类别长度不同,也未包含洞外工程量对比信息,因此,存在可比性不精确的问题。

最后通过综合比较,作者得出了中夹岩厚度为5m左右的小净距隧道在工程造价、工程进度方面相对于连拱隧道而言,具有相当的可比优势。

以上的比较具有一定的科学性与工程意义,但由于没有进行综合比较,其结果也具有一定的局限性。刘伟[84]也曾对连拱与小净距隧道的工程造价与进度进行过比较,得出在各自适宜的情况下,连拱隧道的施工工期和造价分别是相同长度下分离式独立隧道施工工期的2~3倍和1.3~1.5倍,而小净距隧道则为1~1.5倍和1.1倍。

国内一些学者也对相关的内容进行过统计,大致都得出类似的结论。因此,在一定条件下,小净距隧道在工程造价、工程进度方面优于连拱隧道。

三、地质预报与环境保护

(一)地质预报

隧道施工中的风险主要分为两类:一是由于施工工序过多,各种支护结构的受力状态复杂导致结构失效破坏;二是由于先前探明的地质条件不准确,导致施工过程中灾害的发生。

在施工方法中已经讨论过,由于连拱隧道施工工序多,因此其第一种施工风险较小净距隧道高。由于连拱隧道自身的特点,施工时总是先贯通中导洞,而这个中导洞的作用可以相当于长大深埋隧道中超前导洞的作用,可以揭露地质状况,可以基本反映整座隧道的围岩状况,以便采取针对性的施工措施。因此,其第二种风险比小净距隧道小。

(二)环境保护

在我国以前的隧道建设中,遇到浅埋偏压的情况下,会将小净距隧道、连拱隧道与深路堑进行比较。而现在随着对环保的重视,深路堑方案的竞争力越来越弱。

连拱隧道由于其线间距小,与小净距隧道相比,可以更大限度的压缩公路线路的土地征用量,最大限度的保护自然景观。

第四章　研究思路和对象

小净距隧道作为继分离式隧道、连拱隧道后出现的一种新的形式,其设计与施工的各个方面都有自己的特点。本书将紧紧围绕双洞小净距隧道设计与施工的关键技术,立足于国内外的研究成果,以不同的研究手段为主要线索,对小净距隧道进行系统的研究。

第一节　研究思路

第一篇作为本书的开篇,介绍了小净距隧道国内外的发展现状、主要技术特点、存在的主要问题,使读者对小净距隧道在概念上有一个全面的认识。

第二篇主要介绍了本书的研究方法,即数值计算、相似模型试验以及现场试验。

第三篇对小净距隧道设计与施工中的关键技术分章进行了研究,包括定义与分类、中岩墙加固技术、支护体系与设计方法、施工方法、施工控制爆破技术、监控量测基准以及偏压隧道的研究,使小净距隧道的研究形成一个体系。

第四篇为典型小净距隧道的设计施工实例,使读者能在前三篇理论的基础上,更好地理解小净距隧道。

第二节　工程对象

都汶(都江堰至汶川)公路是国道317线与国道213线的共用段,是西部大开发省际大通道兰州至磨憨公路的组成部分。都汶公路起于成灌高速公路都江堰收费站石马巷,经映秀至汶川,路线全长82.5km,其中高速路段石马巷至映秀长25.95km,二级路段映秀至汶川长56.59km。全线共设隧道10座,总长约17km。选择高速路段的紫坪铺隧道小净距段作为依托工程。

紫坪铺隧道(图4-1)为双洞双车道分离式隧道,左线长4111m,右线长4081m。出口段(汶川端)左右线由普通分离式段向洞口方向逐渐靠拢,形成小净距段,与1500m长的庙子坪特大桥相接。隧道净距从21.86m渐变到3.73m,小净距段落长度共为

205m(图 4-2)。隧道埋深从 121.8m 渐变至 5.4m；围岩级别由Ⅲ级变到Ⅴ级(图 4-3)。该隧道净距大小、围岩条件以及隧道埋深在小净距项目中具有较强的代表性。

图 4-1　紫坪铺隧道平面示意图

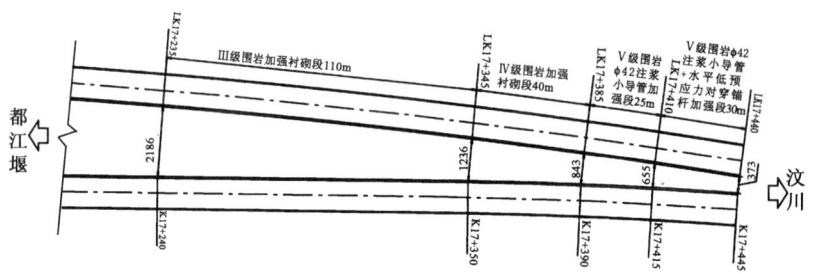

注：本图标注两隧道间距为中岩柱最小厚度，单位：cm。

图 4-2　紫坪铺隧道小净距段平面图

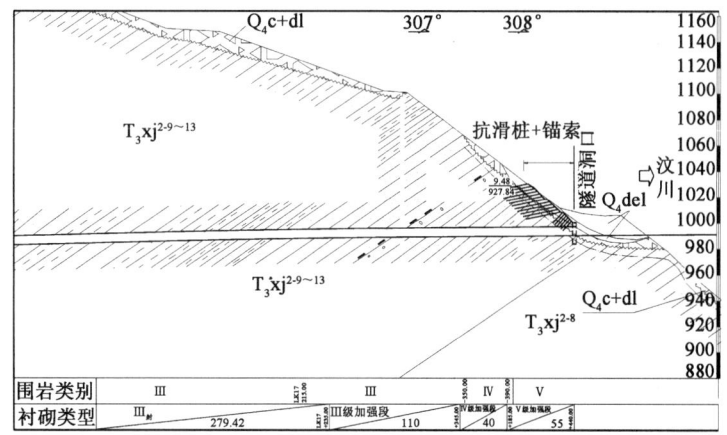

图 4-3　紫坪铺隧道小净距段纵断面图

一、工程地质条件

按围岩级别进行划分,各段落具体的工程地质条件如下:

1. Ⅴ级围岩段

里程桩号为 K17+446～K17+390(LK17+441～LK17+385),净距为 3.75～8.53m,隧道埋深为 5.4～45.6m。

岩性主要以深灰色泥岩为主,夹炭质泥岩及粉砂岩,岩层向洞内倾斜,倾角为 32°～40°,岩层与轴线大角度相交,发育节理为 2～3 组,裂隙率为 10～20 条/m³。浅埋,围岩以块碎状镶嵌结构或碎石状压碎结构为主。

隧道洞口位于下白果坪滑坡地带,隧道轴线与滑坡主轴基本一致,所处路段为 LK17+378～LK17+520,纵长 142m,宽 160m,面积约为 2.1 万 m²,厚 8～18m,体积为 27.3 万 m³,属中型堆积层古滑坡。滑坡地貌宏观上较明显,总体呈圈椅状,滑坡后缘形成一圆弧形斜坡,坡角为 30°～35°,滑体两侧有鼻状山脊,滑坡中部为一平坦的平台,并略向山内倾斜。滑体中地下水较为丰富。

2. Ⅳ级围岩段

里程桩号为 K17+390～K17+350(LK17+385～LK17+345),净距为 8.63～12.36m,隧道埋深为 45.6～73.4m。

岩性为灰色薄层状泥岩及黄灰色细砂岩互层,岩层向洞内倾斜,倾角为 35°,岩层走向与轴线呈大角度相交,发育节理为 2 组,裂隙率为 10～20 条/m³。岩体呈块碎状镶嵌结构。

3. Ⅲ级围岩段

里程桩号为 K17+350～K17+240(LK17+345～LK17+235),净距为 12.82～21.86m,隧道埋深为 73.4～121.8m。

该段以黄灰色、灰色中～厚层状细～粗粒砂岩为主,为硬质岩,湿抗压强度为 35～78MPa,岩体纵波为 3.0～4.5km/s,岩体完整性系数为 0.63,属完整。该套地层夹少量泥岩及炭质泥岩。发育节理为 2～3 组,裂隙率为 10～20 条/m³。轴线与岩层走向呈 60°相交,岩层倾向洞内,倾角为 32°～37°,呈单斜状。岩体呈大块状砌体结构或块碎状镶嵌结构。围岩稳定性较好。

二、衬砌结构设计图

各级围岩条件下衬砌结构设计图见图 4-4[85]。

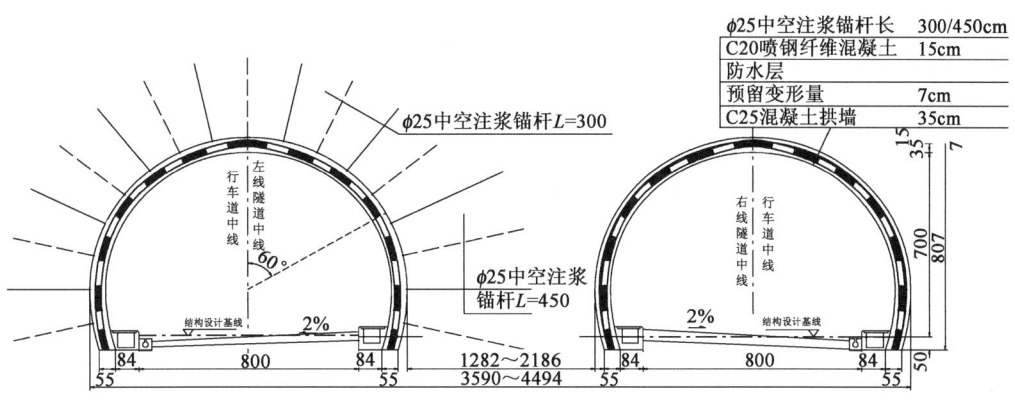

a) 三级加强段衬砌结构设计图

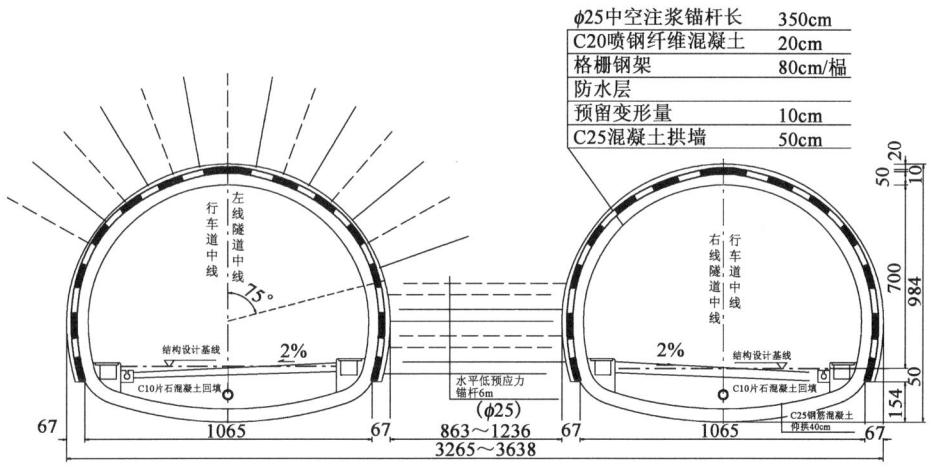

b) 四级加强段衬砌结构设计图

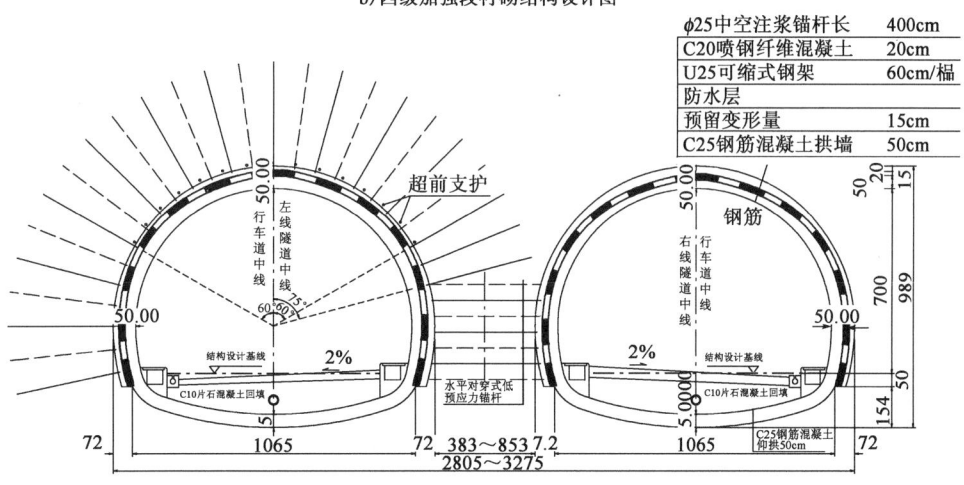

c) 五级加强段衬砌结构设计图

注：本图尺寸以cm计；图中仅设右侧左侧系统锚杆，右侧对称布置。

图4-4 各级围岩条件下衬砌结构设计图

第二篇　公路小净距隧道研究概要

第五章　理论分析及数值模拟研究

第一节　概　　述

随着计算机软硬件技术的发展,岩土力学的发展取得了长足进步,尤其是在数值计算和模拟方面。各种数值模拟方法,如有限元法(FEM)、有限差分法(FDM)、边界元法(BEM)、离散元法(DEM)、流形元法(MEM)以及无单元法(ELEMENT-Free Method)等,在科学研究和工程应用中发挥着重要作用。

近年来,各种数值模拟方法在地下工程领域也得到了推广应用。由于地下工程地质条件的复杂性,岩土体本构关系的不确定性,连续介质假定对岩土介质的适用性等问题,数值模拟方法在地下工程的定量分析上尚具有一定的局限性。但与模型试验和现场试验相比,数值模拟方法可重复性强,可模拟较为复杂的边界条件问题和复杂结构问题,在时间、人力和其他成本费用上也较省。因此,数值模拟分析在进行规律性探索方面具有不可取代的作用。

本书针对小净距隧道设计施工中不同关键技术,采用了二维和三维,弹性和弹塑性有限元数值模拟计算。有限元计算采用 ANSYS 程序进行模拟,该软件是集结构、热、流体、电磁场、声场和耦合场分析于一体的大型通用有限元分析软件,其用户涵盖了机械、航空航天、能源、交通运输、土木建筑、水利、电子、地矿、生物医学等众多领域。

第二节　小净距隧道相互影响的理论解析

公路小净距隧道一般采用并行双洞"马蹄形"结构形式,目前对其按照弹性力学的平面应变问题进行理论求解尚有难度。但对于圆形单孔洞室,已建立了相对完善的弹性解和弹塑性解,而对于并行圆形双洞隧道,可采用复变函数法求出近似的解析解。

对于非圆形隧道,可以采用"等代圆"的方法等代为圆形,该方法以隧道的几何形状和大小为基本量,并假定某种依赖关系进行等代,而未考虑应力状态等其他因素的影响,有一定的近似性,但分析较为简单,是国内外隧道分析中广泛采用的一种方法。这种几何等代圆半径的方法主要有以下3种方式:

(1)取断面外接圆半径。

如图 5-1a)所示,隧道各部分尺寸与等代关系以下式表示:

$$R_0 = \frac{\sqrt{AD^2 + BD^2}}{2\cos(\tan^{-1}\frac{BD}{AD})} \tag{5-1}$$

式中：R_0——外接圆半径；

AD——断面高；

BD——跨度之半。

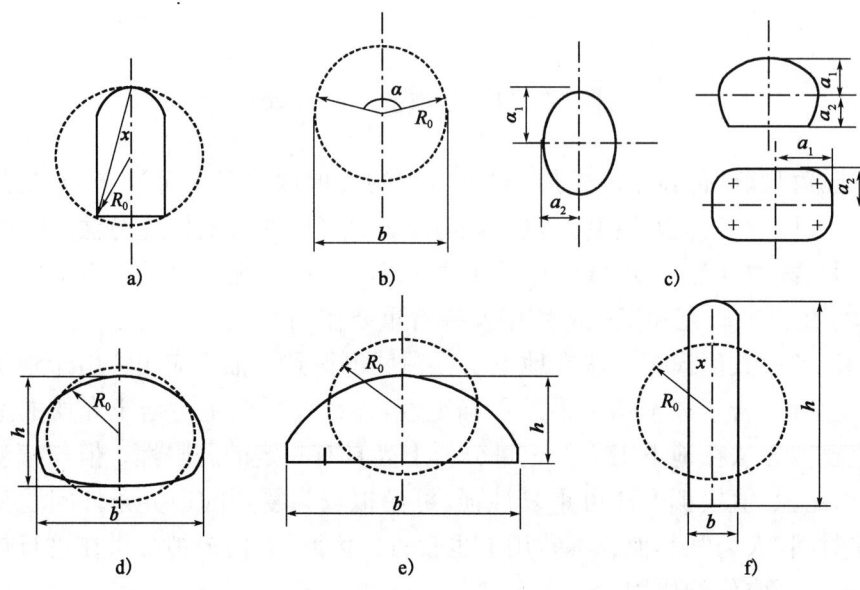

图 5-1 等代圆半径

（2）取圆拱半径。

如图 5-1b)所示，设隧道跨度为 b，圆拱对应圆心角为 α，则圆拱半径 R_0 为：

$$R_0 = \frac{b}{2\sin\frac{\alpha}{2}} \tag{5-2}$$

（3）取大小半径和之半。

如图 5-1c)所示：

$$R_0 = \frac{a_1 + a_2}{2} \tag{5-3}$$

以上 3 种方法都比较简单，对于隧道工程中常用的高跨比为 0.8~1.25 的洞室大体都是适用的。但对于一些大跨度或高边墙的洞室，适应性较强的方法是对第 3 种方法改进后的方法，即取等代圆半径为隧道高度 h 与跨度 b 之和的 1/4，如图 5-1d)、e)、f)所示：

$$R_0 = \frac{h+b}{4} \tag{5-4}$$

一、单洞圆形隧道受力分析[86]

研究小净距隧道首先应该从单洞隧道结构开始,而单洞隧道结构中圆形断面的受力在弹性力学中有完整的解析解。对于双洞结构的受力情况,在弹性的条件下可以利用两个单洞应力场的叠加。如图 5-2 所示为一单洞圆形隧道计算力学模型。

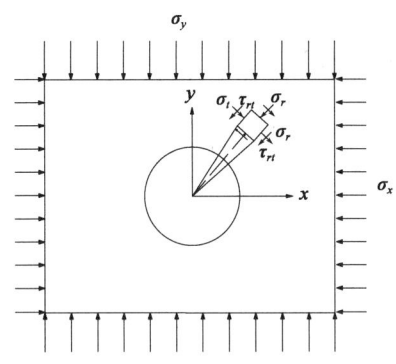

图 5-2　单洞圆形隧道计算力学模型

因原始地应力场的存在,隧道开挖在力学原理上就成为在已有初始应力场的地层中开孔。隧道开挖后,由于边界条件的改变,洞室周边及附近地层中将产生应力重分布。结构分析中将地层中的原始应力场称为初始应力场;洞室开挖后周围经应力重分布后的应力状态称为二次应力场;衬砌修筑后,周围地层的变形受到衬砌结构的约束,会影响应力重分布过程的进行,分析中将衬砌修筑后隧道周围地层的应力状态称为三次应力场。

(一)地层在重力作用下的初始应力场

首先分析地层在自重作用下的初始应力场,假定地表面为水平面,则在均匀地层中任一点的垂直应力为:

$$\sigma_y = \gamma h \tag{5-5}$$

水平应力为:

$$\sigma_x = \frac{\mu}{1-\mu}\gamma h = \lambda\gamma h \tag{5-6}$$

式中:h——隧道埋深;

γ——围岩的容重;

μ——围岩的泊松比;

λ——围岩的静止侧压力系数$\left(\lambda = \dfrac{\sigma_y}{\sigma_x}\right)$。

这时的 σ_y、σ_x 为主应力,则以极坐标表示与水平轴夹角为 θ 的方向的应力为:

$$\sigma_r = \frac{1}{2}(\sigma_x + \sigma_y) - \frac{1}{2}(\sigma_y - \sigma_x)\cos 2\theta \tag{5-7}$$

$$\sigma_\theta = \frac{1}{2}(\sigma_x + \sigma_y) + \frac{1}{2}(\sigma_y - \sigma_x)\cos 2\theta \tag{5-8}$$

$$\tau_{r\theta} = \frac{1}{2}(\sigma_y - \sigma_x)\sin 2\theta \tag{5-9}$$

(二)单洞开挖后的弹性二次应力状态

根据弹性力学平面应变问题的静力平衡方程:

$$\frac{\partial \sigma_r}{\partial r} + \frac{1}{r}\frac{\partial \tau_{r\theta}}{\partial \theta} + \frac{\sigma_r - \sigma_\theta}{r} + K_p = 0 \tag{5-10}$$

$$\frac{1}{r}\frac{\partial \sigma_\theta}{\partial \theta} + \frac{\partial \tau_{r\theta}}{\partial r} + \frac{2\tau_{r\theta}}{r} + K_\theta = 0 \tag{5-11}$$

几何方程:

$$\varepsilon_r = \frac{\partial u_r}{\partial r} \tag{5-12}$$

$$\varepsilon_\theta = \frac{u_r}{r} + \frac{1}{r}\frac{\partial u_\theta}{\partial \theta} \tag{5-13}$$

$$\varepsilon_\theta = \frac{1}{r}\frac{\partial u_r}{\partial \theta} + \frac{\partial u_\theta}{\partial r} - \frac{u_\theta}{r} \tag{5-14}$$

物理方程:

$$\varepsilon_r = \frac{1-\mu^2}{E}\left(\sigma_r - \frac{\mu}{1-\mu}\sigma_\theta\right) \tag{5-15}$$

$$\varepsilon_\theta = \frac{1-\mu^2}{E}\left(\sigma_\theta - \frac{\mu}{1-\mu}\sigma_r\right) \tag{5-16}$$

$$\gamma_{r\theta} = \frac{2(1+\mu)}{E}\tau_{r\theta} \tag{5-17}$$

可以得到圆形洞室开挖后的二次应力状态。

径向应力:

$$\sigma_r = \frac{\sigma_y}{2}\left[(1-\alpha^2)(1+\lambda) + (1-4\alpha^2+3\alpha^4)(1-\lambda)\cos 2\theta\right] \tag{5-18}$$

切向应力:

$$\sigma_\theta = \frac{\sigma_y}{2}\left[(1+\alpha^2)(1+\lambda) - (1+3\alpha^4)(1-\lambda)\cos 2\theta\right] \tag{5-19}$$

剪应力:

$$\sigma_\theta = -\frac{\sigma_y}{2}[(1-\lambda)(1+2\alpha^2-3\alpha^4)\sin2\theta] \qquad (5-20)$$

式中：α——$\alpha = \dfrac{r}{r_0}$；

r_0——隧道开挖半径；

r——围岩中某点到隧道中心的距离。

由二次应力状态的公式可见，如果围岩体为无穷大，处于弹性应力状态的围岩中的应力与围岩的弹性参数（E、μ）无关，洞室壁面的应力与洞室的尺寸也无关。

图 5-3 分别列出了 $\lambda=0$、$\lambda=1$ 时圆形洞室围岩沿水平轴线和垂直轴线上的各点的应力值。由图可以看出：

(1)侧壁中点，在 $\lambda=0\sim1$ 时，坑道周边的切向应力都为压应力，最大值为 $3\sigma_y$（$\lambda=0$），最小值为 $2\sigma_y$（$\lambda=1$），随着距离 r 的增加，切向应力逐渐减小，并趋于初始应力状态。

径向应力在坑道周边等于 0，当 $\lambda=0$ 时，径向应力先随着距离的增加而增加，而后随着距离的继续增加而减小，最后趋于 0（$\lambda=1$ 时趋于初始状态的水平应力）。

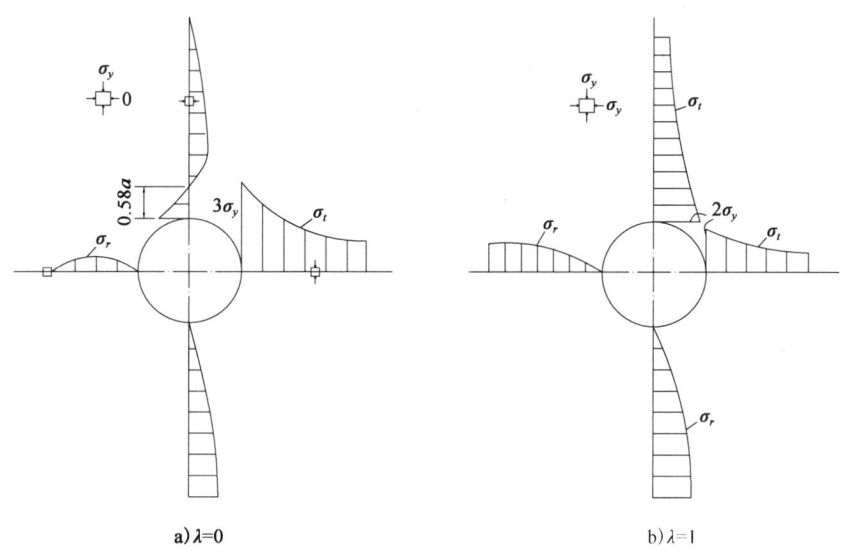

图 5-3 沿圆形洞室水平、竖直轴上应力分布

(2)拱顶处，随着 λ 值的改变，洞室周边的切向应力由拉应力 σ_y（$\lambda=0$）变到压应力 $2\sigma_y$（$\lambda=1$），当 $\lambda=1/3$ 时，切向应力为 0。径向应力变化大致相同，都由 0 逐渐增加到初始的应力状态。

由此可见，洞室开挖后的二次应力分布范围是有限的，其值视 λ 大小不同大致在 $(5\sim7)r_0$ 范围内，在此范围以外，围岩仍处于初始状态。现行公路隧道设计规范中普通分离式隧道间距的确定也是以此为理论依据的,数值计算和模型试验中边界条件的确定也是以此为理论依据的。

(三)单洞开挖后的弹塑性二次应力状态[87]

塑性应力区域是由于多数围岩具有塑性这一性质而造成的,围岩的塑性就是围岩在应力超过一定值后产生塑性变形的性质。此时,应力即使不增加,变形也将继续增加。当围岩内应力超过围岩的抗压强度后,围岩发生塑性变形并迫使塑性变形的围岩向洞室内滑移,塑性区内围岩因而变得松弛,其物理力学性质(c、φ值)也发生变化。

在分析塑性区内的应力状态时,需要解决下述3个问题:

(1)确定形成塑性变形的塑性判据或破坏准则。

(2)确定塑性区内的应力应变状态。

(3)确定塑性区的范围。

在弹塑性分析解中,多数假定发生塑性条件的应力圆包络线是一条直线(即莫尔—库仑假定,见图5-4)。

设塑性区内的径向应力为 $\sigma_{\theta p}$,切向应力为 σ_{tp},若 $\lambda=1$,则 $\sigma_{\theta p}$ 与 σ_{rp} 就成为最大和最小主应力了,其破坏准则为:

$$\sigma_{\theta p}(1-\sin\varphi)-\sigma_{rp}(1+\sin\varphi)-2c\cos\varphi=0 \tag{5-21}$$

若令:

$$\xi=\frac{1+\sin\varphi}{1-\sin\varphi}, R_c=\frac{2\cos\varphi}{1-\sin\varphi}c$$

亦可以写成:

$$\sigma_{\theta p}-\xi\sigma_{rp}-R_b=0 \tag{5-22}$$

将破坏判据代入轴对称($\lambda=1$)塑性区的应力平衡方程(图5-5):

$$\frac{d\sigma_{rp}}{dr}+\frac{\sigma_{rp}-\sigma_{\theta p}}{r}=0 \tag{5-23}$$

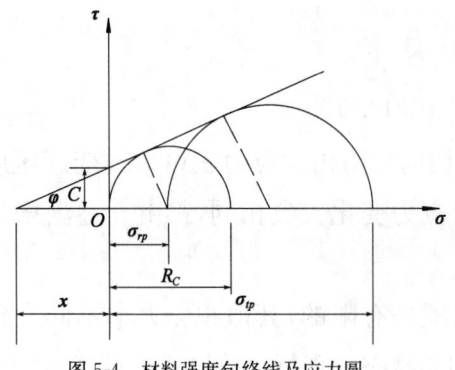

图5-4 材料强度包络线及应力圆

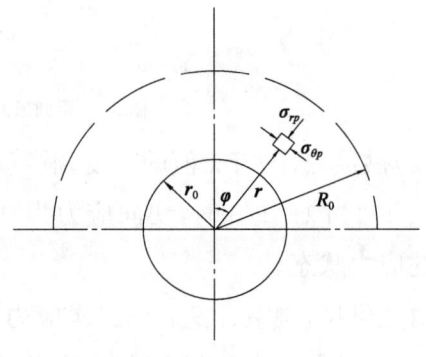

图5-5 塑性区内单元体受力状态

即可求得轴对称条件下的塑性区内的应力状态。

径向应力：

$$\sigma_{rp} = \frac{R_b}{\xi-1}\left[\left(\frac{r}{r_0}\right)^{\xi-1} - 1\right] \tag{5-24}$$

切向应力：

$$\sigma_{\theta p} = \frac{R_b}{\xi-1}\left[\left(\frac{r}{r_0}\right)^{\xi-1} - 1\right] \tag{5-25}$$

根据弹塑性分界面上的应力协调条件，可求得塑性区范围的大小 R_0：

$$R_0 = r_0\left[\frac{2}{\xi+1}\cdot\frac{\sigma_y(\xi-1)+R_b}{R_b}\right]^{\frac{1}{\xi-1}} \tag{5-26}$$

上式表明，塑性边界 R_0 与围岩的初始状态（σ_y），围岩本身的物理力学性质（c、φ 值）以及洞室的开挖尺寸 r_0 有关。洞室半径越大，围岩越差，初始应力越大，塑性区也越大。对于非轴对称情况，塑性区不再是一圆形，此处不再讨论，读者可参阅相关文献。

二、等直径双孔圆形洞室开挖后的弹性二次应力状态[88]

由释放荷载的概念可知，利用线弹性力学的叠加原理，图 5-6a)所示的双圆形洞室围岩二次应力场为初始应力场图 5-6b)和由洞周释放荷载产生的围岩应力场图 5-6c)的叠加，而开挖引起的位移场即为释放荷载产生的位移场。

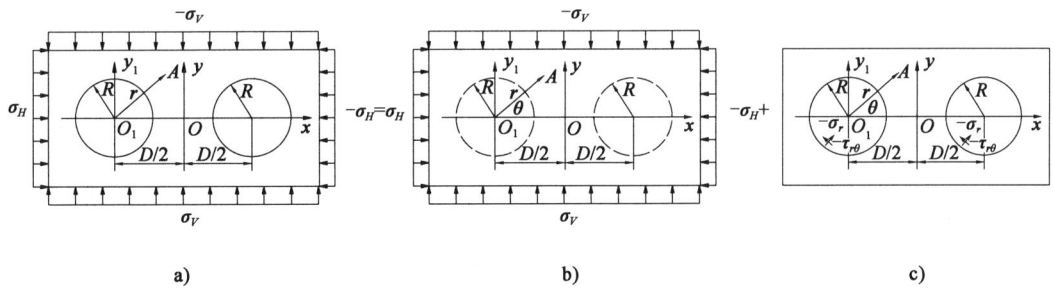

图 5-6 等直径双孔圆形洞室计算模型

因初始应力场已知，故二次应力状态计算问题归结为在洞周释放荷载作用下的围岩应力场计算问题，其公式推导可采用复变函数法。双圆形洞室开挖后洞周切向应力为：

$$\left.\begin{aligned}&\sigma_\theta = S_0 + S_1\cos2\theta - 4\sum_{k=1}^{\infty} ka_k\left[r^{-(k+1)}\cos(k+1)\theta + (-1)^{k+1}\rho^{-(k+1)}\cos(k+1)\alpha\right]\\&k_1 = \frac{k+1}{2G} = \frac{4(1-\mu)(1+\mu)}{E}\\&k_2 = \frac{1}{2G} = \frac{1+\mu}{E}\\&\rho = \sqrt{r^2 + D^2 - 2Dr\cos\theta}\\&\alpha = \tan^{-1}\frac{r\sin\theta}{r\cos\theta - D}\\&S_1 = -\frac{1}{2}(\sigma_y - \sigma_x)\\&S_2 = -\frac{1}{2}(\sigma_y + \sigma_x)\end{aligned}\right\} \quad (5\text{-}27)$$

下面给出双孔等直径圆形洞室孔边应力计算的两种结果：

(1) 侧压力系数 $\lambda = 0$ 时。

图 5-7 为按不同的 D/R 值（D 为洞室中心距，R 为洞室半径）给出的孔边应力曲线。

由图 5-7 可见，在洞室相邻一侧孔边应力大于单洞室，在这种受力情况下，洞室相邻侧及相反侧水平直径处洞周应力集中系数随 D/R 而变化的曲线见图 5-8（情况Ⅰ）。由图 5-8（计算点的位置和图 5-7 相同）可见，两个洞室正好相接（$D/R = 2$）时，$\sigma_B/P_0 = \infty$、$\sigma_A/P_0 = 3.869$。随着 D/R 的增大，σ_B/P_0、σ_A/P_0 都近似沿双曲线减小，$D/R \to \infty$ 时，与单孔圆形洞室相同，$\sigma_B/P_0 = \sigma_A/P_0 = 3.0$。相邻洞室围岩应力场存在相互影响的 D/R 的最大值为 $6.0 \sim 8.0$。也即，在 $\lambda = 0$ 时，当净距小于 $2 \sim 3$ 倍洞径时，双洞间应力场存在相互影响。

(2) 侧压力系数 $\lambda = 1$ 时。

当初始应力场为静水压力状态时，孔边应力集中系数变化曲线见图 5-8（情况Ⅲ）。由图可知，两个洞室正好相接（$D/R = 2$）时，$\sigma_B/P_0 = \infty$、$\sigma_A/P_0 = 2.894$。随着 D/R 的增大，σ_B/P_0、σ_A/P_0 都减小，当 $D/R \to \infty$ 时，$\sigma_B/P_0 = \sigma_A/P_0 = 2.0$。相邻洞室围岩应力场存在相互影响的 D/R 的最大值为 $10 \sim 12$。也即，在 $\lambda = 1$ 时，当净距小于 $4 \sim 5$ 倍洞径时，双洞间应力场存在相互影响。

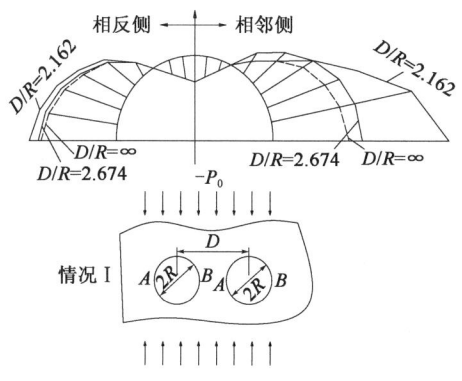

图 5-7 等直径双孔圆形洞室洞周应力分布状况

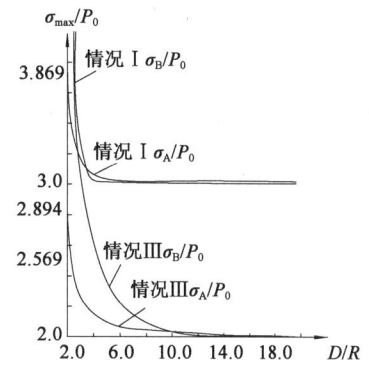

图 5-8 等直径圆形洞室内洞周应力与净距的关系

第三节 数值模型的建立

一、基本理论

(一)围岩的力学模型

迄今为止,岩土体的力学模型多以连续介质力学模型为主。但是,由于岩土体材料的特殊性,其本构特征与连续介质又不完全一样,如一般金属材料不具有塑性体积应变,但对岩土体来说,不仅存在塑性体积应变,有时塑性体积应变的量值甚至超过弹性体积应变,其原因在于土粒间的错动使孔隙率降低,卸荷后,孔隙不能再恢复,在宏观上体现为塑性应变。导致塑性应变的力可以是压应力也可以是剪应力,剪应力对土体所产生的变形情况较为复杂,对软土和松砂常表现为剪缩,密实砂常导致剪胀。硬化和软化是岩土体材料的另一重要特征,其不仅与岩土的成因、成分等有关,而且与应力状态有关,尤其是中间主应力对岩土体的硬化或软化性有明显的影响。

在实际工程应用中,经常采用的岩土体力学模型有弹性模型、弹塑性模型、黏弹塑性模型等。在众多岩土体力学模型中,最简单的是线性弹性模型,仅涉及两个计算参数 E、μ,但其计算结果与岩土体的实际情况相差较大,只有当计算对象为整体性的硬岩才有效。由于其参数较为简单,可由简单试验获得,因此,在进行规律性探讨方面仍有重要作用。另一类弹性模型是非线性弹性模型,即弹性矩阵 D 中的弹性系数 E、μ 是随应力状态而变化的变量,其确定方法常依据三轴试验的结果,采用切线法确定,对土样试验来说这种描述法是近似的。

目前,针对岩土体的弹塑性模型较多,如剑桥模型、Lade 模型、双剪模型、椭圆—抛物线双屈服面模型、空间准滑面模型等。这些模型,各有针对性及特点,且都依赖于大量的、复杂的室内外试验,在实际应用中总会遇到这样那样的问题,尤其是模型中的参数,常常难以测定而又直接影响到计算结果。所以,目前工程界在岩土工程问题计算中采用较多的为 Mohr-Coulomb 屈服准则（M-C 准则）和 Drucker-Prager 屈服准则（D-P 准则），其模型简便且涉及的参数大多可以通过常规试验获得。

黏弹塑性模型的种类也不少，目前应用得较多是建立在唯象理论基础上的黏壶与弹簧或圣文南元件的组合体，最为典型的是五单元模型，其由三部分串联而成，第一部分为瞬时弹性体；第二部分为黏弹性体，即初始应力由黏壶承担，随着时间的推移，逐渐将黏壶上的力转移给与之并联的弹性元件；第三部分为黏壶与圣文南体的并联，屈服之前黏壶不起作用，屈服以后圣文南体开始滑移，黏壶产生黏滞效应。其他的黏性模型与之有相通之处。对于黏性模型来说，参数的确定是非常困难的。

散体力学模型是吴炳昆教授针对粒性的土粒提出来的。事实上前述的模型，没有摆脱连续介质的特征，而真实情况并非如此，至少砂土应该是更接近于散体，黏土从某一尺度上衡量，也带有散体的特征。散粒模型主要讨论粒间的摩擦接触，同时讨论单粒平衡、整体平衡、颗粒处于非极限状态和颗粒处于极限状态等几方面。

正如上述，描述岩土体的力学模型很多，但是实际中的围岩一般不是具体的某一种岩土体，因此，不管采用上述那种模型进行分析都必然存在一定的误差。考虑到我们研究的主体是按级别划分的围岩，而不是具体的某种岩土体，其力学模型变化是多样的并不唯一。因此，在本书分析计算中，仍选用弹性模型和理想弹塑性模型来进行模拟。

（二）初始地应力场的模拟

目前，初始地应力场一般分为自重应力场和构造应力场两类，实际的地应力场等于这两类应力场的叠加。原位量测方法是当前取得准确的地应力场的可靠方法，但实际的工程应用中，若非重大工程项目，一般较难开展该项工作。

有关研究表明，在地壳的浅表层实测垂直应力基本等于上覆岩层重量（γH），即自重应力占主导。而随地层深度的增大，呈现出一定的不规律性。小净距隧道主要适用于短隧道和中、长隧道的洞口段，在这种情况下隧道埋深一般不大，地应力场主要以自重应力场为主。而构造应力主要是由于地质构造运动所产生，其分布状态尚难通过理论分析取得，也较难取得其实测数据。因此，本书的研究以自重应力场模拟地应力场。地应力场示意图如图 5-9 所示，构造应力场略去不计。

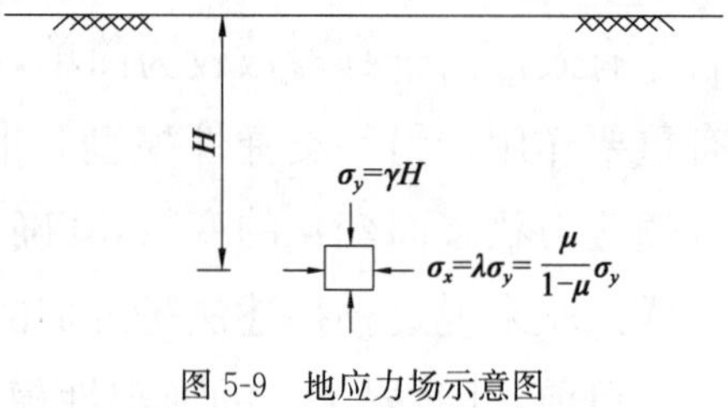

图 5-9 地应力场示意图

$$\sigma_y = \gamma H$$

$$\sigma_x = \lambda \sigma_y = \frac{\mu}{1-\mu} \sigma_y$$

（三）边界条件确定

隧道是在半无限的岩土体中进行修建的，有关实测数据和数值分析结果表明，隧道施工对地层的扰动和影响范围一般为 3~5 倍洞径。在数值分析建模中，为保证足够的求解精度和控制模型大小,一般模型边界取距隧道 3~5 倍洞径,将半无限边界简化为有限边界,基本可消除边界效应带来的影响。并在模型的左、右边界约束水平方向位移,下边界约束竖直方向位移,上边界为自由地表面。

(四)施工过程模拟

自然的岩土体在开挖以前已处于一定的初始应力状态下,开挖导致开挖边界上的应力释放,并由此引起周围岩土体的变形及应力场的重分布。在数值计算中,可通过去掉被挖去部分的单元,并将由于开挖而产生的"释放荷载"作用于开挖边界面的方法来模拟开挖过程。开挖过程模拟见图 5-10[89-92]。而在计算软件中,采用单元"生死"技术来实现对岩土的开挖和支护的施作。

图 5-10 表示隧道施工的各个阶段。a)为开挖前的围岩初始应力状态,其中初始应力 σ_0 可根据实测地应力或用数值方法计算而加以确定,后者即为围岩的自重应力。根据各个单元的初始应力 σ_0,可以计算其换算节点力:

$$F_0^e = \int_\Omega B^T \sigma_0 \mathrm{d}\Omega \tag{5-28}$$

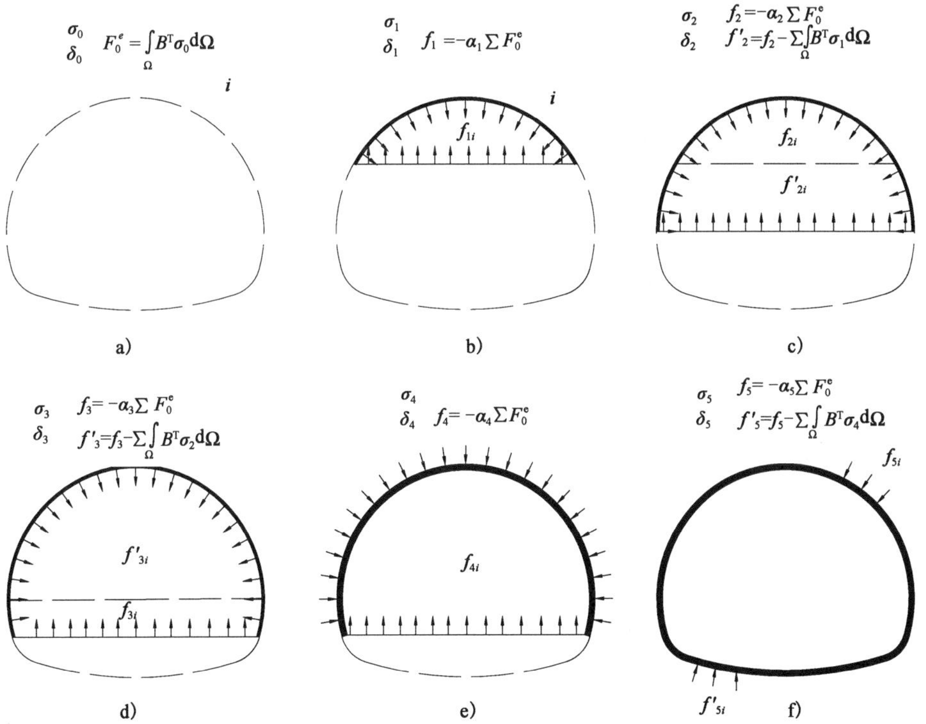

图 5-10 释放荷载

隧道开挖后,在开挖边界的节点 i 上将作用有释放节点荷载:

$$f_i = [f_{ix} \quad f_{iy}]^T = -\sum_e F_0^e \tag{5-29}$$

此节点荷载由连接节点 i 的有关单元在节点 i 上的换算节点力贡献而成。

在施工阶段 b),作用在开挖边界上的释放节点荷载 $f_{1i} = \alpha_1 f_i$,式中 α_1 为一百分数,可根据测试资料加以确定,通常近似地将它定为本阶段隧道控制测点的变形值与施工完毕变形稳定以后该控制测点的总变形值的比值。在缺乏实测变形资料的情况下亦可按工程类比法加以选定,并根据试算结果予以修正。本阶段已施作喷混凝土支护。

施工阶段 c) 释放荷载的确定方法与前述 b) 相同;而作用在新的开挖边界上的释放节点荷载为:

$$f'_{2i} = f_{2i} - \sum \int_\Omega B^T \sigma_1 d\Omega \tag{5-30}$$

式中,第二项是由第一阶段中位于开挖边界上的各个单元的应力 σ_1 所产生的释放节点荷载。

施工阶段 d) 与 c) 相类似。施工阶段 e) 已做好二次衬砌。施工阶段 f) 则已做好仰拱。

围岩和衬砌最后的应力和位移值为各个施工阶段相应值叠加的结果:

$$\left. \begin{array}{l} \sigma = \sigma_0 + \sigma_1 + \sigma_2 + \sigma_3 + \sigma_4 + \sigma_5 = \sigma_0 + \sum_1^n \sigma_j \\ \delta = \delta_1 + \delta_2 + \delta_3 + \delta_4 + \delta_5 = \sum_1^n \delta_j \\ \alpha_1 + \alpha_2 + \alpha_3 + \alpha_4 + \alpha_5 = \sum_1^n \alpha_j = 1.0 \end{array} \right\} \tag{5-31}$$

式中:n——施工阶段数。

二、计算模型的建立

(一)弹塑性本构模型

对于围岩根据研究的不同目的,分别采用了弹性计算和弹塑性计算,在弹塑性计算中,选用理想弹塑性本构关系,如图 5-11 所示,其屈服准则采用 Drucker-Prager 屈服准则(简称 D-P 准则)。所谓的 D-P 准则是把对岩土屈服有重要影响的静水应力因素加入到 mises 准则中,来模拟岩土的塑性屈服。它的基本表达式为:

$$F = 3\beta\sigma_m + \left[\frac{1}{2}\{s\}^T[M]\{s\}\right]^{\frac{1}{2}} - \sigma_y = 0 \tag{5-32}$$

$$\beta = \frac{2\sin\varphi}{\sqrt{3}(3-\sin\varphi)} \quad (5-33)$$

$$\sigma_y = \frac{6c\cos\varphi}{\sqrt{3}(3-\sin\varphi)} \quad (5-34)$$

$$\sigma_m = \frac{1}{3}(\sigma_x + \sigma_y + \sigma_z) \quad (5-35)$$

式中：c、φ——材料的凝聚力和内摩擦角；

β、σ_y——材料参数；

σ_m——静水应力；

$\{s\}$——偏应力向量。

它在主应力空间中为一圆锥如图 5-12 所示，它和 Mohr-Coulomn 准则的关系有三种，分别为内切、内角点外接圆和外角点外接圆。从 β 和 σ_y 的公式可知，计算所采用的是外角点外接圆也就是所谓的"受压破坏"。

其他如锚杆、喷混凝土等均使用弹性本构关系。

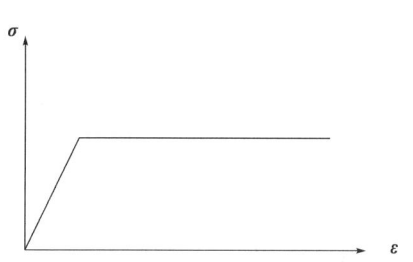

图 5-11 理想弹塑性的单轴应力-应变曲线

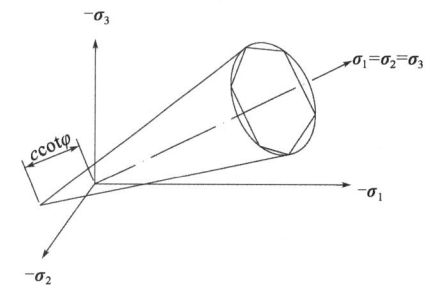

图 5-12 D-P 本构关系在应力空间中屈服面

(二)计算单元的模拟

1. 围岩模拟

在二维平面静力计算分析中，使用平面 4 节点实体单元(plane42)进行模拟，该单元可用于平面应力、平面应变和轴对称分析，同时支持包括 Mises 塑性、DP 塑性、大变形等多种非线性计算，精度也较高。

在三维空间静力计算分析中，为了减少单元数量，同时保证计算有足够精度，使用空间 20 节点实体等参单元(solid95)进行模拟，由于单元形函数为二次，因此，即使在单元相对较少时计算精度仍然较高。

2. 喷射混凝土的模拟

由于喷射混凝土比二次衬砌要薄得多，因此在二维平面静力计算中，一般都使用梁单元(Beam3)进行模拟，在三维空间静力计算中，则使用壳体单元(Shell163)进行模拟。

3. 锚杆的模拟

锚杆一般可以通过等效材料和杆单元来模拟计算。为了更好地研究支护结构的内力变化和支护效果，锚杆使用杆单元进行模拟。将锚杆模化成杆单元，一般系统锚杆按一维轴力直杆单元考虑；预应力锚杆通过初应变方法考虑；在两端锚固点之间的锚杆则以一个轴力杆单元来模拟；全黏结锚杆可将锚杆全长分为若干个小轴力杆单元，这些杆单元的节点与围岩单元的相应节点进行耦合，即考虑黏接锚杆与围岩的共同变形作用。

在二维平面静力计算中，使用2节点平面等参杆单元（link1）进行模拟，在三维空间静力计算中，使用2节点空间等参杆单元（link8）进行模拟。

4. 超前支护的模拟

超前支护采用小导管注浆加固，在数值计算中采取提高洞周一定范围内围岩参数的方法进行模拟。

5. 二次衬砌的模拟

由于二次衬砌一般较厚，使用梁单元不能很好地反映其受力性能和应力分布状态，因此，大多采用实体单元进行模拟。在二维平面静力分析中使用平面4节点实体线性单元进行模拟（plane42），在三维空间静力分析中使用空间20节点实体等参单元（solid95）进行模拟。

平面数值计算模型见图5-13，有限元三维数值计算模型见图5-14。

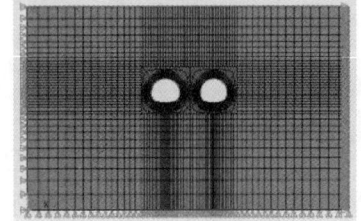

图5-13 平面模型

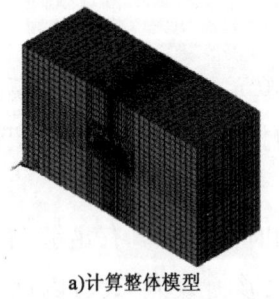
a)计算整体模型

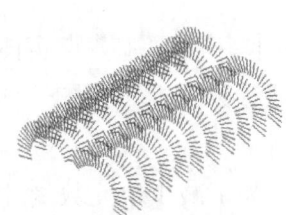
b)系统锚杆模型

c)喷射混凝土模型

图5-14 三维有限元计算模型及网格划分

(三)计算参数的选取

为使计算结果具有更普遍意义，Ⅲ、Ⅳ、Ⅴ级围岩参数的选取参考《公路隧道设计规范》(JTG D70—2004)，以同级围岩物理力学指标中的较小值作为计算参数。

计算参数见表 5-1。

计算物理力学指标 表 5-1

围岩级别	$E(\times 10^4 \text{MPa})$	μ	$\gamma(\text{kN/m}^3)$	$C(\text{MPa})$	$\varphi(°)$
Ⅲ	0.7	0.25	25	1.3	38
Ⅳ	0.2	0.34	23	0.2	30
Ⅴ	0.06	0.38	19	0.08	27
Ⅳ级围岩加固区	0.2	0.34	23	0.25	34
Ⅴ级围岩加固区	0.06	0.38	19	0.2	30
喷射混凝土	3	0.22	25	—	—
锚杆/预应力锚杆	21	0.3	79	—	—

第四节 小净距隧道行为特征二维静力数值模拟分析

一、计算的主要目的

(一)小净距隧道围岩受力特征、变形特征及稳定性分析

针对未支护的(毛洞)并行双洞隧道,研究不同围岩级别、不同净距、不同埋深等对小净距隧道围岩受力、变形及稳定性的影响,提出小净距隧道合理净距的选取原则、小净距隧道分类标准、小净距隧道监控量测的原则、小净距隧道施工措施、支护方案的选取原则等。

(二)小净距隧道合理支护体系及中岩墙加固措施的研究

研究小净距隧道不同支护体系状态下应力、应变情况和中岩墙加固措施在不同级别围岩小净距隧道中的适应性,为小净距隧道支护体系、中岩墙加固措施选取提供依据。

支护体系主要考虑初期支护、二次衬砌的施作时机,初期支护是否封闭等情况。中岩墙加固主要考虑中岩墙的注浆加固、长锚杆加固、预应力锚杆加固以及多种措施的组合。

(三)小净距隧道合理施工方法研究

主要分析不同开挖方式下小净距隧道的变形、受力特征,为小净距隧道合理施工方法的选取提供理论依据。

施工方法主要考虑了全断面法、上下台阶法、侧壁导坑法等 3 种典型情况,对于侧壁导坑法考虑了先开挖远离中岩墙侧和先开挖靠近中岩墙侧等 2 种情况。

(四)小净距隧道现场监控量测体系及基准选取研究

在模拟计算分析的基础上,分析小净距隧道的薄弱部位和薄弱环节,为小净距隧道现场施工监控量测体系建立和监控量测基准选取提供依据。

二、计算的主要内容

(一)小净距隧道围岩受力特性、变形特征及稳定性分析

计算主要考虑不同围岩级别、埋深、净距等工况条件组合,研究小净距隧道围岩的受力特性、变形特征和稳定性。

1. 围岩级别

分别考虑Ⅲ、Ⅳ、Ⅴ级围岩。

2. 隧道埋深

弹性计算时:分别选取5m、15m、20m、25m、30m、50m、100m、300m等8组。

弹塑性计算时:分别选取5m、20m、30m、50m等4组。

3. 隧道净距

分别选取2m、0.25B(3m)、0.5B(6m)、0.75B(9m)、1.0B(12m)、1.5B(18m)、2.0B(24m)共7种不同净距,其中B为隧道开挖跨度。

计算中假定左洞先行开挖,右洞后行开挖。选取先行洞洞周拱顶(1号)、右拱肩(2号)、左拱肩(8号)、右拱腰(3号)、左拱腰(7号)、拱底(5号)、右拱脚(4号)、左拱脚(6号)等8个特征点进行监控,其布置见图5-15。

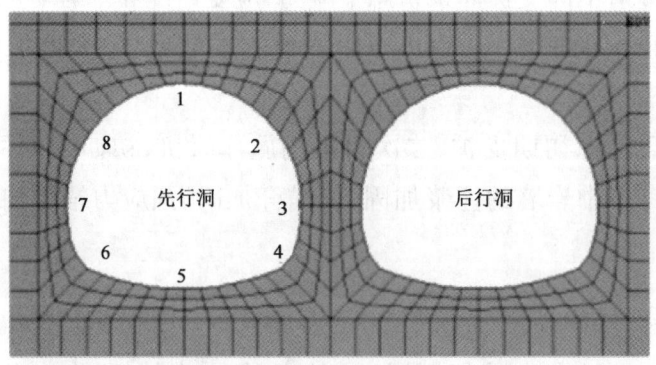

图5-15 计算中先行洞周观测点布置示意图

利用先行洞特征点的位移和应力情况以及洞周围岩塑性区和拉应力区分布状态的弹性和弹塑性计算结果,研究了围岩级别、埋深、净距对小净距隧道洞周围岩变形、受力和稳定性的影响,以及小净距隧道中岩墙受力、变形的影响。

(二)小净距隧道支护体系及中岩墙加固措施研究

本部分研究重点是支护体系及中岩墙加固方法选取。选取埋深 30m 和 Ⅲ、Ⅳ、Ⅴ级围岩进行工况组合分析。

计算中假定左、右隧道均采用上下台阶开挖。支护体系主要考虑初期支护是否封闭。中岩墙加固措施主要考虑对中岩墙进行注浆加固、对拉锚杆加固、对拉预应力锚杆加固以及混合加固。其中,对中岩墙注浆加固考虑了图 5-16 的 3 种注浆加固方案。

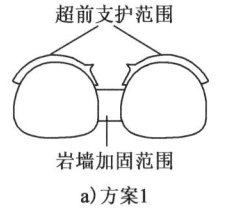
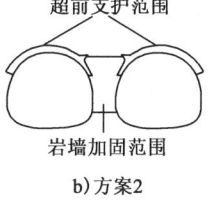
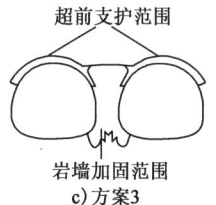

图 5-16 不同中岩墙注浆加固范围图

考虑到现行的支护方法和依托工程使用的支护手段,计算中的基本支护类型组合见表 5-2,详细的计算组合工况列于表 5-3。

各级围岩计算分析中选取的基本支护参数表　　　　表 5-2

围岩级别	支护类型				
	喷混凝土	锚杆	超前支护	中岩墙锚杆加固	中岩墙注浆加固
Ⅴ	混凝土:C20;厚度:20cm;$E=3.5$GPa	$\phi25$ 中空注浆锚杆;长 4m,横纵向间距 80cm×60cm	$\phi42$ 小导管,长 6m,在拱部 120°布设	1. $\phi25$ 水平对拉锚杆; 2. $\phi25$ 水平对拉预应力锚杆	1. 只加固岩柱; 2. 加固区向上扩大至雁行部; 3. 向下扩大至拱脚
Ⅳ	混凝土:C20;厚度:20cm;$E=3.5$GPa	$\phi25$ 中空注浆锚杆;长 3.5m,横纵向间距 100cm×80cm	没有	1. $\phi25$ 水平对拉锚杆; 2. $\phi25$ 水平对拉预应力锚杆	1. 只加固岩柱; 2. 加固区向上扩大至雁行部; 3. 向下扩大至拱脚
Ⅲ	混凝土:C20;厚度:15cm;$E=3.5$GPa	$\phi25$ 中空注浆锚杆;长 3m,横纵向间距 120cm×100cm	无	无	无

从表 5-2 可以看出,各计算工况支护体系归结为下列 3 类情况:
(1)只有初期支护(包括喷射混凝土、系统锚杆、小导管预注浆)。
(2)初期支护+中岩墙加固(对穿锚杆或对拉预应力锚杆或中岩墙注浆)。
(3)初期支护+中岩墙联合加固(对拉预应力锚杆和中岩墙注浆)。

计算组合工况表　　　　　　　　　　表 5-3

序号	工况编号	围岩级别	支护类型 初期支护状况	支护类型 中岩墙加固措施
1	Ⅴ-30-2-CZ	Ⅴ	喷混＋锚杆＋超前支护(封闭、不封闭)	不加固
2	Ⅴ-30-3-CZ		喷混＋锚杆＋超前支护(封闭、不封闭)	不加固
3	Ⅴ-30-6-CZ		喷混＋锚杆＋超前支护(封闭、不封闭)	不加固
4	Ⅴ-30-2-DCMG		喷混＋锚杆＋超前支护(封闭、不封闭)	对穿锚杆
5	Ⅴ-30-3-DCMG		喷混＋锚杆＋超前支护(封闭、不封闭)	对穿锚杆
6	Ⅴ-30-6-DCMG		喷混＋锚杆＋超前支护(封闭、不封闭)	对穿锚杆
7	Ⅴ-30-2-YYL(90)		喷混＋锚杆＋超前支护(封闭、不封闭)	预应力锚杆 90kN
8	Ⅴ-30-3-YYL(90)		喷混＋锚杆＋超前支护(封闭、不封闭)	预应力锚杆 90kN
9	Ⅴ-30-6-YYL(90)		喷混＋锚杆＋超前支护(封闭、不封闭)	预应力锚杆 90kN
10	Ⅴ-30-3-YYL(30)		喷混＋锚杆＋超前支护(封闭、不封闭)	预应力锚杆 30kN
11	Ⅴ-30-3-YYL(60)		喷混＋锚杆＋超前支护(封闭、不封闭)	预应力锚杆 60kN
12	Ⅴ-30-3-YYL(120)		喷混＋锚杆＋超前支护(封闭、不封闭)	预应力锚杆 120kN
13	Ⅴ-30-2-ZJ1		喷混＋锚杆＋超前支护(封闭、不封闭)	中岩墙注浆方案 1
14	Ⅴ-30-3-ZJ1		喷混＋锚杆＋超前支护(封闭、不封闭)	中岩墙注浆方案 1
15	Ⅴ-30-6-ZJ1		喷混＋锚杆＋超前支护(封闭、不封闭)	中岩墙注浆方案 1
16	Ⅴ-30-3-ZJ2		喷混＋锚杆＋超前支护(封闭、不封闭)	中岩墙注浆方案 2
17	Ⅴ-30-3-ZJ3		喷混＋锚杆＋超前支护(封闭、不封闭)	中岩墙注浆方案 3
18	Ⅴ-30-3-ZJ1＋YYL(90)		喷混＋锚杆＋超前支护(封闭、不封闭)	中岩墙采用注浆＋预应力锚杆 90kN
19	Ⅳ-30-3-CZ	Ⅳ	喷混＋锚杆(封闭、不封闭)	不加固
20	Ⅳ-30-3-DCMG		喷混＋锚杆(封闭、不封闭)	对穿锚杆
21	Ⅳ-30-3-YYL(30)		喷混＋锚杆(封闭、不封闭)	预应力锚杆 30kN
22	Ⅳ-30-3-YYL(60)		喷混＋锚杆(封闭、不封闭)	预应力锚杆 60kN
23	Ⅳ-30-3-YYL(90)		喷混＋锚杆(封闭、不封闭)	预应力锚杆 90kN
24	Ⅳ-30-3-YYL(120)		喷混＋锚杆(封闭、不封闭)	预应力锚杆 120kN
25	Ⅳ-30-3-ZJ1		喷混＋锚杆(封闭、不封闭)	中岩墙注浆方案 1
26	Ⅲ-30-3-CZ	Ⅲ	喷混＋锚杆(不封闭)	不加固
27	Ⅲ-30-3-DCMG		喷混＋锚杆(不封闭)	对穿锚杆
28	Ⅲ-30-3-YYL(90)		喷混＋锚杆(不封闭)	预应力锚杆 90kN

注：1. 第一位罗马字母表示围岩级别；第二位数字表示隧道埋深；第三位数字表示净距。如Ⅴ-30-6表示Ⅴ级围岩30m埋深净距为6m工况。

2. CZ-初期支护；DCMG-对穿锚杆；ZJ1-注浆方案 1；YYL(30)-预应力锚杆，其中预应力 30kN。

上述 3 类计算工况施工过程模拟步序分别见表 5-4～表 5-6。由于不同的围岩在岩体性质上和支护方法上都有一定的差异，所以Ⅲ、Ⅳ级围岩的开挖模拟计算过程与Ⅴ级围岩模拟过程有一定的差异。

"只有初期支护"情况下的施工过程模拟步序表   表 5-4

施工步序	内 容	说 明
第一步	模拟形成初始地应力场	自重地应力形成
第二步	左洞预注浆加固	Ⅲ、Ⅳ级围岩没有
第三步	开挖左洞上半断面	左洞上半断面释放荷载（Ⅲ,70%；Ⅳ,55%；Ⅴ,40%）
第四步	施作左洞上半断面"喷锚支护"	左洞上半断面释放荷载（Ⅲ,30%；Ⅳ,45%；Ⅴ,60%）
第五步	开挖左洞下半断面	左洞下半断面释放荷载（Ⅲ,70%；Ⅳ,55%；Ⅴ,40%）
第六步	施作左洞下半断面"喷锚支护"	左洞下半断面释放荷载（Ⅲ,30%；Ⅳ,45%；Ⅴ,60%）
第七步	右洞预注浆加固	Ⅲ、Ⅳ级围岩没有
第八步	开挖右洞上半断面	右洞上半断面释放荷载（Ⅲ,70%；Ⅳ,55%；Ⅴ,40%）
第九步	施作右洞上半断面"喷锚支护"	右洞上半断面释放荷载（Ⅲ,30%；Ⅳ,45%；Ⅴ,60%）
第十步	开挖右洞下半断面	右洞下半断面释放荷载（Ⅲ,70%；Ⅳ,55%；Ⅴ,40%）
第十一步	施作右洞下半断面"喷锚支护"	右洞下半断面释放荷载（Ⅲ,30%；Ⅳ,45%；Ⅴ,60%）

"初期支护+中岩墙加固"情况下的施工过程模拟步序表   表 5-5

施工步序	内 容	说 明
第一步	模拟形成初始地应力场	自重地应力形成
第二步	左洞预注浆加固	Ⅲ、Ⅳ级围岩没有
第三步	开挖左洞上半断面	左洞上半断面释放荷载（Ⅲ、Ⅳ,55%；Ⅴ,40%）
第四步	施作左洞上半断面"喷锚支护"	左洞上半断面释放荷载（Ⅲ、Ⅳ、Ⅴ,20%）
第五步	中壁加固(对穿锚杆或对拉预应力锚杆或中壁注浆)	左洞上半断面释放荷载（Ⅲ、Ⅳ,25%；Ⅴ,40%）
第六步	开挖左洞下半断面	左洞下半断面释放荷载（Ⅲ、Ⅳ,55%；Ⅴ,40%）
第七步	施作左洞下半断面"喷锚支护"	左洞下半断面释放荷载（Ⅲ、Ⅳ、Ⅴ,20%）
第八步	中壁加固(对穿锚杆或对拉预应力锚杆或中壁注浆)	左洞上半断面释放荷载（Ⅲ、Ⅳ,25%；Ⅴ,40%）
第九步	右洞预注浆加固	Ⅲ、Ⅳ级围岩没有
第十步	开挖右洞上半断面	右洞上半断面释放荷载（Ⅲ、Ⅳ,55%；Ⅴ,40%）
第十一步	施作右洞上半断面"喷锚支护"	右洞上半断面释放荷载（Ⅲ、Ⅳ,45%；Ⅴ,60%）
第十二步	开挖右洞下半断面	右洞下半断面释放荷载（Ⅲ、Ⅳ,55%；Ⅴ,40%）
第十三步	施作右洞下半断面"喷锚支护"	右洞下半断面释放荷载（Ⅲ、Ⅳ,45%；Ⅴ,60%）

"初期支护+中岩墙双重加固"情况下的施工过程模拟步序表　　　　表 5-6

施工步骤	内　容	说　明
第一步	模拟形成初始地应力场	自重地应力形成
第二步	左洞预注浆加固	
第三步	开挖左洞上半断面	左洞上半断面释放荷载 40%
第四步	施作左洞上半断面"喷锚支护"	左洞上半断面释放荷载 20%
第五步	中壁注浆	左洞上半断面释放荷载 10%
第六步	对拉预应力锚杆	左洞上半断面释放荷载 30%
第七步	开挖左洞下半断面	左洞下半断面释放荷载 40%
第八步	施作左洞下半断面"喷锚支护"	左洞下半断面释放荷载 20%
第九步	中壁注浆	左洞下半断面释放荷载 10%
第十步	对拉预应力锚杆	左洞下半断面释放荷载 30%
第十一步	右洞预注浆加固	
第十二步	开挖右洞上半断面	右洞上半断面释放荷载 40%
第十三步	施作右洞上半断面"喷锚支护"	右洞上半断面释放荷载 60%
第十四步	开挖右洞下半断面	右洞下半断面释放荷载 40%
第十五步	施作右洞下半断面"喷锚支护"	右洞下半断面释放荷载 60%

通过重点分析各计算工况下先行洞拱顶竖向位移及 X 向应力、先行洞中岩墙的水平位移及 Y 向应力、隧道初期支护中最大弯矩及轴力、锚杆最大轴力以及洞周塑性区，研究了初期支护及超前支护的作用效果；中岩墙采用对拉锚杆、预应力锚杆、中岩墙注浆以及多种方式联合加固的效果；中岩墙注浆加固的适宜范围以及预应力大小的控制等问题。

(三)小净距隧道合理施工工法研究

为保证小净距隧道的施工和运营安全，特别是施工安全，除了选择合理的结构形式、支护手段和中岩墙加固措施以外，对施工工法的合理选择也十分重要。本部分针对典型的施工工法，重点研究小净距隧道在不同施工工法下的结构变形、受力特性以及围岩稳定性，从而提出合理的小净距隧道施工工法。

计算选取隧道埋深 30m，净距 3m，初期支护体系仍考虑不封闭与封闭两种情况；中岩墙加固措施对于Ⅴ级围岩采用中岩墙核心区注浆加固，对于Ⅳ级围岩选用对拉锚杆加固，对于Ⅲ级围岩不考虑中岩墙加固。

对于Ⅴ级围岩考虑正、反侧壁导坑法、CD 法以及上下台阶法和全断面法；对于Ⅳ、Ⅲ级围岩，主要考虑全断面法和上下台阶法，其工况组合及开挖示意图见表 5-7～表 5-9。

后行洞考虑不同开挖方式计算工况汇总表

表 5-7

序号	计算组编号	围岩级别	支护类型	开挖描述	开挖顺序示意图
1	Ⅴ－30－3－CD1	Ⅴ	初期支护 中壁注浆	左洞先C后D 右洞先C后D	左:Ⅰ|Ⅱ 右:Ⅲ|Ⅳ
2	Ⅴ－30－3－CD2		初期支护 中壁注浆	左洞先C后D 右洞先D后C	左:Ⅰ|Ⅱ 右:Ⅳ|Ⅲ
3	Ⅴ－30－3－CD3		初期支护 中壁注浆	左洞先D后C 右洞先C后D	左:Ⅱ|Ⅰ 右:Ⅲ|Ⅳ
4	Ⅴ－30－3－CD4		初期支护 中壁注浆	左洞先D后C 右洞先D后C	左:Ⅱ|Ⅰ 右:Ⅳ|Ⅲ
5	Ⅴ－30－3－CD5		初期支护 中壁注浆	左右洞反向 侧壁导坑	左:Ⅰ|Ⅲ 右:Ⅳ|Ⅱ
6	Ⅴ－30－3－CD6		初期支护 中壁注浆	左右洞正向 侧壁导坑	左:Ⅲ|Ⅰ 右:Ⅱ|Ⅳ
7	Ⅴ－30－3－TJ		初期支护 中壁注浆	台阶法	上:Ⅰ|Ⅲ 下:Ⅱ|Ⅳ
8	Ⅴ－30－3－QDM		初期支护 中壁注浆	全断面	Ⅰ | Ⅱ
9	Ⅳ－30－3－TJ	Ⅳ	初期支护 对拉锚杆	台阶法	上:Ⅰ|Ⅲ 下:Ⅱ|Ⅳ
10	Ⅲ－30－3－QDM		初期支护 对拉锚杆	全断面	Ⅰ | Ⅱ
11	Ⅲ－30－3－TJ	Ⅲ	初期支护	台阶法	上:Ⅰ|Ⅲ 下:Ⅱ|Ⅳ
12	Ⅲ－30－3－QDM		初期支护	全断面	Ⅰ | Ⅱ

全断面施工法施工步序　　　　　　　表5-8

施工步骤	内　　容	说　　明
第一步	模拟形成初始地应力场	自重地应力形成
第二步	先行洞超前支护	Ⅲ、Ⅳ级围岩没有
第三步	先行洞开挖（Ⅰ部分）	释放荷载（Ⅴ:65%;Ⅳ:75%;Ⅲ:90%）
第四步	先行洞施作初期支护	释放荷载（Ⅴ:20%;Ⅳ:20%;Ⅲ:10%）
第五步	中岩墙加固（施作对拉锚杆或中壁注浆）	释放荷载（Ⅴ:15%;Ⅳ:5%;Ⅲ:0%）
第六步	后行洞超前支护	Ⅲ、Ⅳ级围岩没有
第七步	后行洞开挖（Ⅱ部分）	释放荷载（Ⅴ:65%;Ⅳ:75%;Ⅲ:90%）
第八步	后行洞施作初期支护	释放荷载（Ⅴ:35%;Ⅳ:25%;Ⅲ:10%）

CD施工法施工步序（以CD1法为例说明）　　　　表5-9

施工步骤	内　　容	说　　明
第一步	模拟形成初始地应力场	自重地应力形成
第二步	先行洞超前支护	
第三步	开挖Ⅰ部分	释放荷载40%
第四步	施作Ⅰ部分"喷锚支护"	释放荷载60%
第五步	开挖Ⅱ部分	释放荷载40%
第六步	施作Ⅱ部分"喷锚支护"	释放荷载20%
第七步	中岩墙注浆加固	释放荷载40%
第八步	后行洞超前支护	
第九步	开挖Ⅲ部分	释放荷载40%
第十步	施作Ⅲ部分"喷锚支护"	释放荷载60%
第十一步	开挖Ⅳ部分	释放荷载40%
第十二步	施作Ⅳ断面"喷锚支护"	释放荷载60%

第五节　小净距隧道行为特征三维静力数值模拟分析

一、计算的主要目的

由于隧道施工采用二维数值模拟计算，无法反映隧道在施工过程中的空间效应，而且，二维数值模拟分析对于洞口段假定为平面应变问题也与实际情况有较大出入。因此，在一般重点关注纵向效应的工程和隧道的洞口段宜进行三维的数值模拟分析。本次针对小净距隧道采用三维数值模拟计算，主要研究了以下内容：

（1）相邻隧道因开挖掌子面之间的纵向距离对隧道稳定性的影响，从而确定出小净距隧道施工两相邻隧道掌子面纵向合理间距。

（2）研究有支护和无支护条件下小净距隧道开挖的纵向影响范围，为小净距隧道支护的施作时机提供依据。

二、计算的主要内容

（一）计算工况选取

计算研究的重点在于两隧道开挖掌子面之间的纵向距离对隧道稳定性的影响，确定小净距隧道施工相邻隧道掌子面纵向合理间距以及小净距隧道支护的施作时机。计算中假定隧道埋深为30m，隧道净距为3m，施工方法左、右洞均采用全断面法开挖，左洞先行，开挖步长为2m，进行施工全过程模拟。两掌子面间的距离选取同步推进、6m(0.5B)、12m(1.0B)、18m(1.5B)和先行洞贯通后再修建后行洞等5种情况（B为隧道开挖跨度）。

另外，为了探讨Ⅲ、Ⅳ、Ⅴ级围岩条件下，后行洞开挖对先行洞纵向影响范围，以及埋深、净距的影响，增加了埋深20m、50m；净距0.25B、0.5B以及1.0B情况的18组计算工况，假定先行洞贯通，后行洞在中部开挖2m，分析对先行洞纵向变形、受力的影响，为了减小边界效应的影响，隧道纵向取为80m。计算工况汇总于表5-10。

三维数值计算工况汇总表　　　　表5-10

序号	计算工况	围岩级别	埋深(m)	净距(m)	先后行洞掌子面间距(m)	备注
1	工况1	Ⅴ	30	3	0(两隧道同步推进)	
2	工况2				6	
3	工况3				12	
4	工况4				18	
5	工况5				∞(先行洞贯通)	
6	工况6	Ⅳ			0(两隧道同步推进)	
7	工况7				6	
8	工况8				12	
9	工况9				18	
10	工况10				∞(先行洞贯通)	
11	工况11				∞(先行洞贯通)	无初期支护

（二）施工步骤的模拟

对于三维全施工过程的模拟，假定隧道开挖进尺为2m，左、右洞均采用全断面开挖，将每个隧道沿纵向分成为25段，从洞口开始依次为第1段到第25段（图5-17），每段 2m。为了减小纵向边界效应的影响,将第 13 段与第 14 段相交处断面作为数值模拟计算考察的目标断面。

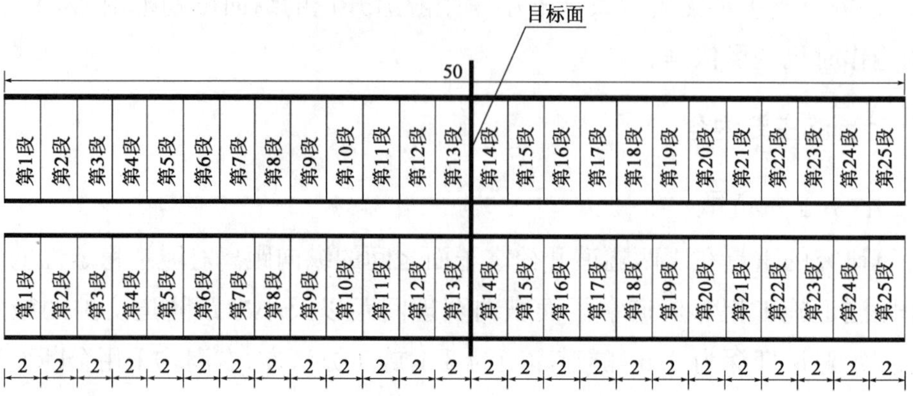

图 5-17 目标断面示意图(俯视;尺寸单位:m)

开挖顺序根据两隧道掌子面的间距不同,先行洞先行开挖到超前的断面,然后两隧道同时开挖 2m,施作初期支护,这样循环进行,直到两隧道贯通完成。由于掌子面之间距离不同,开挖过程稍有不同,现以先行洞超前 12m 为例进行说明,详细的施工顺序见表 5-11。

三维数值施工全过程模拟步骤　　　　　　表 5-11

施工步骤	内　　容	说　　明
第一步	模拟形成初始第应力场	自重地应力形成
第二步	先行洞开挖第 1 段(2m)	释放荷载 30%
第三步	先行洞施作第 1 段初期支护	释放荷载 70%
第四步	重复第二步、第三步直到掌子面预定间距第 6 段开挖完成(12m)	
第五步	先行洞开挖第 7 段,后行洞开挖第 1 段	释放荷载 30%
第六步	施作先行洞第 7 段初期支护、施作后行洞第 1 段初期支护	释放荷载 70%
第七步	重复第五步和第六步直到先行洞贯通 (先行洞开挖完第 25 段,后行洞开挖完第 19 段)	
第八步	后行洞开挖第 20 段	释放荷载 30%
第九步	后行洞施作第 20 段支护	释放荷载 70%
第十步	重复第八步和第十步直到后行洞贯通	

选取第 13 段与第 14 段交界处断面(即到洞口纵向距离为 26m)作为目标断面,以目标断面隧道拱顶沉降、中岩墙拱腰处水平位移、隧道喷射混凝土及系统锚杆最大轴力、洞周塑性区分布状况以及沿先行洞纵向拱顶沉降和中岩墙水平位移作为重点考察对象进行分析。

第六节　爆破作用下小净距隧道行为特征数值模拟分析

一、计算的主要目的

在公路隧道施工中,目前采用最多的施工方法是钻爆法,研究小净距隧道在爆破荷载作用下的行为特征对保证小净距隧道施工安全和长期安全性具有重要意义。

通过对双洞小净距隧道在爆破荷载作用下的二维、三维有限元分析,研究了爆破荷载作用下围岩级别、埋深及净距对小净距隧道性能的影响,研究了爆破荷载作用下支护体系状态及中岩墙加固措施对小净距隧道的性能的影响,研究了后行洞不同爆破开挖方式对小净距隧道性能的影响等,为小净距隧道合理净距的设置及小净距隧道分类,小净距隧道支护体系设计及中岩墙加固措施的选取,爆破开挖方式的合理选择,现场监控量测体系的建立和监控量测标准的制定提供了依据。

二、计算的主要内容

(一)计算模型的建立

1. 材料参数的选取

根据理论分析,在后行洞爆破开挖很小的范围内,爆破产生的冲击波很快衰减为地震波。在实际工程施工中,经常采用光面爆破、预裂爆破等控爆措施减小爆破冲击波对围岩的压力。计算假定在后行洞开挖爆破荷载作用下,先行洞洞周围岩处于弹性范围内,材料均假定为线弹性。

材料的动力特性与静力特性存在着差别,根据文献[93],在不考虑岩石破坏后的形态和应变率低于 $10^3/s$ 时,假定动、静态本构方程可取相同形式,因此,在计算中仍采用材料的静力指标,材料参数见表5-1。

2. 边界条件的选取

采用有限元法进行动力分析时,必须把实际上近于无限大的计算域用一人为边界截断,取一有限大小区域进行离散化,但是由于岩土的成层性、波在界面上的反射和透射以及动荷载类型等因素的影响,具体取多大范围比较合理以及在边界上如何给定边界条件,是目前尚未很好解决的一个重要研究课题。

目前,主要有简单的截断边界、黏滞边界、一致边界或透射边界、有限元和无限元或边界元相结合等方法。计算主要考察后行洞爆破开挖对先行洞及其洞周围岩的影响,主要与地震效应(位移、速度、加速度、应力、应变等)的峰值有关,通过取不同边界进行计算,当边界取得一定远(大于隧道开挖洞径的 3 倍)以及两隧道净距较小时,边界的反射效应对隧道周围地震效应的峰值影响可以忽略。

因此,在计算分析中,仍采用扩大边界范围的方式减小边界效应的影响,左、右及下边界取到3~4倍隧道的开挖直径,上边界取为自由边界。有限元分析模型及隧道周边网格与静力计算相似,只是边界范围更大,如图5-13所示,左、右边界约束x向位移,下边界约束y向位移。三维有限元分析模型及隧道周边网格如图5-14所示,隧道纵向长度取50m,左、右边界约束x向位移,下边界约束y向位移,前、后边界约束z向位移。

3. 爆破荷载的确定

根据爆破振动理论分析,爆破荷载可简化为具有线性上升段和下降段的三角形荷载(图5-18),同时假定作用在隧道开挖边界面上。荷载上升段、下降段作用时间可以利用公式进行计算[94]。根据大量实测经验,计算上升段时间取0.012s,下降段结束时间取0.112s,为了解爆破荷载结束后质点的情况,计算总持续时间取为0.5s。

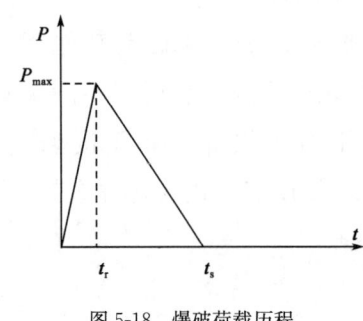

图5-18 爆破荷载历程

爆破荷载的应力峰值P_{max}(单位:kPa)采用如下经验公式[95-96]求解:

$$P_{max}=\frac{139.97}{Z}+\frac{844.81}{Z^2}+\frac{2154}{Z^3}-0.8034$$

$$Z=\frac{R^*}{Q^{\frac{1}{3}}} \tag{5-36}$$

式中:Z——比例距离,m;

R^*——爆心至荷载作用面的距离,m;

Q——炸药量,kg,齐发爆破时取总装药量,分段起爆时取最大段装药量。

(二)爆破振动控制标准

目前,爆破振动控制标准并未统一,但普遍倾向于以质点振动最大速度作为控制标准,同时考虑到岩体抗拉能力较弱。因此,以爆破荷载作用下质点振动速度和岩体产生的附加拉应力作为研究的重点进行。

(三)平面有限元的主要计算内容

1. 围岩级别、埋深及净距对小净距隧道的影响

为了分析隧道埋深、净距、围岩级别等对爆破荷载作用下的小净距隧道行为特征的影响,针对无支护情况下的小净距隧道,计算考虑了如下计算工况。

围岩级别:考虑Ⅲ、Ⅳ、Ⅴ级;隧道埋深:选取 5m、10m、15m、20m、25m、30m、35m、40m、45m、50m、100m 等 11 种情况;隧道净距:选取 3m、6m、9m、12m、15m、18m、21m、24m 等 8 种情况。共计 264 组计算工况。

计算中假定左洞先修、右洞后修,最大段装药量为 45kg,利用前述经验公式,可得作用在隧道开挖边界上的荷载为 1.7MPa。考虑最不利情况,先行洞未支护,中岩墙不加固,后行洞采用全断面开挖。

2. 后行洞不同爆破开挖方式的影响

为了研究后行洞在不同爆破开挖方式下爆破振动对先行洞的影响,在前面分析的基础上,针对Ⅳ级围岩,取埋深 30m,净距 6m,最大峰值爆破荷载 1.7MPa,分别计算了后行洞采用全断面开挖,上下台阶开挖侧壁导坑法先挖靠中岩墙侧,侧壁导坑法先挖远离中岩墙侧等 4 种后行洞典型爆破开挖方式。

3. 不同支护体系状态及中岩墙加固措施的影响

为了分析先行洞采用不同支护体系状态及中岩墙加固措施对爆破振动的影响,在前面分析的基础上,针对Ⅳ级围岩,取埋深 30m,净距 6m,最大峰值爆破荷载 1.7MPa,分别计算了先行洞为无支护,初期支护(不封闭),初期支护(封闭),初期支护+中岩墙注浆加固,初期支护+中岩墙长锚杆加固,初期支护+中岩墙预应力锚杆加固(60kN),初期支护+中岩墙注浆和锚杆加固,初期支护+二衬等 8 种典型情况,同时假定后行洞采用上下台阶法开挖。

(四)三维有限元的主要计算内容

爆破开挖仅是隧道局部一小段作用有爆破荷载,并不是真正意义上的平面应变问题,其计算结果数值的绝对大小是无意义的,但是,采用二维平面数值计算来模拟爆破开挖,对探讨其基本规律性,指导三维数值计算和减小三维数值模拟计算的工作量仍然是有现实意义的。

本次三维计算选取隧道埋深 30m,两隧道净距 3m,整个模型宽 140m、高 70m,纵向取 50m,开挖进尺假定为 2m。围岩采用实体单元 solid45 模拟,喷射混凝土及钢支撑等效后采用壳单元 shell163 模拟,系统锚杆采用三维杆单元 link8 模拟,三维有限元模型见图 5-14。

为了减小纵向边界效应的影响,后行洞爆破开挖断面选在纵向 26~28m 处的单元,观测断面选取先行洞中段纵向 26m 处的断面节点,如图 5-19 所示。

后行洞开挖假定为全断面开挖,爆破荷载作用在开挖断面洞周单元表面,爆破荷载作用大小对于Ⅴ级围岩考虑 0.25MPa 和 1.7MPa 两种情况;对于Ⅳ级围岩考虑

0.25MPa、0.5MPa、1.0 MPa、1.7 MPa 和 2.0MPa 五种情况；对于Ⅲ级围岩仅考虑 1.7MPa 的情况。

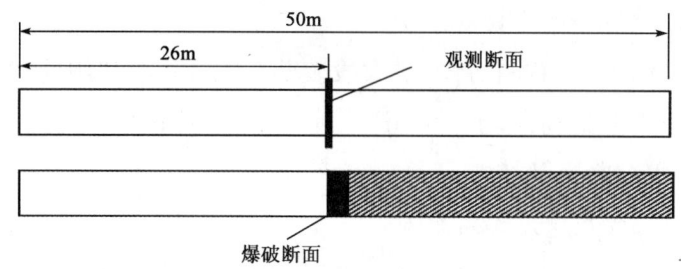

图 5-19　先行洞观测断面及后行洞爆破断面位置示意图

先、后开挖的两隧道掌子面之间的距离考虑如下 3 种情况：
(1)先行洞完全贯通后，再开挖后行洞。
(2)先行洞掌子面超前后行洞 6m、12m、18m。
(3)两隧道同时掘进等。其开挖示意图见图 5-20。

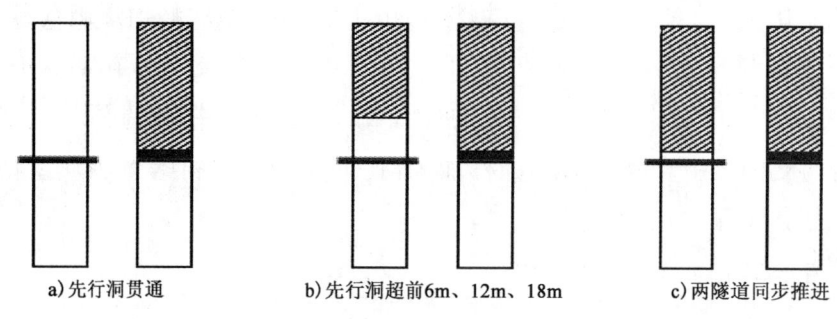

a)先行洞贯通　　　　b)先行洞超前6m、12m、18m　　　　c)两隧道同步推进

图 5-20　两隧道掌子面间距示意图

先行洞初期支护采用封闭的形式，计算中选取考虑针对特殊工况情况，考虑了先行洞为毛洞和先行洞施作初期支护等两种情况。

组合后的计算工况见表 5-12。

三维有限元爆破振动计算工况表　　　　　　　　　　表 5-12

计算工况	围岩级别	埋深(m)	净距(m)	爆破荷载(kPa)	初期支护状态	掌子面距离
工况 1	V	30	3	0.25	无	先行洞贯通
工况 2		30	3	0.25	有	
工况 3		30	3	1.7	无	
工况 4		30	3	1.7	有	
工况 5		30	3	1.7	有	先行洞超前 12m
工况 6		30	3	1.7	有	两隧道同步推进

续上表

计算工况	围岩级别	埋深(m)	净距(m)	爆破荷载(kPa)	初期支护状态	掌子面距离
工况 7	Ⅳ	30	3	0.25	有	先行洞贯通
工况 8		30	3	0.5	有	
工况 9		30	3	1.0	有	
工况 10		30	3	1.7	无	
工况 11		30	3	1.7	有	
工况 12		30	3	2.0	有	
工况 13		30	3	1.7	有	先行洞超前18m
工况 14		30	3	1.7	有	先行洞超前12m
工况 15		30	3	1.7	有	先行洞超前6m
工况 16		30	3	1.7	有	两隧道同步推进
工况 17	Ⅲ	30	3	1.7	无	先行洞贯通
工况 18		30	3	1.7	有	
工况 19		30	3	1.7	有	先行洞超前18m
工况 20		30	3	1.7	有	先行洞超前12m
工况 21		30	3	1.7	有	先行洞超前6m
工况 22		30	3	1.7	有	两隧道同步推进
工况 23		30	6	1.7	有	先行洞贯通
工况 24		30	6	3.4	有	先行洞贯通
工况 25		30	9	3.4	有	先行洞贯通

第六章 模型试验研究

第一节 概 述

一、模型试验的特点与优势

近年来,由于电子计算机技术的发展和广泛应用,计算力学在结构分析中起到了越来越重要的作用。但是,实验分析仍是研究各类结构问题的极其重要、有效的途径之一。作为实验分析的一个重要组成部分,模型试验发挥着自己独特的作用,尤其对于一些复杂的、其中各相关物理量之间数学模型尚未建立的结构(按现代岩土力学的观点,岩土本身也是一种结构),通过模型试验往往可以取得较好的结果。因此,国内外一些大型工程项目,如大型水电站的水坝、导流洞、地下厂房设计,长大隧道的围岩稳定及衬砌设计,新型长大桥梁的振动分析与结构设计,高层建筑的抗震设计,高边坡的稳定分析等,在使用计算机进行数值分析的同时,通常也要进行模型试验。模型试验具有以下主要优点:

(1)可以严格控制试验对象的主要参数而不受外界环境的影响。

(2)可以突出主要因素而略去次要因素,便于把握问题的主要矛盾。

(3)便于改变因素和进行重复试验。

(4)与现场试验相比节省人力、物力和时间,并且,可以对模型进行破坏性试验,研究破坏规律。

(5)对某些正在设计的结构,可用模型试验来与设计方案进行比较并校核该方案的合理性。

(6)当所研究的对象尚未或难以建立数学模型时,模型试验可能是最重要的研究手段。

二、模型试验的理论依据[97-99]

本次模型试验按弹性阶段相似的原则进行,相似关系按相似理论进行推导。

（一）相似第一定理（相似正定理）

如果表征一个系统中的物理现象的全部量（如线性尺寸、力、位移等）的数值，可由第二个系统中相对应的诸量乘以不变的无量纲数得到，这两个系统的物理现象就是相似。

若两个弹性力学问题是力学相似的，以 p 和 m 分别表示原型和模型的物理量，C 表示相似比，则原型和模型都应满足弹性力学的基本方程（平衡方程、相容方程、物理方程和几何方程）和边界条件。将各物理量之间的相似比定义为如下关系。

几何相似比：

$$C_L = \frac{x_p}{x_m} = \frac{y_p}{y_m} = \frac{u_p}{u_m} = \frac{v_p}{v_m} = \frac{l_p}{l_m} \tag{6-1}$$

应力相似比：

$$C_\sigma = \frac{(\sigma_x)_p}{(\sigma_x)_m} = \frac{(\sigma_y)_p}{(\sigma_y)_m} = \frac{(\tau_{xy})_p}{(\tau_{xy})_m} = \frac{\sigma_p}{\sigma_m} \tag{6-2}$$

应变相似比：

$$C_\varepsilon = \frac{(\varepsilon_x)_p}{(\varepsilon_x)_m} = \frac{(\varepsilon_y)_p}{(\varepsilon_y)_m} = \frac{(\gamma_{xy})_p}{(\gamma_{xy})_m} = \frac{\varepsilon_p}{\varepsilon_m} \tag{6-3}$$

弹性模量相似比：

$$C_E = \frac{E_p}{E_m} \tag{6-4}$$

泊松比相似比：

$$C_\mu = \frac{\mu_p}{\mu_m} \tag{6-5}$$

边界力相似比：

$$C_{\bar{x}} = \frac{\bar{x}_p}{\bar{x}_m} = \frac{\bar{y}_p}{\bar{y}_m} \tag{6-6}$$

体积力相似比：

$$C_X = \frac{X_p}{X_m} = \frac{Y_p}{Y_m} \tag{6-7}$$

位移相似比：

$$C_\delta = \frac{\delta_p}{\delta_m} \tag{6-8}$$

容重相似比：

$$C_\gamma = \frac{\gamma_p}{\gamma_m} \tag{6-9}$$

将以上各个相似比带入弹性力学的基本方程，可求出各相似比之间的关系。其关系式如下：

$$C_\sigma = C_L C_X; C_\sigma = C_\varepsilon C_E; C_{\bar{x}} = C_\sigma; C_\mu = 1; C_\varepsilon = 1 \tag{6-10}$$

（二）相似第二定理（Ⅱ定理）

弹性力学模型相关参数表达式：

$$f(\sigma, \varepsilon, E, \mu, x, \bar{x}, l, \delta, \upsilon) = 0 \tag{6-11}$$

上式中参数总数 p 的值为 8，基本量纲 r 的值为 2，选出体力 X 和长度 L 作为基本量纲的物理量，他们的量纲分别为 FL^{-3} 和 L，根据量纲至少出现一次的原则，有：

$$\pi_1 = \frac{\sigma}{X^\alpha l^\beta} = \frac{FL^{-2}}{(FL^{-3})^\alpha L^\beta} \tag{6-12}$$

要使此成为无量纲参数，则必须：$\alpha = 1, -3\alpha + \beta = -2$，解得 $\beta = 1$。故有准则（或相似判据）：

$$\pi_1 = \frac{\sigma}{Xl} \tag{6-13}$$

同理可得：

$$\pi_2 = \varepsilon; \pi_3 = \frac{E}{XL}; \pi_4 = \mu; \pi_5 = \frac{\bar{X}}{XL}; \pi_6 = \frac{\delta}{L} \tag{6-14}$$

根据两个力学现象相似则相似判据相等，有：

$$\frac{C_\sigma}{C_X C_l} = 1; \frac{C_E}{C_X C_l} = 1; C_\varepsilon = 1; C_\mu = 1; \frac{C_\delta}{C_l} = 1; \frac{C_{\bar{x}}}{C_X C_l} = 1 \tag{6-15}$$

第二节　模型试验设计

一、相似比的确定

根据实验目的以及前述相似准则推得各物理力学参数原型值与模型值的相似比，以几何相似比和容重相似比为基础相似比，确定各物理量相似比如下：

(1) 几何相似比：$C_L = 30$。

(2) 容重相似比：$C_\gamma = 1$。

(3) 泊松比、应变、摩擦角相似比：$C_\mu = C_\varepsilon = C_\varphi = 1$。

(4)强度、应力、凝聚力、弹性模量相似比:$C_R=C_\sigma=C_c=C_E=1$。

要同时满足所有物理量的相似条件是不可能的,因此,只能根据研究的目的和结构、构件的实际受力状况,抓住研究问题的主要矛盾,尽量满足主要力学参数的相似条件,而放宽或近似满足次要参数的相似要求。根据以上原则和前述相似关系,模型主要力学参数取定如下:

(1)围岩:凝聚力 c、内摩擦角 φ、容重 γ、弹性模量 E、单轴抗压强度 R_b,以凝聚力 c、内摩擦角 φ、容重 γ 相似比为主。

(2)模筑混凝土及喷射混凝土:轴心抗压强度 R_b、弹性模量 E,以弹性模量 E 为主。

(3)锚杆及钢筋混凝土中受拉(压)主筋:抗拉强度 R_L、弹性模量 E 或等效刚度 EA,以等效刚度 EA 为主。

(4)工字钢架及钢筋混凝土中受弯主筋:抗拉(压)强度 R_L、弹性模量 E 或等效刚度 EI,以等效刚度 EI 为主。

二、相似材料的设计

(一)围岩相似材料的设计

本次模型试验的原型围岩参数根据《公路隧道设计规范》(JTG D70—2004)取值,具体见表6-1。

围岩原型参数及模型相似材料参数 表6-1

围岩级别	原型参数				模型参数			
	c(MPa)	φ(°)	E(GPa)	γ(kN/m³)	c(MPa)	φ(°)	E(GPa)	γ(kN/m³)
Ⅲ	1.3—1.4	36—38	7.0—10.0	23.0—25.0	0.04292	37.85	0.267	24.67
Ⅳ	0.5—0.7	32—34	4.0—6.0	19.0—22.0	0.01856	32.06	0.167	21.3
Ⅴ	0.07—0.10	27—29	0.8—1.9	17.5—18.0	0.00232	29.10	0.050	17.5

通过大量的配比试验确定围岩相似材料的配比见表6-2,配置的围岩相似材料如图6-1所示。

围岩相似材料的配比 表6-2

围岩级别	重晶石粉	粉煤灰	河砂	机油	细石英砂	粗石英砂	松香
Ⅲ	1	0.34	0.67	0.14	0.34	0.34	0.08
Ⅳ	1	0.25	1.70	0.22	1.00	—	—
Ⅴ	1	2.00	2.00	0.60	—	—	—

注:Ⅲ级围岩的相似材料为热融混合物,Ⅳ、Ⅴ级围岩的相似材料为常温混合物,以上混合材料配制完成后,性能基本不受温度和湿度的影响。

a) 配制围岩材料

b) Ⅲ级围岩相似材料

c) Ⅳ级围岩相似材料

d) Ⅴ级围岩相似材料

图 6-1　配置的围岩相似材料

(二)支护相似材料的设计

支护参数根据依托工程紫坪铺隧道小净距段的支护参数取值,具体见表 6-3～表 6-5。模型支护构件如图 6-2 所示。

Ⅲ级围岩中支护原型与模型参数　　表 6-3

支护体系	Ⅲ级围岩	
	原　型	模　型
喷层	15cm厚喷射混凝土	0.5cm厚石膏
二次衬砌	35cm厚模筑混凝土	1.17cm厚石膏
锚杆	Φ25锚杆,37.98根/m	Φ2.5铝丝,80根/m

Ⅳ级围岩中支护原型与模型参数　　表 6-4

支护体系	Ⅳ级围岩	
	原　型	模　型
喷层	20cm厚喷射混凝土	0.67cm厚石膏
二次衬砌	40cm厚模筑混凝土	1.67cm厚石膏
钢支撑	格栅钢架@80cm	Φ4铁丝@5.71cm
锚杆	Φ25锚杆,49.03根/m	Φ2.5铝丝,105根/m

Ⅴ级围岩中支护原型与模型参数 表6-5

支护体系	Ⅴ 级 围 岩	
	原　型	模　型
喷层	20cm厚喷射混凝土	0.67cm厚石膏
二次衬砌	50cm厚模筑混凝土	1.67cm厚石膏
二次衬砌钢筋	Φ18 主筋@20cm	Φ2 主筋@3.33cm
钢支撑	18号工字钢支撑@60cm	Φ4 铁丝@4cm
锚杆	Φ25 中空锚杆,80 根/m	Φ2.5 铝丝,170 根/m
超前支护	超前管棚+注浆	Φ4 铁丝 14 根

a) 配制模型混凝土材料

b) 模型二次衬砌

c) 模型钢支撑

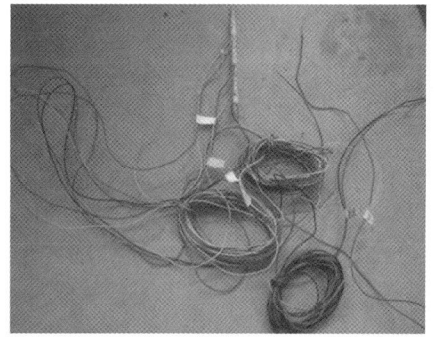

d) 模型锚杆

图 6-2　模型支护构件

三、试验装置设计

全部试验在台架式钢板试验模型槽内进行。试验模型槽用两组 180 工字钢对模型槽前后进行约束,使试体处于平面应变状态。整个模型槽的内表面黏一层厚 1mm 的聚四氟乙烯板,以此减小模型槽边界效应对试验的影响。试验模型槽的尺寸为 4.3m×3.7m×0.4m,试体尺寸为 1.25m×0.60m×0.4m。试验装置见图 6-3。

图 6-3　模型试验台架照片

四、量测项目及方法

(一)地表位移

在地表布置 9 个测点测试地表沉降,见图 6-4a)。

(二)地中相对位移

在拱顶上方 0.25m、0.5m、1.0m 布置测点测量地中位移,见图 6-4a)。

(三)洞室周边径向位移

在拱顶、拱侧、边墙、仰拱等处布置测点测量洞周位移,见图 6-4b)。

a)地表、地中位移量测测点布设

b)洞周位移量测测点布设

图 6-4　位移测点的布置

(四)围岩压力

在洞室周边典型位置(如拱顶、拱侧、拱角、仰拱等处)布置测点,用土压力盒进行量测,见图 6-5a)。

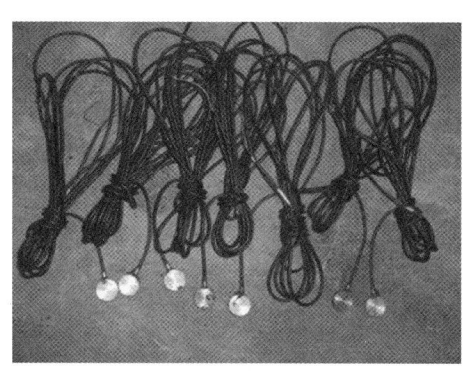 

a) 土压力盒　　　　　　　　　b) 7V14应变数据采集仪

图 6-5　围岩压力与应变数据的采集

(五) 锚杆轴力

在锚杆杆体直接布设电阻应变片方式测读杆体的应变值,以此获得锚杆轴力。

每根锚杆杆体布设 3 个应变片,由这 3 个应变片可以测出锚杆杆体两端和中间的应变值,进而可以计算出锚杆各段的轴力,其计算公式为:

$$N = A\sigma = \frac{1}{4}\pi d^2 E\varepsilon \tag{6-16}$$

式中:d——锚杆的直径;

E——锚杆的弹性模量;

两者都按实际取值。

(六) 钢支撑内力

采用在钢支撑内外侧对称布设环向电阻应变片方式测读内外侧应变值,以此获得内外侧的应变后计算出钢支撑的截面内力。

与衬砌的计算原理一致,设内外侧应变值分别为 $\varepsilon_内$ 和 $\varepsilon_外$,单位长度钢支撑的截面内力(轴力和弯矩)的计算公式为:

$$N = \frac{1}{8} E(\varepsilon_内 + \varepsilon_外)\pi d^2 \tag{6-17}$$

$$M = \frac{1}{64} E(\varepsilon_内 - \varepsilon_外)\pi d^3 \tag{6-18}$$

式中:d——钢支撑的直径,按实际取值;

E——衬砌的弹性模量,根据实测取值。

(七) 二次衬砌内力

采用在衬砌内、外侧对称布设环向电阻应变片方式测读内外侧应变值,以此获得内外侧的应变后计算出二次衬砌的截面内力。

设衬砌的内外侧应变值分别为 $\varepsilon_内$ 和 $\varepsilon_外$，根据材料的本构关系，$\sigma_内$ 和 $\sigma_外$ 应为 $E\varepsilon_内$ 和 $E\varepsilon_外$，由公式：

$$N = A\sigma, M = \sigma W \tag{6-19}$$

可求出衬砌的截面内力（轴力和弯矩），单位长度衬砌的截面内力计算公式为：

$$N = \frac{1}{2}E(\varepsilon_内 + \varepsilon_外)bh \tag{6-20}$$

$$M = \frac{1}{12}E(\varepsilon_内 - \varepsilon_外)bh^2 \tag{6-21}$$

式中：b——单位长度，取 1m；

h——衬砌厚度，按设计取值；

E——衬砌的弹性模量，根据实测取值。

（八）图像记录

试验全过程用摄像机、数码照相机进行记录。

以上所有应变数据的采集均使用 7V14 应变数据采集仪，见图 6-5b）。位移数据采集采用位移数显仪，如图 6-6 所示。

位移用千分之一精度的 SP-10A 位移数显仪进行量测，见图 6-6。

图 6-6　SP-10A 位移数显仪

第三节　模型试验概况

一、试验概况

模型试验测点布置如图 6-7 所示，为了达到预定的试验目标，进行表 6-6 所示的若干试验系列，其试验工况统计于表 6-7。

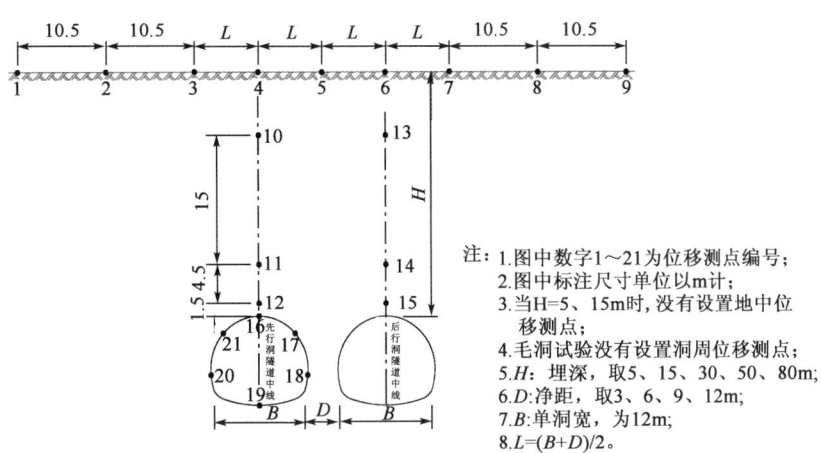

图 6-7 模型试验测点布置示意图(尺寸单位:m)

试验目的表   表 6-6

实验系列	实 验 目 的
毛洞(无支护)试验系列	1.探讨毛洞状态下的地表、地中、洞周位移特征,研究小净距隧道的破坏方式及过程,确定小净距隧道施工过程中的重点监控量测的部位; 2.通过毛洞的破坏试验,探讨围岩级别、净距、埋深变化对小净距隧道围岩稳定性的影响,为小净距隧道分类提供依据
有支护试验系列	1.探讨不同围岩级别条件下,不同支护方式的支护效果,研究初期支护与二衬各自发挥的作用; 2.检验都汶路紫坪铺隧道小净距段的支护参数是否安全、经济、合理
中岩墙加固系列	1.评价不同加固方式的加固效果; 2.比较中岩墙不同加固方式的优劣
施工方法比选系列	1.评价后行洞不同施工方法对围岩扰动大小,对先行洞结构的影响大小; 2.比较后行洞不同施工方法的优劣

模型试验工况统计表   表 6-7

试验系列	序号	围岩级别	埋深(m)	净距(m)	先行洞开挖方法	后行洞开挖方法	有无初期支护	有无二衬	中间墙加固方法
毛洞试验系列	1	V	30	6	上下台阶	上下台阶	无	无	无
	2	V	30	9	上下台阶	上下台阶	无	无	无
	3	V	30	12	上下台阶	上下台阶	无	无	无
	4	IV	5	3	上下台阶	上下台阶	无	无	无
	5	IV	5	6	上下台阶	上下台阶	无	无	无
	6	IV	5	9	上下台阶	上下台阶	无	无	无
	7	IV	5	12	上下台阶	上下台阶	无	无	无
	8	IV	15	3	上下台阶	上下台阶	无	无	无
	9	IV	15	6	上下台阶	上下台阶	无	无	无
	10	IV	15	9	上下台阶	上下台阶	无	无	无

续上表

试验系列	序号	围岩级别	埋深(m)	净距(m)	先行洞开挖方法	后行洞开挖方法	有无初期支护	有无二衬	中间墙加固方法
毛洞试验系列	11	Ⅳ	15	12	上下台阶	上下台阶	无	无	无
	12	Ⅳ	30	3	上下台阶	上下台阶	无	无	无
	13	Ⅳ	30	6	上下台阶	上下台阶	无	无	无
	14	Ⅳ	50	3	上下台阶	上下台阶	无	无	无
	15	Ⅳ	50	6	上下台阶	上下台阶	无	无	无
	16	Ⅳ	50	9	上下台阶	上下台阶	无	无	无
	17	Ⅳ	50	12	上下台阶	上下台阶	无	无	无
	18	Ⅳ	80	3	上下台阶	上下台阶	无	无	无
	19	Ⅳ	80	6	上下台阶	上下台阶	无	无	无
	20	Ⅲ	30	3	上下台阶	上下台阶	无	无	无
支护试验系列	21	Ⅳ	30	9	上下台阶	上下台阶	有	无	无
	22	Ⅳ	50	3	上下台阶	上下台阶	有	无	无
	23	Ⅳ	50	12	上下台阶	上下台阶	有	无	无
	24	Ⅳ	80	9	上下台阶	上下台阶	有	无	无
	25	Ⅲ	30	3	上下台阶	上下台阶	有	无	无
	26	Ⅴ	30	3	上下台阶	上下台阶	有	有	无
	27	Ⅴ	30	6	上下台阶	上下台阶	有	有	无
	28	Ⅴ	30	12	上下台阶	上下台阶	有	有	无
	29	Ⅲ	30	3	上下台阶	上下台阶	有	有	无
岩墙加固系列	30	Ⅴ	30	3	上下台阶	上下台阶	有	无	贯通长锚杆
	31	Ⅴ	30	3	上下台阶	上下台阶	有	无	小范围注浆
	32	Ⅴ	30	3	上下台阶	上下台阶	有	无	大范围注浆
工法比选系列	33	Ⅴ	30	3	上下台阶	正向侧壁导坑	有	无	无
	34	Ⅴ	30	3	上下台阶	反向侧壁导坑	有	无	无
	35	Ⅴ	30	3	上下台阶	全断面法	有	无	无
	36	Ⅴ	30	3	上下台阶	上下台阶	有	无	无

注:正向侧壁导坑法指的是先开挖左侧导坑,再开挖右侧;反向侧壁导坑法指的是先开挖右侧导坑。

二、试验过程

模型洞室相当于原型隧道长度12m,所有试验先后行洞的开挖均分3段完成,第1段开挖至全长的1/4(3m),第2段开挖至全长的3/4(9m),第3段开挖贯通(12m)。每段开挖后位移基本稳定时读取数据,再开挖下一段。

(一)毛洞试验过程

(1)先行洞上台阶开挖至全长的1/4。

(2)先行洞下台阶开挖至全长的1/4。

(3)先行洞上台阶开挖至全长的3/4。

(4)先行洞下台阶开挖至全长的3/4。

(5)先行洞上台阶开挖贯通。

(6)先行洞下台阶开挖贯通。

(7)先行洞贯通后,稳定180min。

(8)后行洞开挖步骤同先行洞。

(9)双洞贯通后,稳定180min,结束该组试验。

开挖步骤见图6-8。

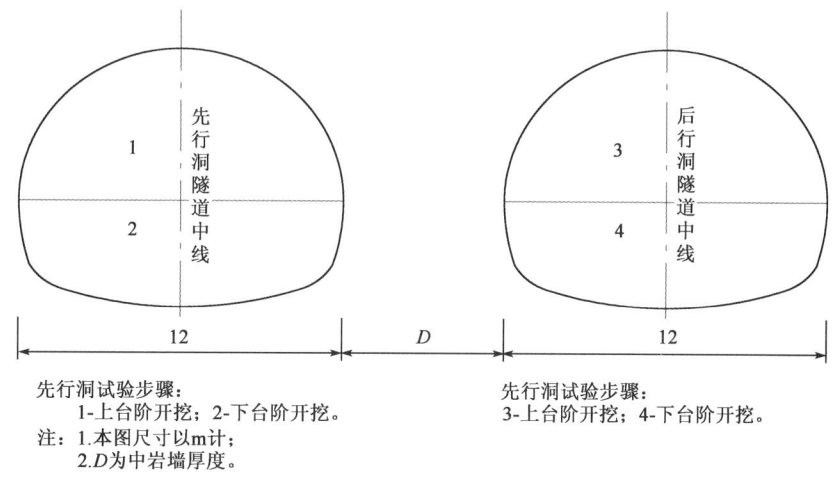

先行洞试验步骤:
　　1-上台阶开挖;2-下台阶开挖。
先行洞试验步骤:
　　3-上台阶开挖;4-下台阶开挖。
注:1.本图尺寸以m计;
　　2.D为中岩墙厚度。

图6-8 毛洞试验系列试验步骤示意图

(二)有支护系列试验施工步序模拟

(1)先行洞上台阶开挖至全长的1/4,上初期支护。

(2)先行洞下台阶开挖至全长的1/4,上初期支护。

(3)先行洞上台阶开挖至全长的3/4,上初期支护。

(4)先行洞下台阶开挖至全长的3/4,上初期支护。

(5)先行洞上台阶开挖贯通,上初期支护。

(6)先行洞下台阶开挖贯通,上初期支护(如有二衬,先行洞贯通后装入二衬,然后由预埋管对二衬壁后进行注浆,填充初期支护与二衬之间的空隙)。

(7)先行洞贯通后,稳定180min。

(8)后行洞试验步骤与先行洞相同(后行洞均未考虑二次衬砌)。

(9)双洞贯通后,稳定180min,结束该组试验。有初期支护试验步骤见图6-9、图6-10;初期支护+二次衬砌的试验步骤见图6-11、图6-12。

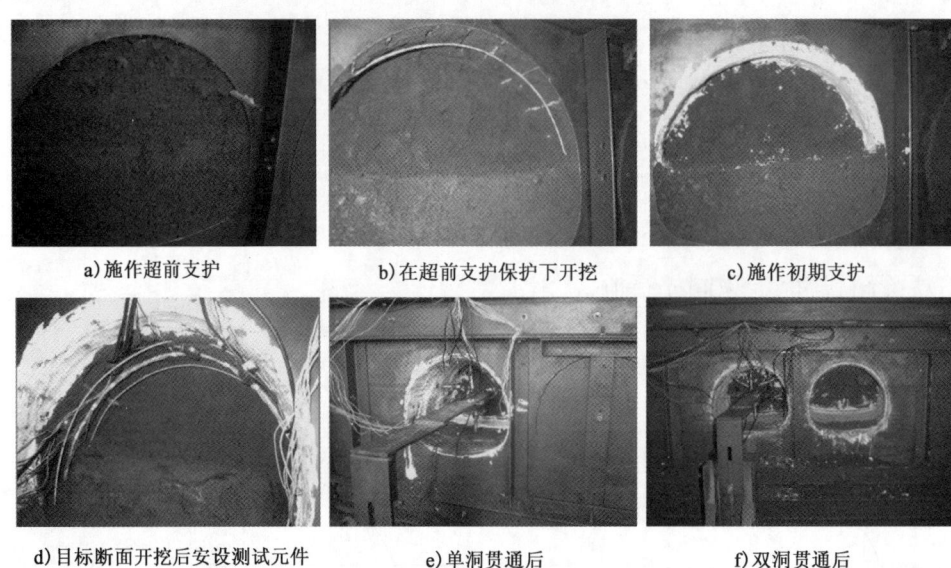

图6-9　有初期支护试验的开挖过程

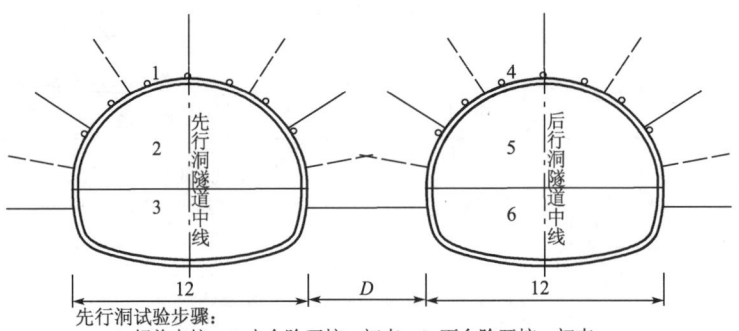

先行洞试验步骤:
　　1-超前支护;2-上台阶开挖、初支;3-下台阶开挖、初支。
后行洞试验步骤:
　　4-超前支护;5-上台阶开挖、初支;6-下台阶开挖、初支。
注:1.本图尺寸以m计;
　　2.D为中岩墙厚度;
　　3.只有V级围岩中采用超前支护,只有V级围岩中的初期支护才封闭。

图6-10　有初期支护试验步骤示意图(上下台阶法)

　　a)二次衬砌的安装　　　　　　b)二衬注浆完成后　　　　　　c)双洞贯通后

图6-11　二次衬砌施作过程图

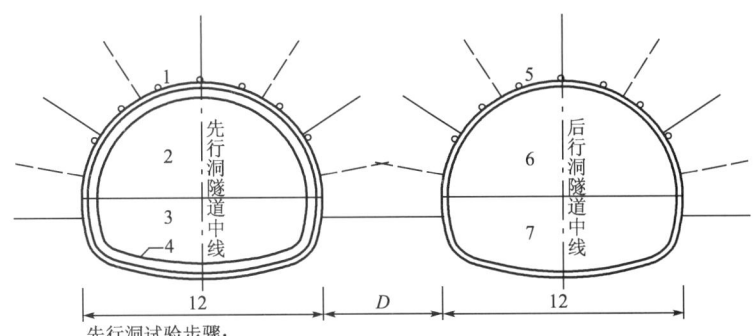

先行洞试验步骤：
　　1-超前支护；2-上台阶开挖、初支；3-下台阶开挖、初支；4-施作二衬。
后行洞试验步骤：
　　5-超前支护；6-上台阶开挖、初支；7-下台阶开挖、初支。
注：1. 本图尺寸以m计；
　　2. D为中岩墙厚度；
　　3. 只有Ⅴ级围岩中采用超前支护。

图 6-12　初期支护＋二衬试验系列试验步骤示意图

其余有支护试验（侧壁导坑法、全断面法）的试验步骤以此类推。

三、模型试验结果说明

（1）由于围岩压力、钢支撑内力、锚杆轴力以及二衬内力离散性较大，在试验结果分析中以位移分析为主。在后续的分析中引入地表、地中总位移以及地表、地中增量位移两个概念。

所谓地表、地中总位移，指的是双洞贯通后，围岩、结构基本稳定时的地表、地中位移值；地表、地中增量位移指的是双洞贯通后，围岩、结构基本稳定时的地表、地中位移值与先行洞贯通后，围岩、结构基本稳定时的地表、地中位移值之差。引入增量位移的概念是为了研究后行洞施工对先行洞围岩与结构的影响。

（2）因为毛洞试验有坍塌的可能，为了位移测试仪器的安全，没有进行洞周位移的测试；有支护的试验都进行了洞周位移的测试。

（3）为了使数据分析和规律总结更加直观，所有的数据都换算成了原型值，例如模型试验中测点1实测位移值是1mm，那么换算成原型后测点1的值就是30mm（1mm×位移相似比30）。

（4）在以后的分析中，将会出现"Ⅴ－30－[3]－p"、"Ⅴ－30－[3]－s"等字样。"Ⅴ－30－[3]－p"指的是"Ⅴ级围岩、30m埋深、3m净距，有初期支护"，其中"p"指的是"primary lining（初期支护）"；同理"Ⅴ－30－[3]－s"中的"s"指的是"secondary lining（二次衬砌）"。

（5）如果不做特殊说明，先后行洞的开挖方法均采用的是上下台阶法，中岩墙不加固。

第七章 现场试验研究

第一节 概 述

一、现场试验的特点与优势

数值分析、模型试验、现场试验是当前隧道与地下工程研究的三大科学方法。三种方法各有特色,各有不足,相辅相成,共同揭示隧道与地下工程的变形与受力特征。

数值分析(包括有限元、有限差分等)通过计算机模拟,直观而清晰地反映隧道的变形受力特征,而且数值分析的过程便于重复,可以用来做量化的工程比较分析。由于当前对于岩土体本构模型的研究有待进一步的深化,而且绝大多数的数值分析软件都是将岩土体模拟成连续介质,而实际工程中的岩土体是非常复杂的,包括很多的裂隙、节理,还有地下水、破碎带等,数值分析软件还不能对复杂的岩土体进行比较全面的模拟,所以其结果不能非常准确地反映隧道与地下工程的变形受力特征。

模型试验可以通过破坏性试验模拟破坏过程,找出隧道与地下工程结构的薄弱环节,为设计施工提供参考。模型试验中配制相似材料模拟的岩土体既有离散体的特征,又有连续介质的特性,也不能对实际工程的岩土体进行全面的模拟。由于模型以及测试手段的限制,模型试验中的隧道结构受力往往离散性较大(例如模型中结构受力相差 1N,那么换算到实际工程中的结构受力就相差 $1N \times$ 几何相似比 CL^3),所以模型试验中测得的隧道结构受力不能从数量上准确地反映实际隧道工程的结构受力状况。

现场试验可以比较好地弥补数值分析与模型试验的不足,通过现场测试,比较准确地测出隧道结构受力情况,从而确认设计参数与施工方法的合理性,并且为设计参数与施工方法的变更提供依据。

二、现场试验设计

(一)试验断面布置

为了研究小净距隧道的围岩变形与支护受力规律,在紫坪铺隧道小净距段选择了

9个试验断面进行测试,每个级别的围岩中分布3个试验断面,先行洞2个,后行洞1个,具体如图4-2、表7-1所示。先行洞6个试验断面的围岩与地质情况如图7-1所示。

试验断面的基本情况 表7-1

断面号	断面所在隧道	里程桩号	围岩级别	埋深(m)	隧道净距(m)
断面1	先行洞	K17+434	Ⅴ级	5.4	4.77
断面2		K17+412.2	Ⅴ级	18.5	6.63
断面3		K17+379.2	Ⅳ级	41.2	9.56
断面4		K17+360	Ⅳ级	56	11.4
断面5		K17+341	Ⅲ级	76.8	13.14
断面6		K17+313	Ⅲ级	101	15.56
断面7	后行洞	LK17+429	Ⅴ级	13.4	4.77
断面8		LK17+374	Ⅳ级	51.2	9.56
断面9		LK17+336	Ⅲ级	81.4	13.14

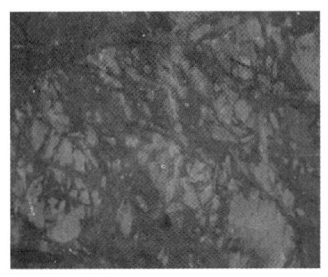
a) 断面1掌子面围岩状况

b) 断面2掌子面围岩状况

c) 断面3掌子面围岩状况

d) 断面4掌子面围岩状况

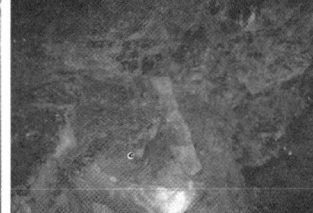
e) 断面5掌子面围岩状况

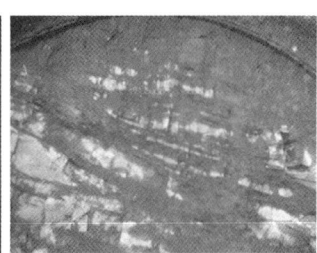
f) 断面6掌子面围岩状况

图7-1 先行洞6个试验断面的地质情况

(二)试验断面测点布置

每个试验断面布置5个测点,每个测点包含若干测试项目,见图7-2。根据小净距段围岩级别、埋深、净距等特点,结合研究目标,对每个试验断面安排了不同的测试项目,见表7-2。

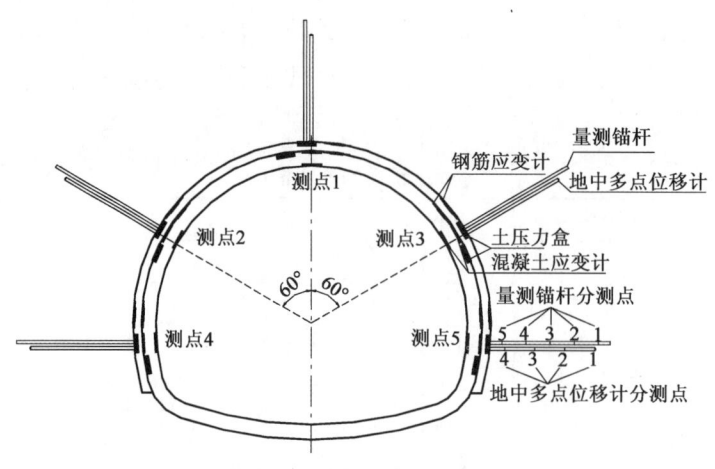

图 7-2　试验断面测点布置图

试验断面 1~9 测试项目一览表　　　　　　　表 7-2

测试项目	断面编号								
	1	2	3	4	5	6	7	8	9
地中位移	√	√	√	√	√	√	—	—	—
锚杆轴力	√	√	√	√	√	√	—	—	—
围岩压力	√	√	√	√	—	—	—	—	—
钢支撑内力	√	√	√	√	—	—	—	—	—
初期支护与二衬的层间压力	√	√	√	√	√	√	√	√	√
二次衬砌内力	√	√	√	√	√	√	√	√	√
备注（围岩级别）	Ⅴ级	Ⅴ级	Ⅳ级	Ⅳ级	Ⅲ级	Ⅲ级	Ⅴ级	Ⅳ级	Ⅲ级

第二节　测试项目与方法

一、地质与支护状态的观察

围岩地质状况与支护结构状态的观测是现场试验的基本分析资料，主要是对喷层、锚杆、钢支撑、模筑二次衬砌、掌子面、岩性、地下水等内容进行直接的观察和记录。以此为判断围岩、隧道的稳定性提供地质依据，并根据喷层表面状态及锚杆的工作状态，分析支护结构的安全性。本试验环节通过素描、数码拍照等手段实施。

二、地中位移量测

（一）洞内设点的地中位移量测

围岩的变形与多种因素有关，既有时间效应，又有空间效应，主要影响因素有：

①隧道的端面形式、跨度和高度；②围岩的特性；③施工方法；④支护类型和支护时间；⑤端面效应；⑥爆破振动效应。

隧道围岩内部位移量测的主要目的是了解隧道的径向位移分布和松弛范围，确定围岩塑性区。现场试验采用机械式多点位移计进行直接量测，多点位移计的构造见图7-3，其实物见图7-4，安装与位移量测见图7-5。

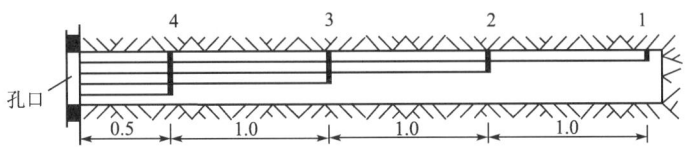

注：1、2、3、4为地中位移计4个分测点的编号。

图7-3 洞内设点多点位移计的构造示意图（尺寸单位：m）

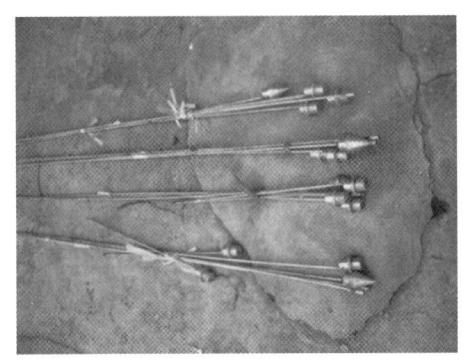
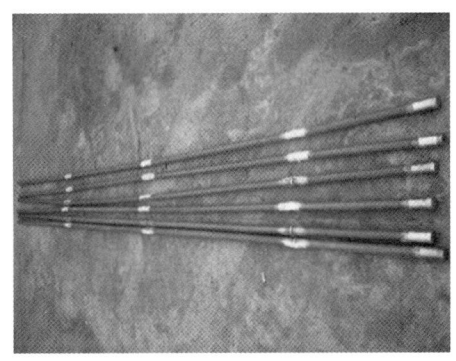

图7-4 洞内设点多点位移计实物照片

a) 洞内设点多点位移计的安装　　　　b) 洞内设点地中位移的量测

图7-5 洞内设点多点位移计的安装与位移量测

（二）地表设点地中位移的量测

为了更精确的量测拱顶的地中位移，在断面1、断面2的先、后行洞的拱顶上方设置了4个地中位移测点，地表设点多点位移计的构造示意见图7-6（地表设点多点位移计所测得的地中位移是测点相对于地表的位移），位移计的测点布置见图 7-7，安装与位移量测见图 7-8。

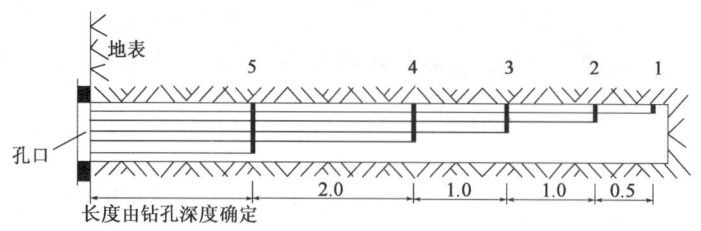

图 7-6　地表设点多点位移计的构造示意图（尺寸单位：m）

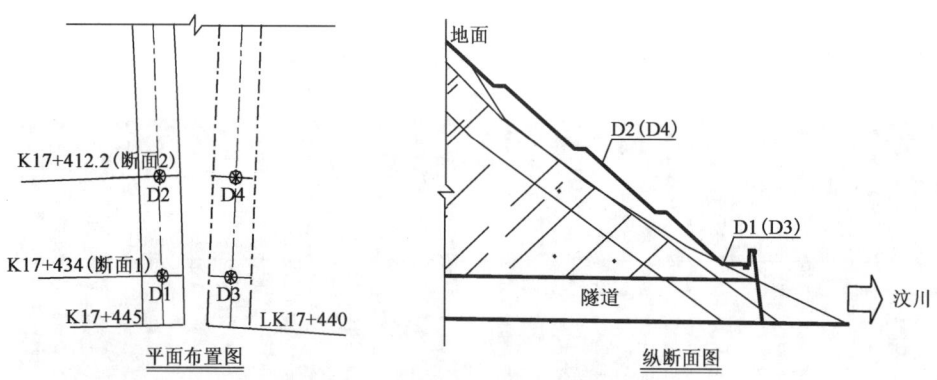

图 7-7　地表设点多点位移计的测点布置

a) 地表设点多点位移计的安装

b) 地表设点地中位移的量测

图 7-8　地表设点多点位移计的安装与位移量测

三、锚杆轴力量测

通过锚杆轴力的量测可以了解锚杆受力状态及轴向力的大小，为确定合理的锚杆参数提供依据；判断围岩变形的发展趋势，概略判断围岩内强度下降区的界限；评价锚杆的支护效果；掌握岩体内应力重分布的过程。现场试验采用 XJG-2 型钢筋应力传感器连接而成的量测锚杆,锚杆测力计构造尺寸图见图7-9,测力锚杆的实物及安装见图7-10。

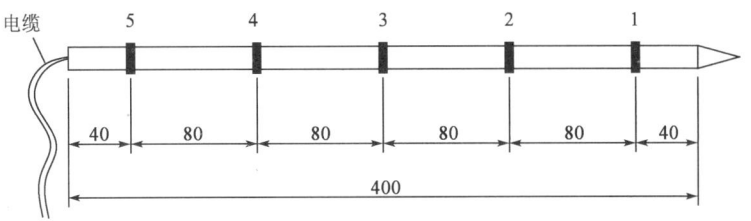

注:1、2、3、4、5为地中位移计5个测点的编号,本图单位以cm计。

图7-9　锚杆测力计构造尺寸图

图7-10　测力锚杆实物及其安装

四、围岩压力量测

围岩压力量测目的是了解初期支护实际受荷情况和初期支护对围岩的支护效果,保证施工安全,优化支护参数。现场试验采用XYJ-4压轴式双膜土压力传感器,见图7-11。

图7-11　围岩与初期支护之间的土压力盒实物与安装

五、钢支撑内力量测

对隧道围岩级别低于Ⅲ级地段,隧道开挖后要采用各种钢支撑进行支护。钢支撑内力量测目的是了解钢支撑与喷射混凝土对围岩的组合支护效果；了解钢支撑的实际工作状态；判断初期支护承载能力，保证施工安全，优化设计参数。现场试验采用 XJG-2 型钢弦式钢筋测力计测试出钢支撑上下翼缘的应变，然后换算出钢支撑的实际轴力、弯矩。每个断面布设 5 对弦式钢筋测力计，钢筋应变计实物及其安装见图 7-12。

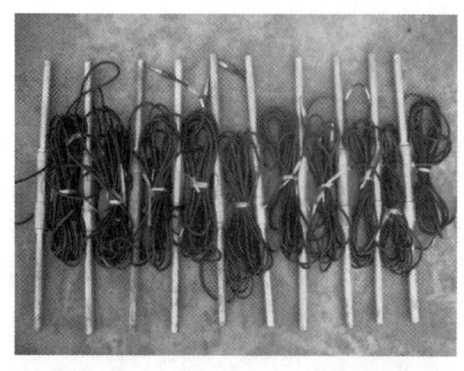 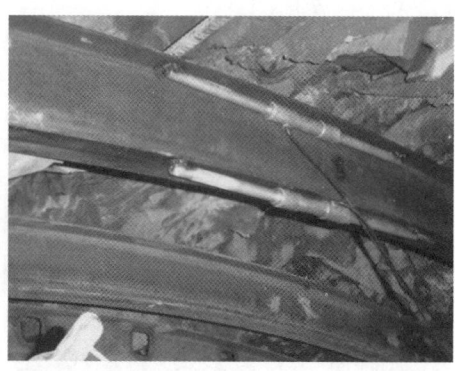

图 7-12　钢筋应变计实物及其安装

六、初期支护与二衬间的层间压力量测

初期支护与二衬间的层间压力量测目的是研究二衬的作用与二次衬砌的实际受荷情况；了解初期支护传递给二衬的力的大小；保证施工安全，优化设计参数。现场试验采用 XYJ-4 压轴式双膜土压力传感器，见图 7-13。

 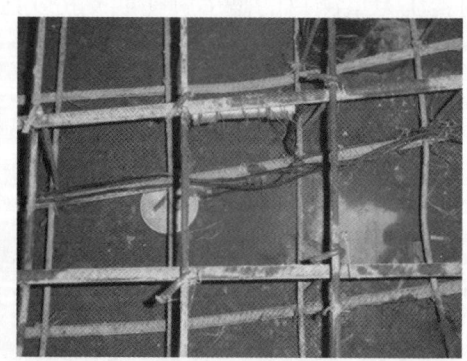

图 7-13　初期支护与二衬之间的土压力盒安装

七、二次衬砌内力量测

模筑二次衬砌的内力量测是为了了解二次衬砌的受力条件，判断支护结构长期使用的可靠性以及安全程度；检验二次衬砌设计的合理性，积累资料为类似工程的设计提供经验。在测试断面，沿隧道周边在二次衬砌内、外侧对称地埋设混凝土应变传感

器进行量测,现场试验采用 XJH-2 埋入式混凝土应变传感器,见图 7-14。

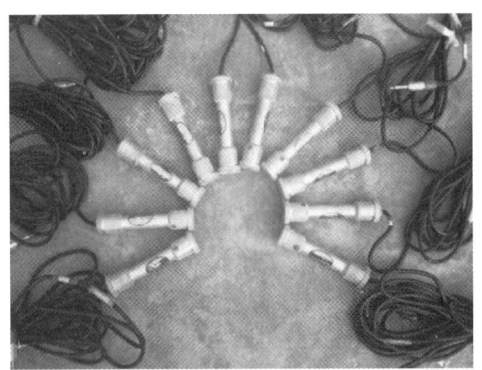

图 7-14　模筑混凝土应变计实物及其安装

八、中岩墙压应力量测

中岩墙土压应力量测的主要目的是了解中岩墙的土压力的大小,以及后行洞开挖引起的中岩墙的土压应力的变化,积累资料为类似工程的设计提供经验。现场试验采用 XJH-2 埋入式混凝土应变传感器。中岩墙土压力盒的安装里程为 K17+431,布置图见图 7-15,现场安装见图 7-16。

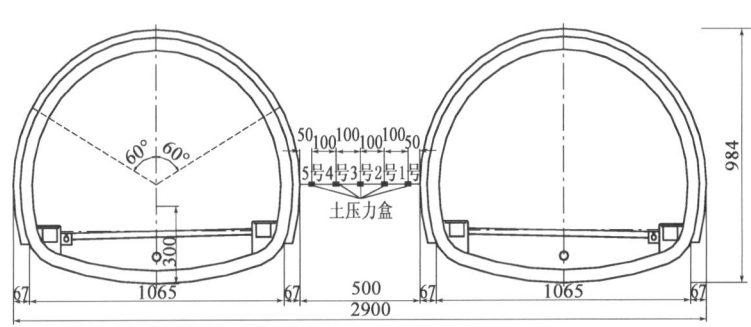

图 7-15　中岩墙土压力盒布置图(尺寸单位:cm)

图 7-16　中岩墙土压力盒的安装

九、位移、应变数据的采集

在现场试验中用百分表或者游标卡尺量测位移数据,用 PZX-1 型振弦频率监测仪量测应力、应变数据,见图 7-17。

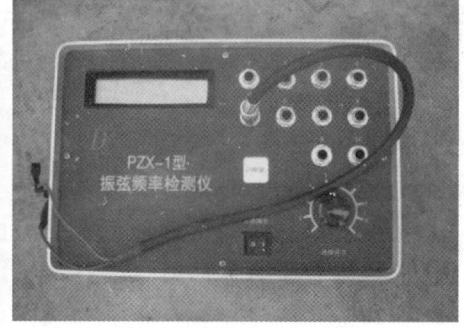

a)百分表　　　　　　　　　　　　　b)PZX-1型振弦频率监测仪

图 7-17　数据采集所用仪器

十、爆破振动监控量测

通过后行洞爆破开挖引起的先行洞初期支护洞周质点的振动速度量测,评价后行洞爆破开挖对先行洞的影响,找出振动速度峰值出现区域,总结振动速度的衰减规律,建立爆破开挖的设计依据和监控量测标准。

为了研究后行洞爆破开挖对先行洞的影响,要在先行洞的初期支护上安装若干个测点,用以测试先行洞结构的振速。随着测试目的以及后行洞开挖里程的变化,先行洞相应的测点布置是不同的。爆破振动测试采用 PS-10B 型速度传感器、WPS-1600型数据采集系统以及 Vib'SYS 振动信号采集、处理、分析程序。爆破振动测试设备及测点安装情况见图 7-18。

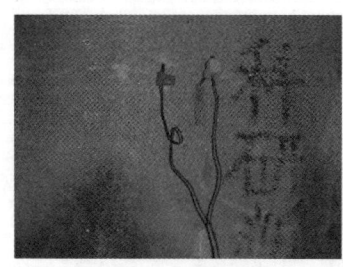

a)速度传感器及其安装　　　b)振动速度采集系统　　　c)系统正在采集数据

图 7-18　爆破振动测试元件及安设测试情况

第三篇 公路小净距隧道专题研究成果

第八章 小净距隧道定义与分类

第一节 小净距隧道定义

《公路隧道设计规范》(JTG D70—2004)在术语解释部分定义"小净距隧道指上下行双洞洞壁净距较小,不能按独立双洞考虑的隧道结构"。定义中"净距较小"显得不够确切,"不能按独立双洞考虑"过于含糊。在该规范正文部分又解释"小净距隧道是指隧道间的中间岩柱厚度小于一定建议值的特殊隧道布置形式",对小净距隧道定义做了补充,以隧道围岩分级为划分条件给定了净距分界值,从定量上确定了小净距隧道和普通分离式隧道的划分标准。在"京福高速公路福建段小净距隧道设计施工关键技术研究"课题的成果报告《小净距隧道设计施工细则》中,定义"小净距隧道是指并行双洞公路隧道中夹岩厚度较小,一般小于1.5倍隧道开挖断面宽度的一种特殊隧道结构形式"。该定义以1.5倍隧道开挖断面宽度作为划分依据,没有考虑到围岩条件,略显笼统。

基于上述定义,作者认为,小净距隧道指在应力场和位移场上存在相互影响的双洞隧道结构。定义体现了小净距隧道的本质是应力场和位移场的相互影响,从概念上区分了小净距隧道和分离式隧道的力学特征,而且,该定义还可涵盖双洞在空间上的不同组合方式,如双洞一上一下或左右洞存在一定高程差的情况。若非特别说明,小净距隧道一般指平行双洞情况。从净距的分界值上,《公路隧道设计规范》(JTG D70—2004)给定的推荐值,通过近年来的应用,基本为工程界公知和认可,可以作为小净距隧道和分离式隧道的判别依据。在双洞的力学特征相互影响上,低级别围岩主要以静力影响为主,高级别围岩主要以动力影响为主。

此外,目前对中岩墙的术语应用上也较为混乱,有中间岩柱、中岩柱、中夹岩、中岩墙等多种称谓。《公路隧道设计规范》(JTG D70—2004)采用中间岩柱,但未给出明确定义。柱一般指断面长度和宽度尺寸相当的结构构件,而墙一般指断面长度比宽度大很多的结构构件。从这个意义上讲,采用中岩墙更贴切一些。参照《小净距隧道设计施工细则》中定义模式,将中岩墙定义为"左洞右侧拱腰到边墙脚处与右洞左侧拱腰到边墙脚处之间的岩体",并在此基础上定义小净距隧道的净距是指中岩墙最小水平厚度。显然,这里定义的中岩墙和净距,仅针对平行双洞小净距而言。

第二节 小净距隧道分类依据

对小净距隧道依据其双洞间相互影响程度的不同,进行必要的分类,并拟定相应的工程应对措施,为小净距隧道的设计与施工提供技术保障,规范设计与施工行为,保证小净距隧道的施工安全和工程经济性,具有重要的指导意义。

一、理论分析与数值计算

(一)理论分析结果

塑性区的分布状况是衡量围岩稳定性的重要指标,在第五章理论分析部分有详细探讨。根据相关文献给出的塑性区范围大小的计算公式(5-26),利用等代圆方法,可计算出一般双车道公路隧道的单洞塑性区大小,结果见表8-1。

单洞塑性区大小理论计算结果 表8-1

埋深 塑性区大小		隧道埋深(m)			
		5	20	30	50
塑性区 R_0	V级围岩	—	2.51	4.10	6.88
	VI级围岩	—	0.47	1.35	2.82

从计算结果可以看出,对于一般浅埋条件下(如50m埋深),V级围岩双洞塑性区大小将是13.76m,即净距小于该值(约大于1B)时,塑性区可能贯通中岩墙;IV级围岩双洞塑性区大小将是5.64m,即净距小于该值(略小于0.5B)时,塑性区可能贯通中岩墙;对于Ⅲ级围岩,无塑性区。

(二)静力数值计算结果

通过大量的静力数值计算结果分析表明,对V、IV级围岩,围岩塑性区分布状态是影响围岩稳定性的重要因素。表8-2、表8-3为V、IV级围岩静力数值计算得到的塑性区分布情况。对于Ⅲ级围岩,围岩受拉区的分布状态是影响围岩稳定性的重要因素。图8-1是Ⅲ级围岩洞周拉应力区随净距变化趋势图。

表8-2表明,对于V级围岩,净距为9m(0.75B)时,除5m埋深外,塑性区在中岩墙位置全部处于贯通状态;在净距为12m(1B)时,仅在50m埋深时塑性区贯通,5~30m埋深情况下塑性区均分离;在净距大于12m(1B)后,各种埋深条件下塑性区均处于分离状态。

Ⅴ级围岩不同埋深、不同净距下隧道塑性区大小汇总表　　　　　　表8-2

净距(m)	隧道埋深(m)			
	5	20	30	50
单洞	MN MX	MN MX	MN MX	MN MX
2	MN MX	MN MX	MN MX	MN MX
3	MN MX	MN MX	MN MX	MN MX
6	MN MX	MN MX	MN MX	MN MX
9	MN MX	MN MX	MN MX	MN MX
12	MN MX	MN MX	MN MX	MN MX
18	MN MX	MN MX	MN MX	MN MX
24	MN MX	MN MX	MN MX	MN MX

Ⅳ级围岩不同埋深、不同净距下隧道塑性区大小汇总表　　表 8-3

净距(m)	隧道埋深(m)			
	5	20	30	50
单洞	无塑性区			
2	无塑性区			
3	无塑性区			
6	无塑性区			
9	无塑性区			
12	无塑性区			
18	无塑性区			
24	无塑性区			

表8-3表明,对于Ⅳ级围岩,净距为3m(0.25B)时,除5m埋深外,塑性区在中岩墙位置全部处于贯通状态;在净距大于6m(0.5B)时,5~30m埋深情况下塑性区均处于分离状态。

图8-1表明,对于Ⅲ级围岩,围岩条件较好,即使埋深50m、净距2m,岩墙也未出现塑性区。通过等代为圆形隧道,进行理论分析,其单洞开挖需超过100m以上才开始出现塑性区。但是,当两隧道净距较小时,中岩墙顶部以及底部的拉应力区有呈贯通的趋势。

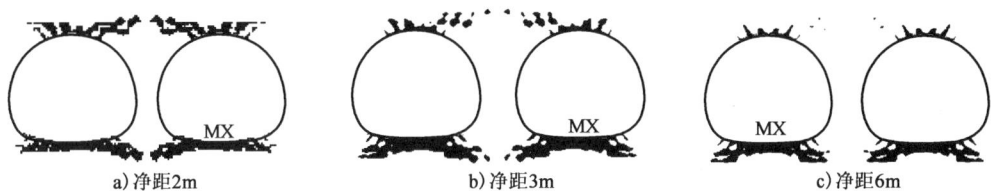

a)净距2m　　　　　　b)净距3m　　　　　　c)净距6m

图8-1　Ⅲ级围岩洞周拉应力区随净距变化趋势图

(三)动力数值计算结果

为了研究后行洞爆破开挖对先行洞的影响,针对Ⅲ、Ⅳ、Ⅴ级围岩,选取不同埋深、不同净距,进行了多种工况下的动力数值计算。

图8-2、图8-3分别为先行洞洞周峰值速度、峰值附加拉应力随隧道埋深变化的典型曲线。可以看出,峰值速度随埋深增加而增加,但埋深达到一定值后趋于稳定。附加拉应力当埋深小于净距时,随埋深增加而增加,当埋深大于净距后,随埋深的增加而减小,当埋深大于约3D(D为隧道净距),埋深影响就较小了。分析原因,主要是当埋深小于净距时,埋深方向是最小抵抗线方向,因此,对中岩墙方向影响弱,当埋深大于净距以后,中岩墙方向是最小抵抗线方向,影响达到最大,以后随着埋深的增加,由于围岩的夹制作用,附加应力呈现降低现象,当埋深达到一定程度,夹制作用增加不再明显。

图8-4、图8-5分别为不同围岩条件下后行洞爆破开挖对先行洞振动影响的峰值速度、峰值附加拉应力随净距变化的典型关系曲线。结果表明,当隧道净距小于6m(0.5B)时,随着净距的减小爆破振动影响显著增加;当隧道净距大于12m(1.0B)后,爆破振动影响增幅变缓。

二、模型试验

(一)Ⅴ级围岩条件下,毛洞破坏方式

Ⅴ级围岩条件下,小净距隧道的毛洞破坏方式分为两种。

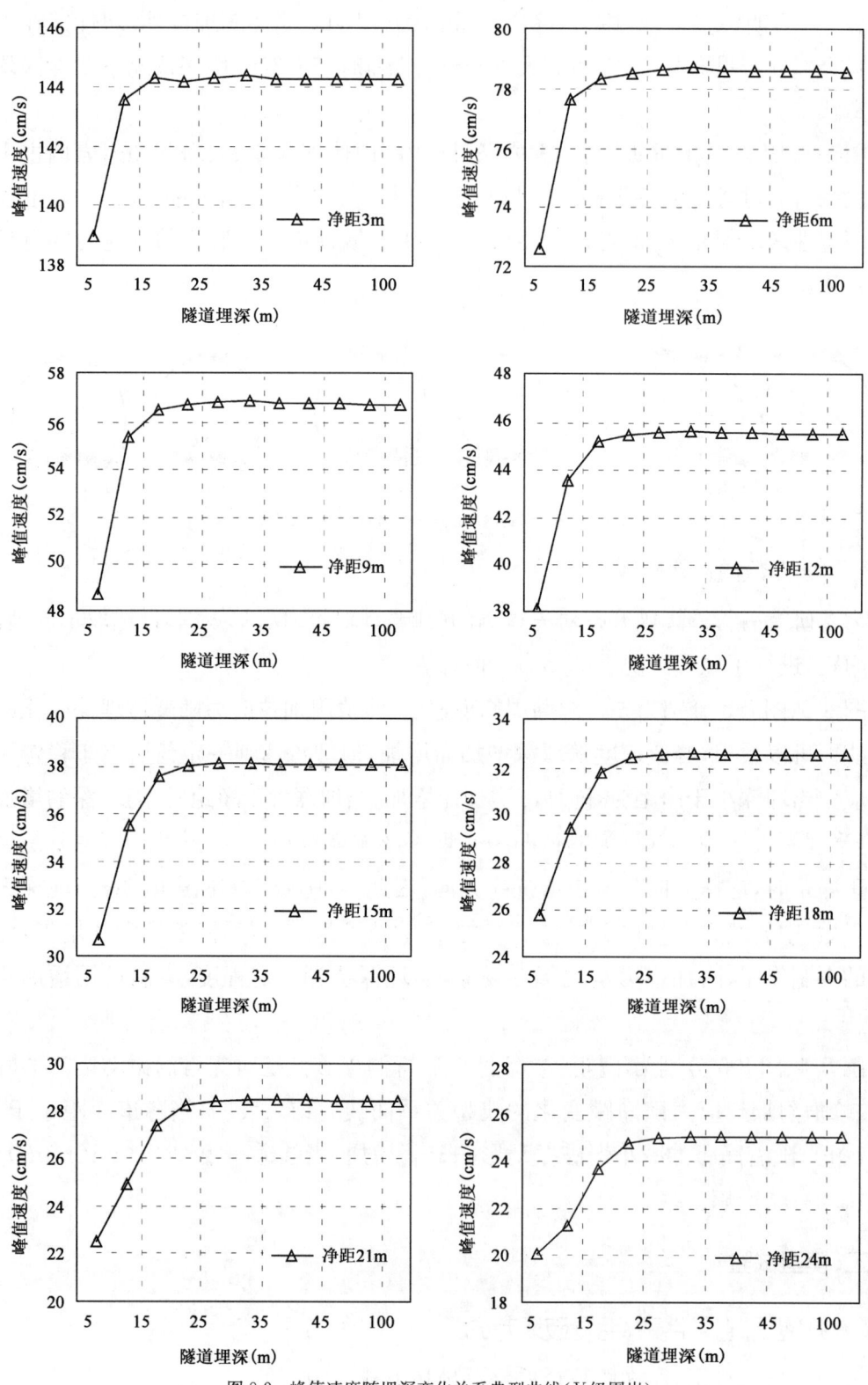

图 8-2 峰值速度随埋深变化关系典型曲线（Ⅴ级围岩）

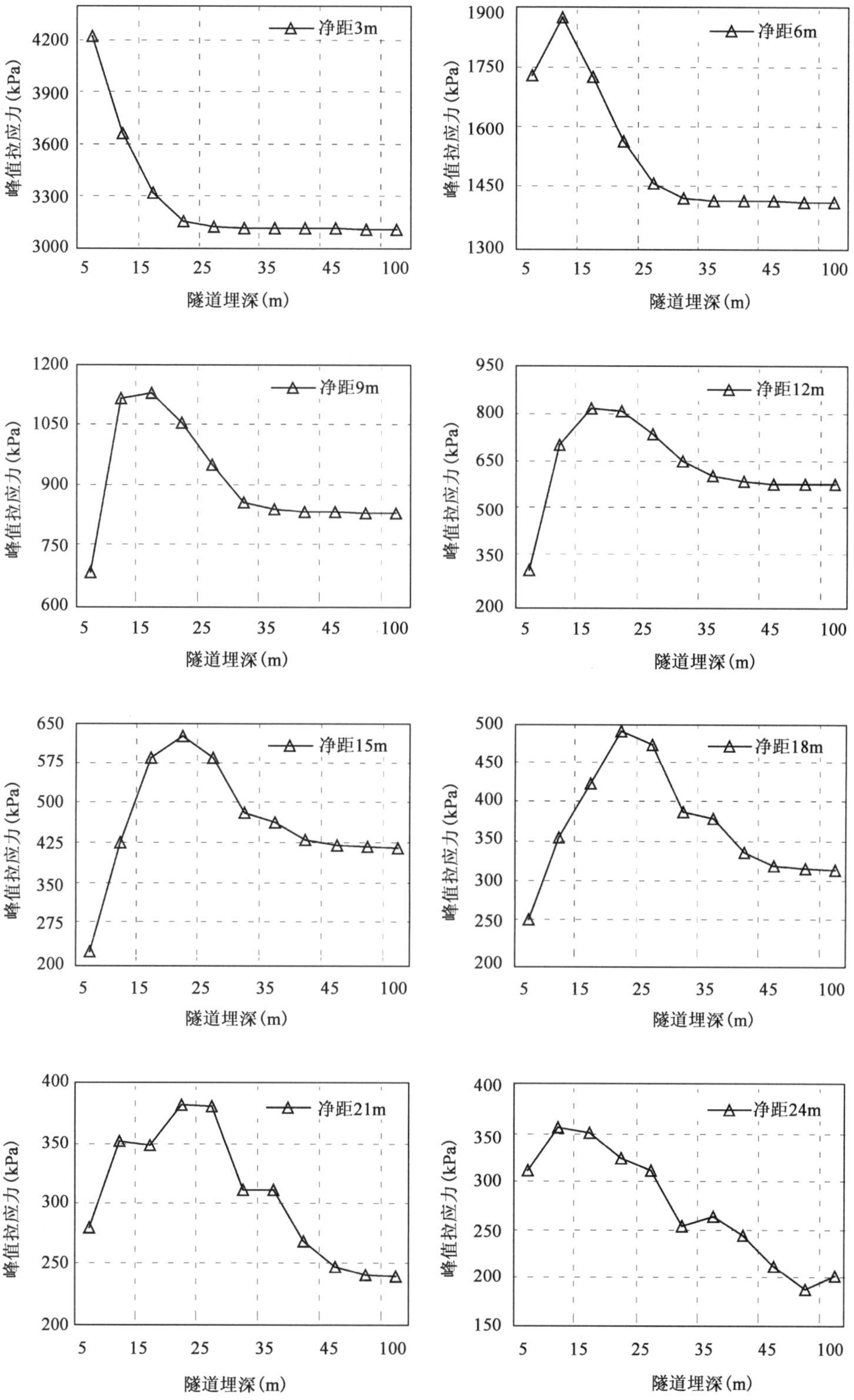

图 8-3 峰值拉应力随隧道埋深变化典型曲线（Ⅴ级围岩）

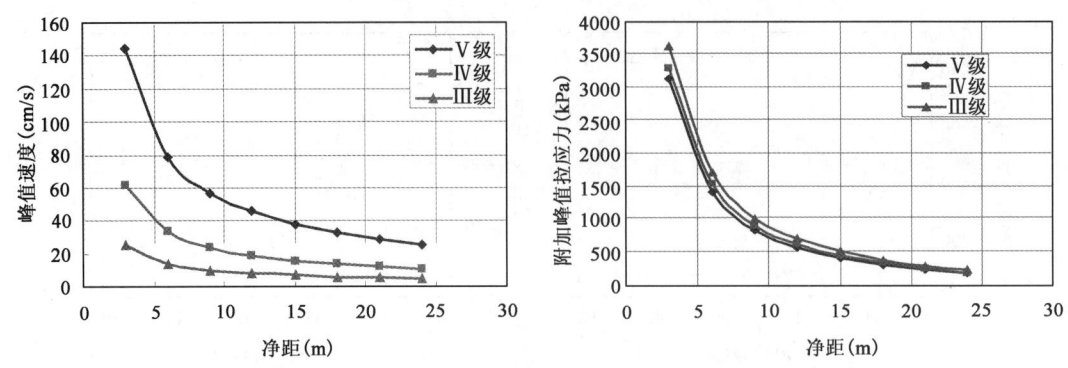

图 8-4　各级围岩下峰值速度与净距图关系的典型曲线　　图 8-5　各级围岩下峰值附加应力与围岩级别关系的典型曲线

(1)中岩墙不破坏,双洞各自形成独立的塌落拱。在试验Ⅴ-30-[9]、Ⅴ-30-[12]两组试验中,所测得的Ⅴ级围岩条件下,双洞独立成拱的塌落拱高度均在 6~6.3m,见图 8-6。2005 年 4 月 15 日,在小净距隧道现场试验的依托工程紫坪铺隧道的施工现场,后行洞发生了一次塌方,塌方的形状与模型试验的塌方形状非常类似,塌落拱高度为 5m。这种情况发生在双洞净距较大时。

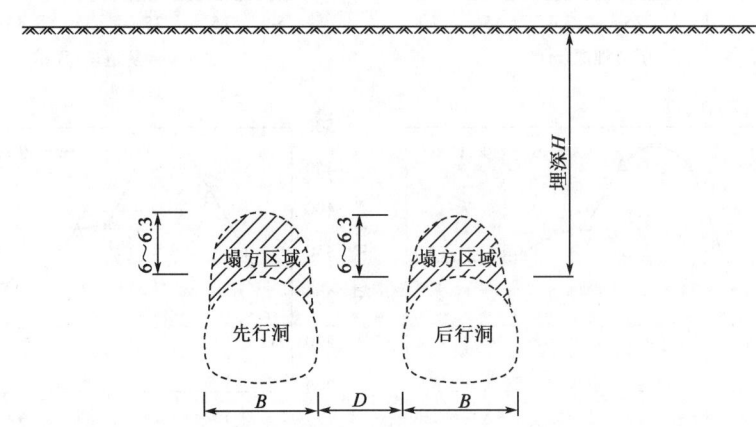

注：1.本图尺寸以 m 计；
　　2.虚线代表破坏边界。

图 8-6　中岩墙不破坏,双洞各自形成独立的塌落拱

(2)中岩墙破坏,双洞形成联合塌落拱,塌落拱不能稳定,最终破坏至地表,见图 8-7。在Ⅴ级围岩条件下,中岩墙一旦破坏,后果是灾难性的。因此,它的稳定性需要特别关注。

(二)Ⅳ级围岩毛洞破坏方式

在Ⅳ级围岩条件下,共进行了 16 组试验,其中有 4 组(Ⅳ-15-[3]、Ⅳ-30-[3]、Ⅳ-50-[3]、Ⅳ-80-[3])发生了破坏(破坏方式、过程类似,破坏均始于中岩墙),1 组(Ⅳ-5-[3])发生了局部破坏;其他 11 组试验毛洞均能自稳,没有发生破坏现象。所有发生破

坏的试验的破坏过程都极为类似,这里以Ⅳ-30-[3]为例对破坏过程进行描述:

(1)双洞贯通时,中岩墙未破坏[图 8-8a)]。

(2)双洞贯通后 3min,中岩墙靠先行洞侧出现局部裂缝[图 8-8b)]。

(3)双洞贯通后 8min,中岩墙靠后行洞侧出现局部裂缝。

(4)双洞贯通后 10min,中岩墙靠先行洞侧出现纵向贯通长裂缝[图 8-8c)]。

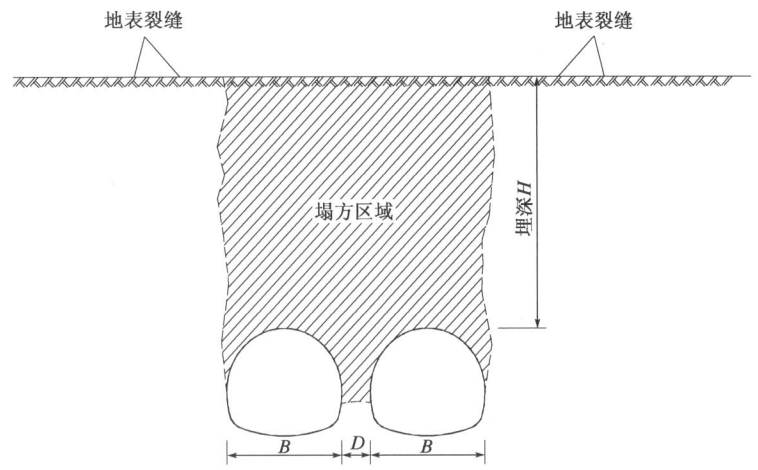

注:1.本图尺寸以m计;
　　2.虚线代表破坏边界。

图 8-7　中岩墙破坏,塌落至地表

a)开挖完成后,基本稳定

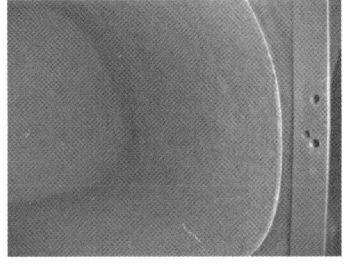

b)先行洞岩墙拱腰局部裂缝

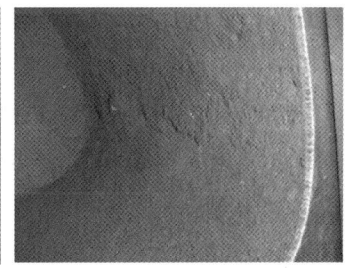

c)先行洞岩墙拱腰纵向贯通裂缝

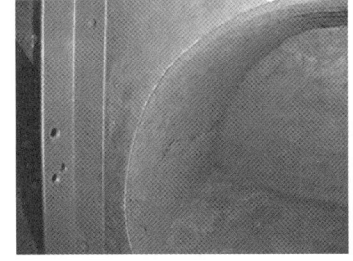

d)先行洞岩墙拱腰贯通裂缝

e)中岩墙坍塌,形成贯通塌落拱

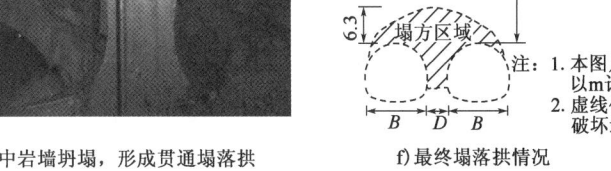

f)最终塌落拱情况

图 8-8　Ⅳ级围岩毛洞典型破坏现象

(5)双洞贯通后 13min,中岩墙靠后行洞侧出现纵向贯通长裂缝[图 8-8d]。

(6)双洞贯通后 19min,中岩墙靠先行洞侧出现局部掉块。

(7)双洞贯通后 21min,中岩墙靠后行洞侧出现局部掉块。

(8)双洞贯通后 28min,中岩墙两侧的裂缝发展迅速。

(9)双洞贯通后 29min,中岩墙坍塌,双洞连通形成塌落拱,塌落拱高=6m,中岩墙的剩余高度=3m[图 8-8e]。

(10)双洞贯通后 44min,发生第二次塌方,形成最终的塌落拱,最终塌落拱高=6.9m[图 8-8f]。

因此,Ⅳ级围岩条件下,小净距隧道的毛洞破坏方式只有一种——中岩墙的破坏,而中岩墙的破坏又开始于靠近先行洞的一侧。所以施工中应当对该部位进行重点监控。

(三)不同围岩级别条件下的塌落拱高度统计

对塌落拱高度统计进行统计的目的是了解作用在衬砌上的荷载情况,为小净距隧道分类及设计参数的确定提供依据。

1. Ⅴ级围岩条件下的塌落拱高度统计

(1)当中岩墙没有破坏,双洞独立成拱时,塌落拱高度见表 8-4。

Ⅴ级围岩双洞独立成拱,塌落拱高度统计　　　　　　　表 8-4

试 验 分 组	试验 2(Ⅴ-30-[9])		试验 3(Ⅴ-30-[12])	
	先行洞	后行洞	先行洞	后行洞
塌落拱高度(m)	6	6.3	6.3	6

(2)中岩墙破坏,塌方至地表。

2. Ⅳ级围岩条件下的联合塌落拱高度

在Ⅳ级围岩,0.25B(3m)净距,不同埋深的毛洞破坏试验系列中,进行了试验Ⅳ-5-[3]、Ⅳ-15-[3]、Ⅳ-30-[3]、Ⅳ-50-[3]、Ⅳ-80-[3]共计 5 组试验,其中除试验Ⅳ-5-[3]的中岩墙局部破坏以外,其他 4 组试验的中岩墙均完全破坏,双洞连通,形成联合塌落拱,请参考图。4 组试验均分两次塌落形成最终的联合塌落拱,并且 4 组试验的联合塌落拱形状、高度非常接近,基本上没有受到埋深变化的影响。由表 8-5 可以看出,在Ⅳ级围岩,0.25B 净距的条件下,埋深 5~80m 时,联合塌落拱高度在 6~7m 之间。

Ⅳ级围岩,0.25B 净距,不同埋深的塌落拱高度统计　　　　　　　表 8-5

埋深(m)	5	15	30	50	80
第一次塌落高度(m)	—	5.7	6	5.55	5.1
最终塌落拱高度(m)	—	6.3	6.9	6.6	6

注:—表示 5m 埋深时,没有发生塌方。

3. Ⅴ、Ⅳ级围岩条件中小净距隧道荷载的确定

(1)在Ⅴ级围岩条件下,净距大于 0.75B 时,不需要对中岩墙进行加固,先后行洞可以按照单洞设计,单洞荷载等效土柱高度取为 $(0.6\sim0.7)B$;净距小于 0.75B,且为浅埋时,需要对中岩墙进行加固,荷载等效土柱高度取为全覆土厚度。

(2)在Ⅳ级围岩条件下,净距大于 0.5B 时,不需要对中岩墙进行加固,先后行洞可以按照单洞设计,荷载为围岩形变压力;净距小于 0.5B 时,需要对中岩墙进行加固,荷载等效土柱高度取为 $(0.5\sim0.6)B$。

(四)小净距隧道最小合理净距

1. 合理净距、最小合理净距的定义

合理净距是一个范围,当净距处于这个范围时,中岩墙不需要进行加固,先后行洞的支护结构仅需做适当加强即可满足围岩稳定、结构安全的要求,不致使造价显著增加。将毛洞状态下中岩墙不发生破坏时的最小净距定义为最小合理净距。

2. 小净距隧道最小合理净距的确定

(1)不同围岩级别条件下的中岩墙稳定性统计。

在Ⅳ级围岩条件下,净距=0.25B 时,不论埋深如何变化,中岩墙基本都破坏了;在Ⅳ级围岩条件下,净距≥0.5B 时,不论埋深如何变化,中岩墙都没有破坏。由此得出如下结论:一旦围岩级别确定,净距便成为影响中岩墙稳定的关键因素,埋深对中岩墙稳定性的影响是次要的。因为埋深不会对中岩墙的稳定性产生关键性的影响,因此为了节省试验时间,在Ⅴ级、Ⅲ级围岩条件下的试验中,没有进行埋深变化对中岩墙稳定性影响的研究。Ⅴ级、Ⅳ级、Ⅲ级围岩,中岩墙稳定性的统计见表 8-6～表 8-8。

Ⅴ级围岩,不同净距,30m 埋深,中岩墙稳定性统计　　　　　　表 8-6

净距(m)	0.25B	0.5B	0.75B	1.0B
稳定状况	—	破坏	基本稳定,局部有破坏现象	稳定

Ⅳ级围岩,不同净距,不同埋深,中岩墙稳定性统计　　　　　　表 8-7

埋深(m) 净距(m)	5	15	30	50	80
0.25B(3m)	稳定,局部破坏	破坏	破坏	破坏	破坏
0.5B(6m)	稳定	稳定	稳定	稳定	稳定
0.75B(9m)	稳定	稳定	—	稳定	—
1.0B(12m)	稳定	稳定	稳定	稳定	稳定

注:1. B——隧道开挖断面的宽度。
　　2. 表中横线表示该试验未做。

Ⅲ级围岩,不同净距,30m 埋深,中岩墙稳定性统计 表 8-8

净距(m)	0.25B
稳定状况	稳定

(2)最小合理净距的确定。

根据上述中岩墙稳定性统计,以毛洞试验的中岩墙是否破坏为标准,可以将小净距隧道的最小合理净距取为表 8-9。

双洞双车道小净距隧道最小合理净距 表 8-9

围岩级别	Ⅴ	Ⅳ	Ⅲ
最小合理净距(m)	0.75B	0.5B	0.25B

注:1. B——隧道开挖断面的宽度。

2. Ⅳ级围岩,0.25B 时中岩墙破坏,0.5B 时中岩墙稳定,所以中岩墙破坏与稳定的分界值一定是(0.25~0.5)B 区间内的一个值,这里将分界值取为 0.5B 偏于安全。

(五)无支护条件下不同因素对围岩稳定性的影响

1. 围岩级别对围岩稳定性的影响

通过 30m 埋深,3m 净距,围岩级别不同(Ⅴ、Ⅳ、Ⅲ)的 3 组试验的试验现象来判断围岩级别对小净距隧道围岩稳定性的影响。表 8-10、图 8-9 列出了 3 组试验现象。

由试验现象可以看出,围岩级别对小净距隧道围岩稳定性有非常关键的影响。

30m 埋深,3m 净距,围岩级别不同试验现象对比 表 8-10

试验编号	试验现象
Ⅴ-30-[3]	单洞就不能自稳,后行洞开挖后,中岩墙破坏,塌落至地表
Ⅳ-30-[3]	单洞能自稳,双洞贯通后,中岩墙破坏形成一个大的联合塌落拱,塌落拱高 6.9m
Ⅲ-30-[3]	双洞贯通后,围岩自稳

注:因为 Ⅴ-30-[6] 已经塌落至地表,Ⅴ-30-[3] 必然塌落至地表(净距更小,中岩墙更容易破坏),所以此试验并没有实际操作。

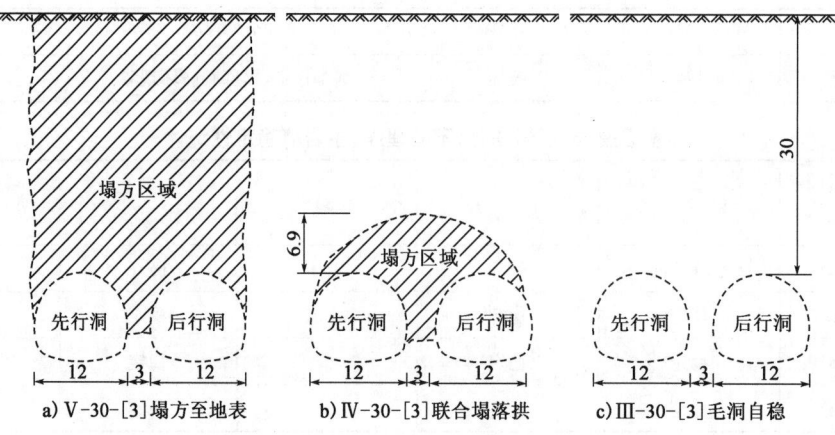

图 8-9 Ⅴ-30-[3]、Ⅳ-30-[3]、Ⅲ-30-[3]试验现象对比(尺寸单位:m)

2. 净距、埋深对围岩稳定性的影响

表 8-11 列出了Ⅳ级围岩,不同埋深、净距条件下试验现象,由试验现象可以看出,在 5~80m 埋深条件下,随着净距的增大,围岩的稳定性显著变好;在相同净距条件下,随着埋深增大(5~80m),围岩的稳定性没有发生明显的变化,这主要与围岩自成拱作用有关。

Ⅳ级围岩条件下,净距与埋深对围岩稳定性的影响　　　　　　　　　　表 8-11

净距(m) \ 埋深(m)	5	15	30	50	80
0.25B(3m)	单洞能自稳,双洞能自稳,拱顶有局部塌方现象	单洞能自稳,后行洞开挖后,中岩墙破坏,形成联合塌落拱,塌落高度 6.3m	单洞能自稳,后行洞开挖后,中岩墙破坏,形成联合塌落拱,塌落高度 6.9m	单洞能自稳,后行洞开挖后,中岩墙破坏,形成联合塌落拱,塌落高度 6.6m	单洞能自稳,后行洞开挖后,中岩墙破坏,形成联合塌落拱,塌落高度 6m
0.5B(6m)	稳定	稳定	稳定	稳定	稳定
0.75B(9m)	稳定	稳定	—	稳定	—
1.0B(12m)	稳定	稳定	—	稳定	—

注:1. B——隧道开挖断面的宽度。
　　2. 表中横线表示该试验未做。

三、现场试验情况

对先行洞 6 个试验断面的测试结果进行归纳总结,得出后行洞开挖对中岩墙及先行洞结构的影响,汇总于表 8-12。

后行洞开挖对中岩墙及先行洞结构的影响　　　　　　　　　　表 8-12

位置	围岩级别	埋深(m)	净距(m)	后行洞开挖对中岩墙及先行洞结构的影响
断面 1	Ⅴ级	5.4	4.77	1. 中岩墙土压应力有很大增长,见图 8-10; 2. 测点 5 地中位移有很大增长,见图 8-11; 3. 测点 5 围岩压力有很大增长,见图 8-12; 4. 钢支撑的轴力有一定增长,见图 8-13; 5. 断面 1~断面 2 之间的先行洞初期支护靠中岩墙一侧拱腰位置出现裂缝,见图 8-14;该裂缝先后开裂 4 次,见图 8-15,最终先行初期支护中岩墙一侧拱腰位置的变形图 8-16
断面 2	Ⅴ级	18.5	6.63	1. 测点 5 地中位移有很大增长,见图 8-17; 2. 测点 5 围岩与初期支护的接触应力有很大增长,见图 8-18; 3. 钢支撑的轴力弯矩有一定变化,见图 8-19、图 8-20
断面 3	Ⅳ级	41.2	9.56	1. 可能使测点 4 地中位移产生了一定的增长,见图 8-21; 2. 可能使测点 5 的钢支撑轴力、弯矩产生了一定的变化,见图 8-22
断面 4	Ⅳ级	56	11.4	1. 可能使测点 1、测点 3 的地中位移产生了一定增长,见图 8-23; 2. 可能使测点 1 锚杆轴力产生了较小的增长,见图 8-24
断面 5	Ⅲ级	76.8	13.14	无
断面 6	Ⅲ级	101	15.56	无

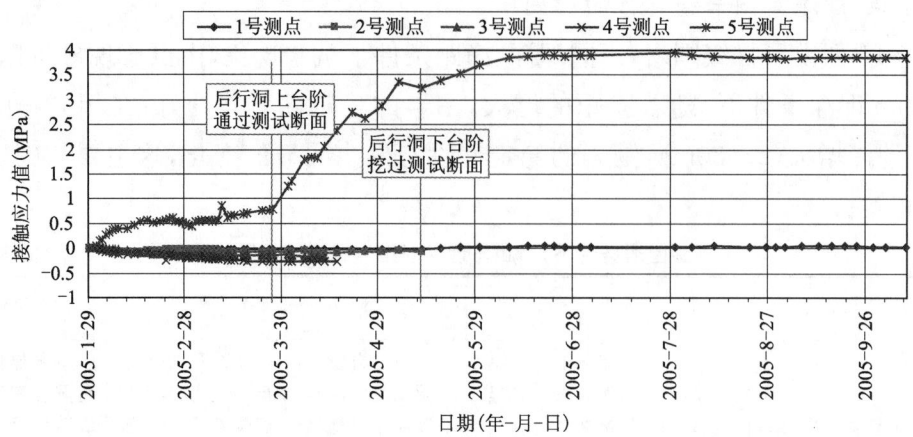

图 8-10　中岩墙土压力的增长曲线

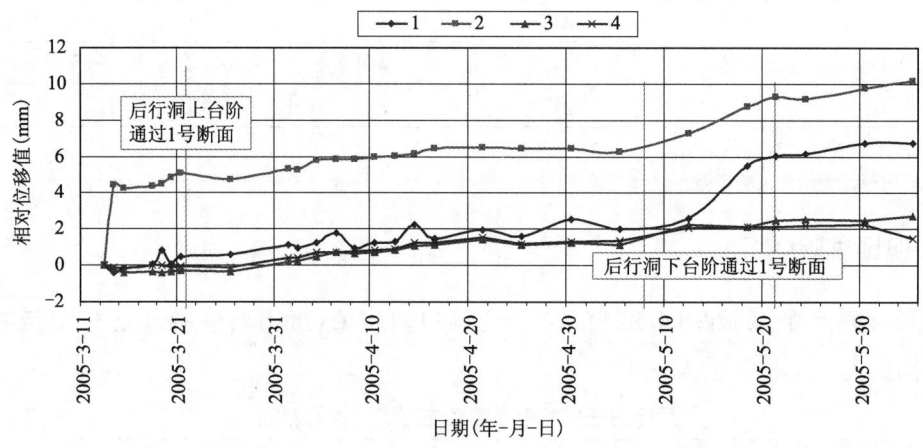

图 8-11　断面 1 测点 5 各分测点地中位移随时间变化曲线

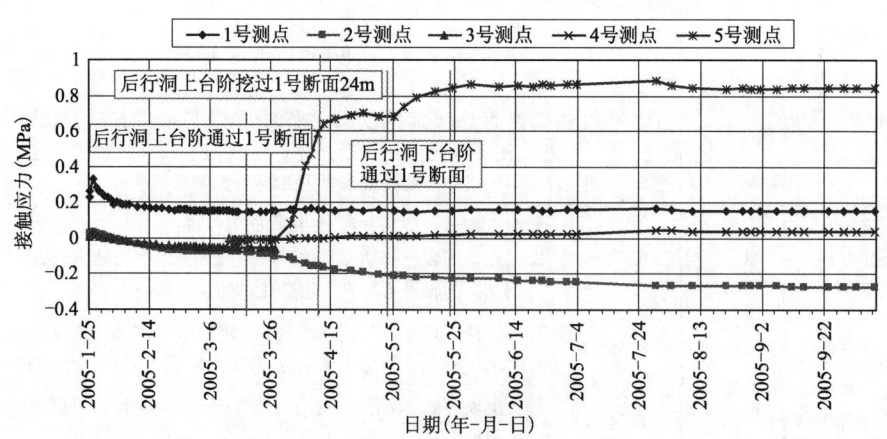

图 8-12　断面 1 围岩压力随时间变化曲线

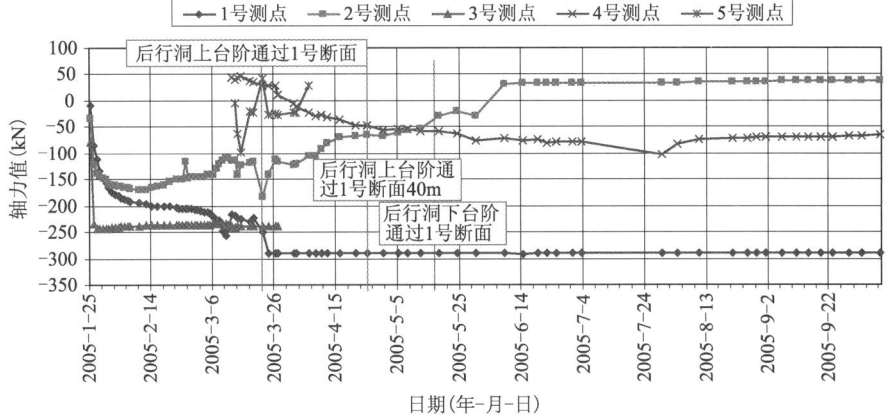

图 8-13　断面 1 钢支撑轴力随时间变化曲线

图 8-14　先行洞初期支护靠中岩墙一侧拱腰位置出现裂缝

图 8-15　裂缝发展过程

图 8-16　先行洞靠中岩墙一侧初期支护变形情况

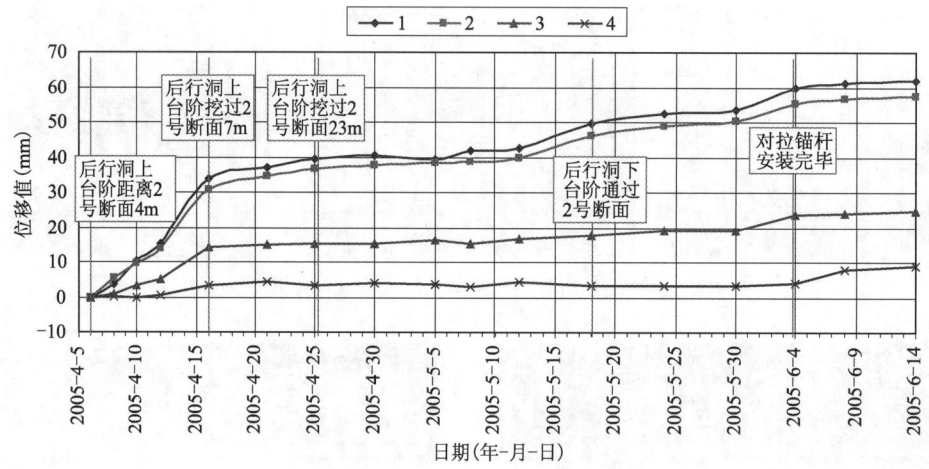

图 8-17　断面 2 测点 5 各分测点地中位移随时间变化曲线

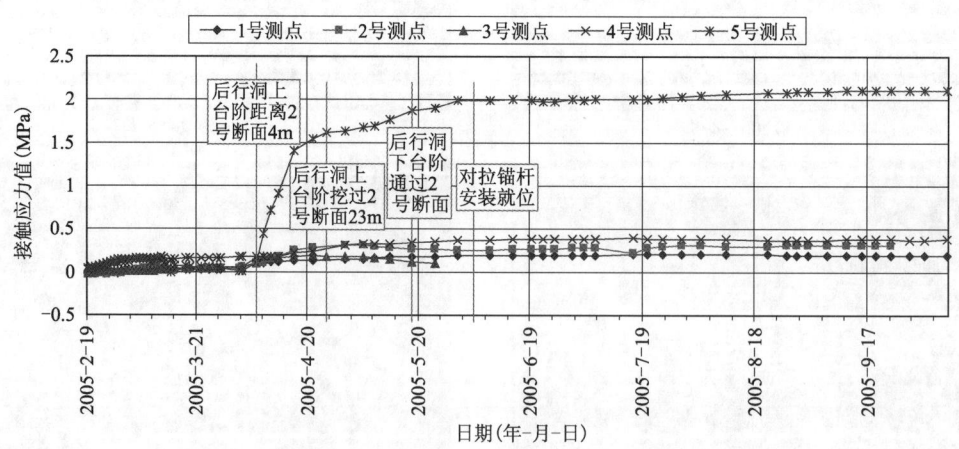

图 8-18　断面 2 围岩压力随时间变化曲线

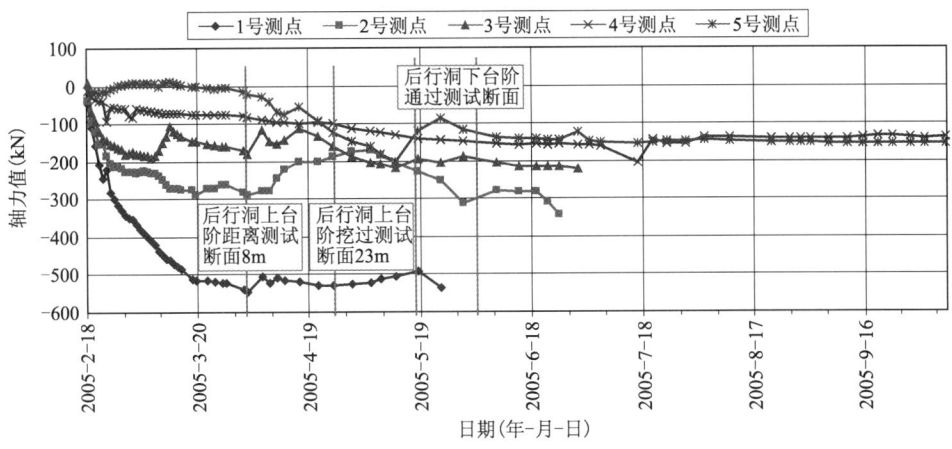

图 8-19 断面 2 钢支撑轴力随时间变化曲线

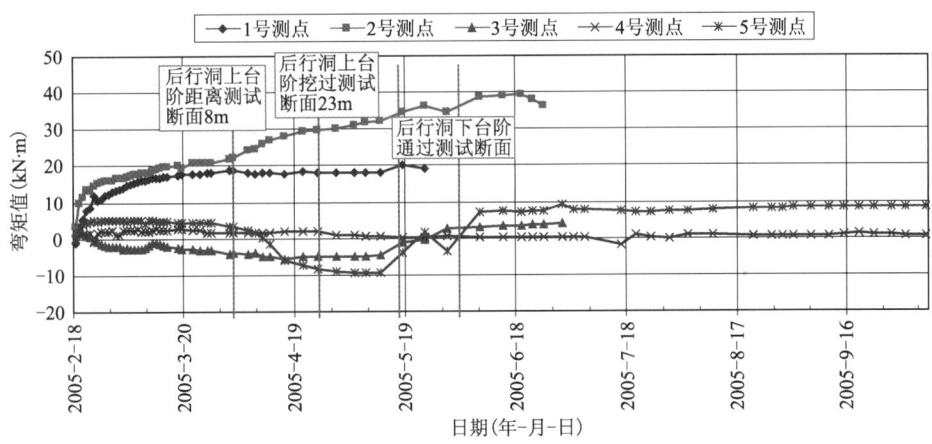

图 8-20 断面 2 钢支撑弯矩随时间变化曲线

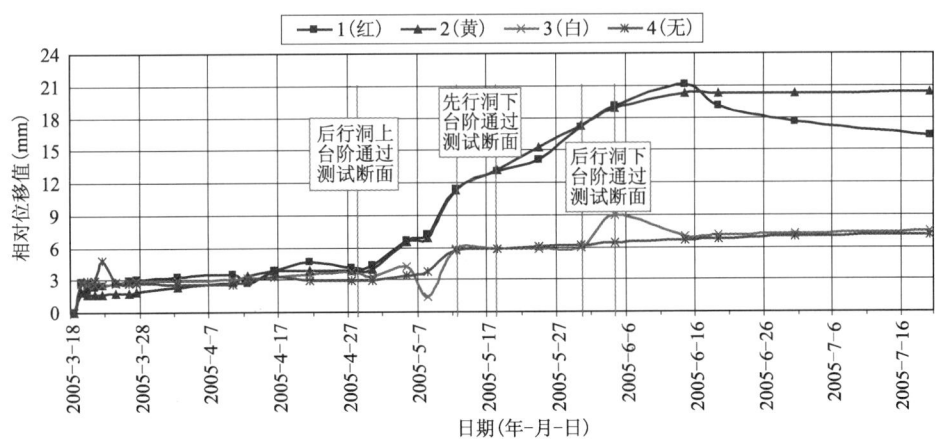

图 8-21 断面 3 测点 4 各分测点地中位移随时间变化曲线

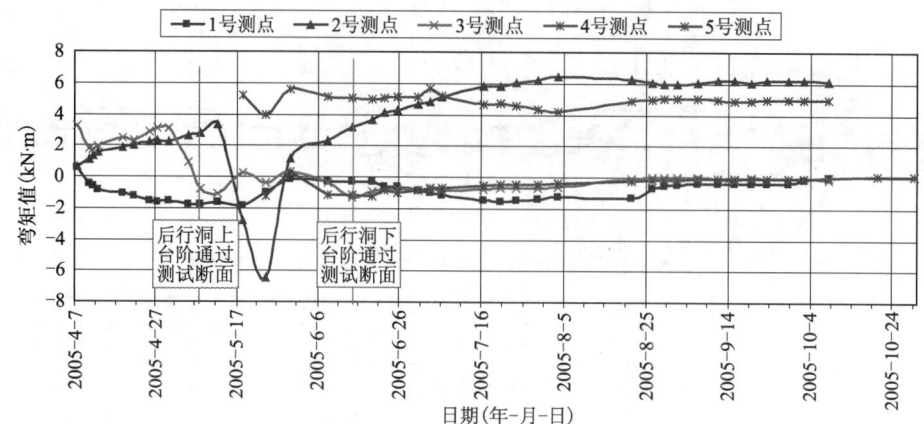

图 8-22　断面 3 钢支撑弯矩随时间变化曲线

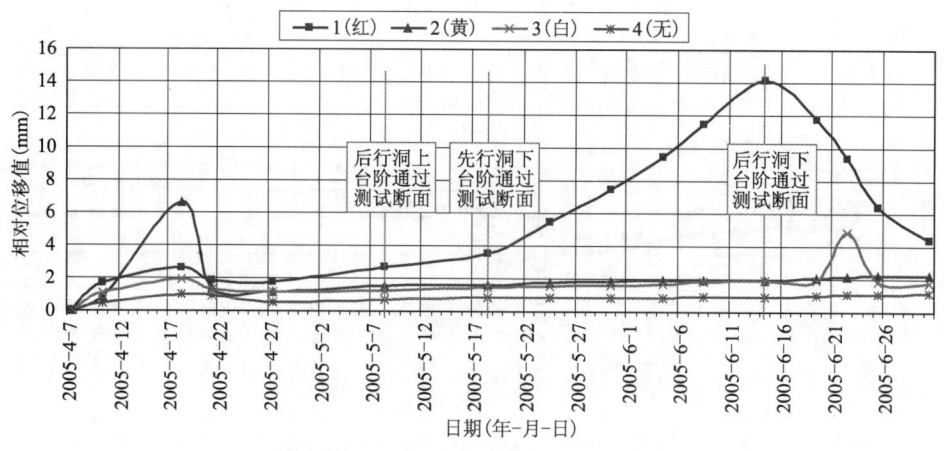

图 8-23　断面 4 测点 3 各分测点地中位移随时间变化曲线

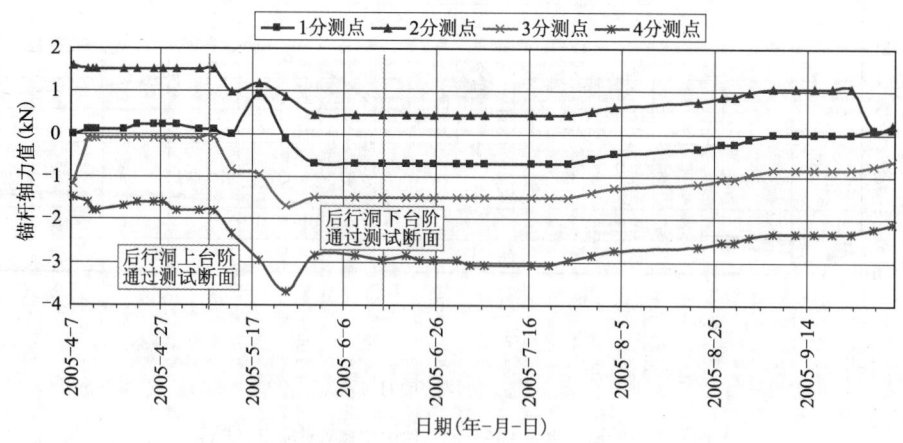

图 8-24　断面 4 测点 1 锚杆轴力随时间变化曲线

通过以上分析,可以看出,在断面1(Ⅴ-5.4-[4.77])、断面2(Ⅴ-18.5-[6.63])位置,后行洞开挖对中岩墙及先行洞的结构产生了很大的影响,这种影响主要集中在先行洞初期支护靠中岩墙一侧(即测点5附近),主要表现为该部位的地中位移、围岩与初期支护之间的接触应力和钢支撑轴力与弯矩增长显著,并且在上下台阶交界处易出现裂缝。

在断面3(Ⅳ-41.2-[9.56])、断面4(Ⅳ-56-[11.40])位置,虽然也能看出后行洞开挖对先行洞的围岩与结构存在一定影响,但影响较小。

在断面5(Ⅲ-76.8-[13.14])、断面6(Ⅲ-101-[15.56])位置,后行洞的开挖对先行洞的围岩与结构已经没有影响了。

在紫坪铺隧道小净距段,根据净距、埋深及围岩情况,采取了针对性的处理措施。

(一)Ⅴ级围岩段设计

Ⅴ级围岩段净距小、埋深浅,且洞口处于古滑坡体内,设计上在地表采用预应力锚索、注浆锚杆以及抗滑桩等措施加固滑坡体,为隧道挂口进洞提供安全保障;进洞段前30m净距为3.73~6.55m,中岩墙采用水平低预应力对穿式锚杆和水平$\phi 42$注浆小导管加固中岩墙;进洞段后25m净距为6.55~8.43m,中岩墙采用水平$\phi 42$注浆小导管加固中岩墙。紫坪铺隧道小净距段Ⅴ级加强段结构设计图见图8-25。

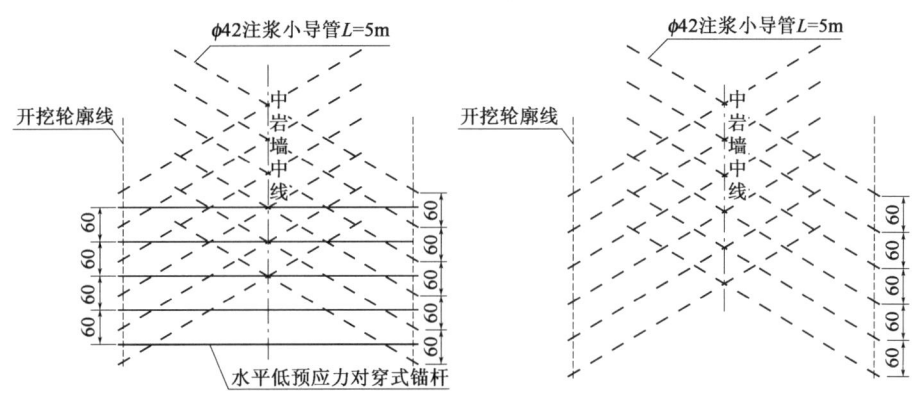

图8-25 紫坪铺隧道小净距段Ⅴ级加强段结构设计图(尺寸单位:cm)

对穿式锚杆设计预拉力为90kN,采用二次张拉工艺施工。中岩墙小导管注浆采用GIN注浆工艺控制,施工中利用GIN包络图来监控注浆压力、注入量随时间的变化情况。

(二)Ⅳ级围岩段设计

Ⅳ级加强段隧道已进入深埋段,围岩压力会略有降低,但隧道净距仍旧较小,左右洞施工开挖应力场相互影响仍旧较大,故中岩墙采用水平低预应力非对穿锚杆加固,设计预拉力 90kN。采用一次张拉工艺,即在隧道开挖施作锚杆后,待锚杆钻孔内水泥砂浆强度达到其设计强度,通过扭力扳手对锚杆张拉至设计值。紫坪铺隧道小净距段Ⅳ级加强段结构设计图见图 8-26。

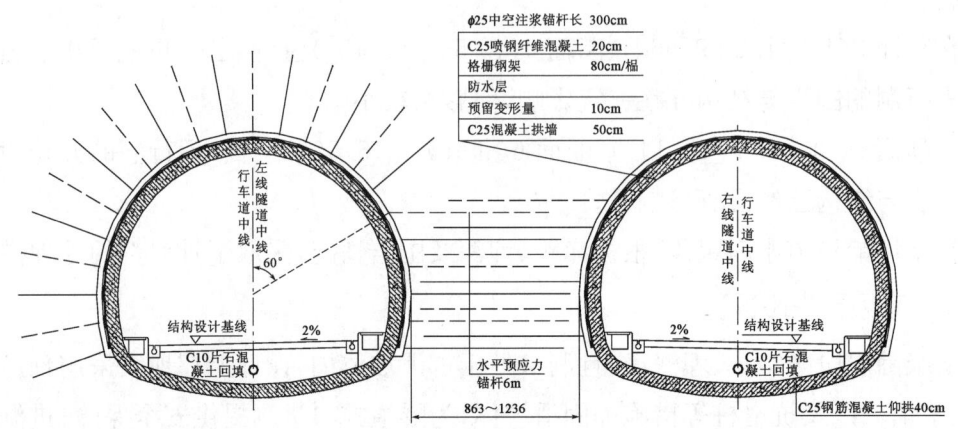

图 8-26　紫坪铺隧道小净距段Ⅳ级加强段结构设计图(尺寸单位:cm)

(三)Ⅲ级围岩段设计

Ⅲ级加强段围岩条件较好、净距较大,对中岩墙采取局部长锚杆加固措施,其他结构设计参数同一般的分离式隧道。紫坪铺隧道小净距段Ⅲ级围岩加强段结构设计图见图 8-27。

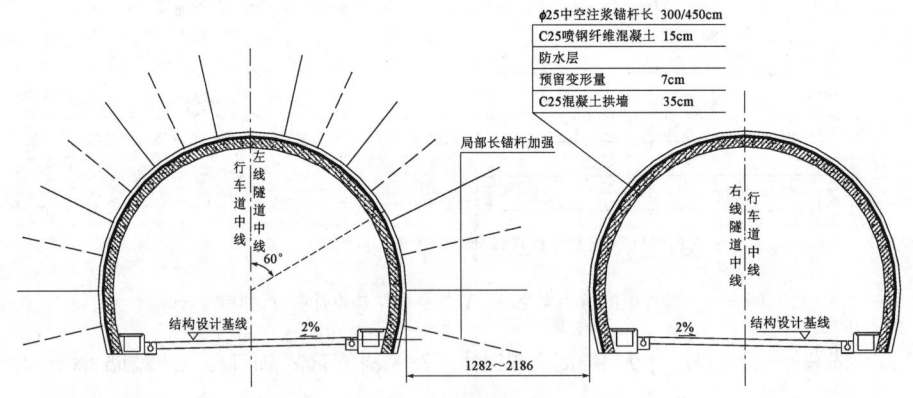

图 8-27　紫坪铺隧道小净距段Ⅲ级围岩加强段结构设计图(尺寸单位:cm)

对不同围岩段的不同净距段采取了相应的加固处理措施,通过现场试验测试结果看,内力位移等各项测试指标反映均比较理想,表明在保障了依托工程施工安全的同时,如此处理是经济合理的。

第三节 小净距隧道分类建议

一、小净距隧道的分类

通过对以上研究成果资料表明,各种研究手段体现出不同围岩在不同净距条件下,双洞间的相互影响程度是不一样的。以双洞间相互影响程度为基础,结合研究成果情况,综合考虑对应的结构加强措施,将小净距隧道进行分类,见表 8-13。

表 8-13 中,将小净距隧道双洞间的相互影响划分为严重影响、中等影响和轻微影响三个层次,分别以 A、B、C 代表小净距隧道的三个类别。工程加强措施考虑中岩墙、初期支护、二次衬砌三个加固范畴,从加固程度上体现出强、中、弱的层次,分别与 A 类、B 类和 C 类小净距隧道相对应。小净距隧道与分离式单洞隧道沿用《公路隧道设计规范》(JTG D70—2004)的分界推荐值,该指标目前已为工程界公知和公认,以此来区别小净距隧道和分离式单洞隧道基本适合。

小净距隧道分类表 表 8-13

围岩条件及加强措施		小净距隧道分类			分离式单洞
		A 类(严重影响)	B 类(中等影响)	C 类(轻微影响)	
围岩级别	Ⅲ	≤0.375B	(0.375~0.75)B	(0.75~2.0)B	≥2.0B
	Ⅳ	≤0.5B	(0.5~1.0)B	(1.0~2.5)B	≥2.5B
	Ⅴ	≤0.75B	(0.75~1.5)B	(1.5~3.5)B	≥3.5B
加强措施	中岩墙	重点加固	简单加固	不加固	按单洞设计
	初期支护	加强	加强	加强	按单洞设计
	二次衬砌	加强	加强	不加强	按单洞设计

从 A 类、B 类和 C 类小净距隧道的工程风险性角度,显然 A 类最高、C 类最低。相应的工程经济性也表现为 A 类造价较高、B 类适中、C 类最低。小净距隧道作为适应路线线形的整体要求、特殊的桥隧相连以及洞口特殊的地质、地形条件的一个重要技术手段,根据具体的工程条件,选择适当的小净距类别,是取得工程设计合理性和经济性的重要因素。

二、小净距隧道工程加固措施

不同类别的小净距隧道,其相互影响程度是不同的;表 8-14 为不同类别小净距隧道影响程度及现场勘查对策、影响预测、支护体系、中岩墙加固措施、施工措施以及监控量测等对策选取表。

不同类别小净距隧道影响程度及对策选用表　　　　　　　　　　　　表 8-14

分类	影响程度	对策选用		
A	严重影响	现场勘查对策	既有结构物调查	详细调查
			地层调查(地形与地质)	详细调查
			邻近施工情况	详细调查
		影响预测	经验法	必需
			解析法	必需
		支护体系	初期支护	必需
			二次衬砌	必需
		中岩墙加固措施	加固方案比选	需要作比选分析
		施工措施	先行洞	必需
			后行洞	必需
		监控量测	必测项目	必需
			选测项目	必需
B	中等影响	现场勘查对策	既有结构物调查	目视检查、确认状况
			地层调查(地形与地质)	资料确认
			邻近施工情况	设计、施工、位置关系确认
		影响预测	经验法	必需
			解析法	必需
		支护体系	初期支护	必需
			二次衬砌	根据情况
		中岩墙加固措施	加固方案比选	必需
		施工措施	先行洞	不需要
			后行洞	必需
		监控量测	必测项目	必需
			选测项目	根据情况
C	轻微影响	现场勘查对策	既有结构物调查	目视检查、确认状况
			地层调查(地形与地质)	资料确认
			邻近施工情况	设计、施工、位置关系确认
		影响预测	经验法	根据需要
			解析法	根据需要
		支护体系	初期支护	需要
			二次衬砌	不需要
		中岩墙加固措施	加固方案比选	不需要
		施工措施	先行洞	不需要
			后行洞	根据现场量测情况
		监控量测	必测项目	需要
			选测项目	不需要

第九章　小净距隧道中岩墙加固技术

第一节　概　　述

目前对小净距隧道采用较多的岩墙加固措施有岩墙注浆加固、贯通长锚杆加固、预应力锚杆加固以及几种方式组合的加固方法,通过理论分析、数值计算、模型试验以及现场试验等研究手段,研究了预应力锚杆的加固原理及计算方法、不同注浆加固范围的效果评价以及各种加固手段的主要适用条件等。

第二节　理 论 分 析

一、中岩墙垂直应力解析

中岩墙的受力状态是小净距隧道研究的关键,是决定对中岩墙采取合理加固措施的主要依据。

目前,对小净距隧道中岩墙的研究,多采用数值分析方法。以下通过对研究对象的合理简化,采用理论分析方法,探讨中岩墙受力与净距、隧道埋深和围岩级别之间的相互关系。

国内已建成的多座小净距隧道积累的建设经验表明,小净距隧道主要在施工期间内衬尚未施作时中岩墙存在失稳危险,因而针对不同净距、围岩条件和隧道断面等综合因素采取了不同的中岩墙加固措施和施工方法,以保证中岩墙的稳定和施工安全。故此,仅重点探讨施工期间小净距隧道中岩墙受力状态。

由于中岩墙应力分量 σ_x 与 σ_y 相比一般很小,为论述方便,以下所指的中岩墙应力 σ 即为 σ_y。并主要针对一般的双车道马蹄形断面的公路隧道进行讨论。

计算假定:

(1)上覆岩体均质,隧道处于浅埋工况,以自重应力为主导。

(2)在中岩墙最小净距 B 所在的水平截面上压应力 σ 呈均匀分布。大量的数值分析结果表明,该断面上不同应力水平下,会呈现出钟形或驼峰形分布,但各点的应力与均值的偏差一般不大。

(3)沿左右线隧道中线截面上,剪应力忽略不计。数值分析结果和实测资料表明,最大拱顶沉降位移一般出现在该断面上,可能因为施工工序或净距大小的不同会有所偏离,但一般偏离不大。故在该断面上相对错动位移或趋势可忽略不计,因而可假定其剪应力为零。

根据以上假定,则可确定小净距隧道中岩墙的承载范围(图 9-1)和计算简图(图 9-2)。

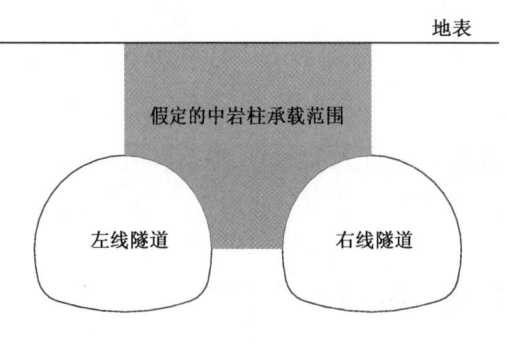

图 9-1 中岩墙承载范围假定

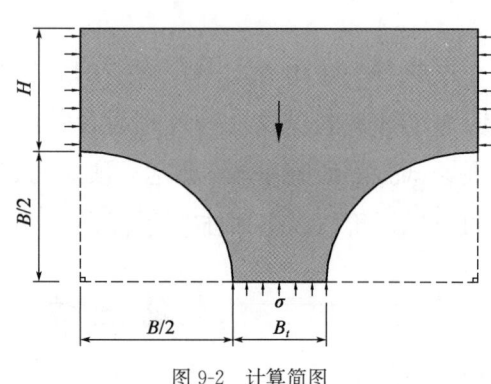

图 9-2 计算简图

由竖向的受力平衡条件得：

$$\sigma B_t = A\gamma \tag{9-1}$$

式中：γ——承载范围内岩体容重；

σ——中岩墙应力；

A——承载范围面积。

其他符号意义见图 9-2。

承载范围面积 A 可由几何关系求得：

$$A = \frac{4-\pi}{8}D^2 + \left(\frac{D}{2}+H\right)B + HD \tag{9-2}$$

根据以上推导,可得出中岩墙应力为：

$$\sigma = \frac{\gamma \cdot D}{B}\left(\frac{4-\pi}{8}D + H\right) + \gamma\left(\frac{D}{2}+H\right) \tag{9-3}$$

式(9-3)表明了中岩墙应力与隧道净距之间数学关系为 $B \rightarrow 0, \sigma \rightarrow \infty$；$B \rightarrow \infty, \sigma \rightarrow \gamma(H+D/2)$。也即,当净距较小时,中岩墙应力较大；随着净距的增大,该应力逐渐趋于常数值 $\gamma(H+D/2)$。此为中岩墙应力与净距的一般规律。

以一般的双车道公路隧道为例,主要计算参数取值如下:$B=12\text{m}$,$\gamma=19\text{kN/m}^3$(以 V 级围岩对应的重度为例),$H=25\text{m}$,计算得到的 $\sigma\text{-}B$ 关系曲线见图 9-3。从该结果看,当净距大于 $1.5B$,中岩墙应力基本趋于一常数值,表明净距大于该值后,净距对中岩墙应力的影响不显著。从这一角度看,当隧道净距大于 $1.5B$ 后,仍旧按小净距隧道来进行设计,是不尽合理的。现行公路隧道设计规范对 V 级围岩,按本算例所取计算参数,要求净距小于 42m(规范中分界值为 $3.5B$,B 为开挖断面宽度)按小净距进行设计,显然是要求过于严格。另一方面,从计算得到的量值上看,当净距大于 $1.5B$ 后,中岩墙应力也仅在 1MPa 左右,按照最大压应力强度理论,岩体一般也基本可以保持自身稳定。当净距小于 $0.5B$ 时,中岩墙应力随净距的减小而显著增大,其量值则在 $2\sim8$MPa 区间内,显然对 V 级围岩而言,容易导致中岩墙失稳,故需采取强有力的中岩墙加固处理措施。对这一类小净距隧道,工程上的经济性显然不优。而当净距值在 $(0.5\sim1.5)B$ 区间内时,中岩墙应力变化较为平缓,量值也只在 $1\sim2$MPa 之间,对中岩墙略加处理或采取合理的施工措施后,中岩墙稳定性较容易得到保证,这个范围内的小净距隧道显然是较为经济合理的。

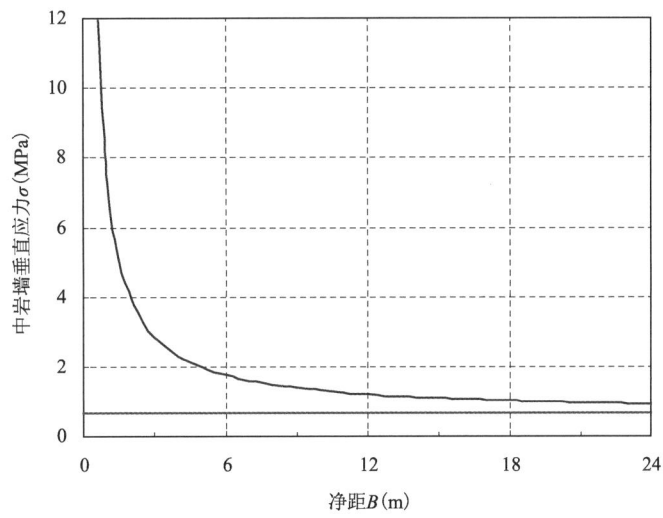

图 9-3 双车道公路隧道 $\sigma\text{-}B_t$ 关系曲线

以上的分析是基于不计支护受力的假定下做出的,在具有一定支护力的情况下,中岩墙应力会比以上分析结果小。因而分析结论是趋于保守的。

对式(9-3)加以整理后得:

$$\sigma = \gamma\left[\left(1+\frac{B}{B_t}\right)H + \left(\frac{4-\pi}{8}\frac{B}{B_t}+\frac{1}{2}\right)B\right] \quad (9\text{-}4)$$

式(9-4)是在隧道为浅埋工况的假定下导出的,即中岩墙主要承受岩柱上方的地层自重荷载,该式表明中岩墙应力与隧道埋深之间呈线性关系,显然是合理的。仍以一般的双车道公路隧道为例,主要计算参数取值如下:$B=12\mathrm{m}$,$\gamma=19\mathrm{kN/m^3}$(以Ⅴ级围岩对应的重度为例),计算得到的σ-B_t关系曲线见图9-4。

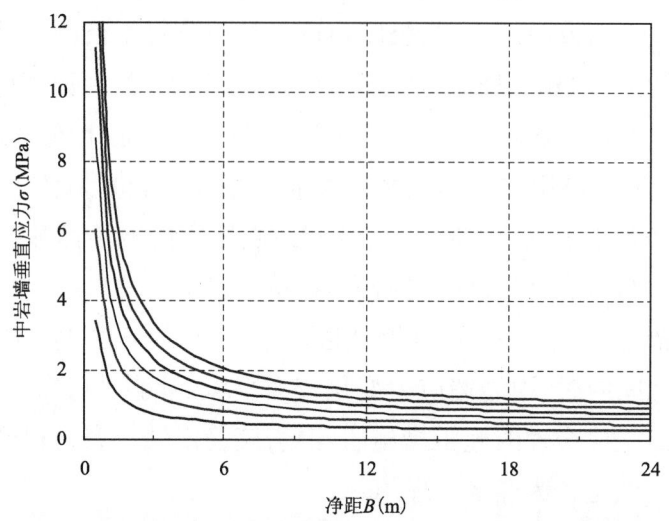

图9-4 双车道公路隧道不同埋深时的σ-B_t关系曲线

图9-4的分析结果表明,隧道净距小于$0.5B$时,中岩墙应力随净距的减小急剧增大;净距在$(0.5\sim1.5)B$区间时,中岩墙应力变化平缓;净距大于$1.5B$后,基本趋于常数。这一规律在不同埋深条件下基本相似。

二、预应力锚杆加固原理

当隧道净距较小时,采用预应力锚杆加固中岩墙被认为是提高其稳定性的一种重要加固措施。目前对预应力锚杆的加固原理和预应力指标合理取值问题研究较少。

预应力锚杆对中岩墙的加固原理可由图9-5和图9-6进行解释。某一埋深条件下中岩墙承受垂直应力σ_y时,预应力锚杆通过垫板对岩壁以某一压力扩散角施加壁压σ_x,根据莫尔库仑强度理论,通过图9-6的摩尔圆可看出,增大中岩墙壁压σ_x,中岩墙受力状态从单向受压调整为双向受压状态,进而提高了中岩墙承载能力和稳定性。隧道的埋深越大、净距越小,需要预应力锚杆提供的壁压越大。

在不考虑中岩墙侧壁存在其他支护受力情况下,根据莫尔库仑准则,可推算出中岩墙达到极限平衡状态时所需的壁压为(图9-6):

$$\sigma_{x\min}=\frac{1-\sin\varphi}{1+\sin\varphi}\sigma_y-\frac{\cos\varphi}{1+\sin\varphi}2c \tag{9-5}$$

式中：c、φ——中岩墙抗剪强度指标；

σ_y——中岩墙垂直压力，可通过式(9-3)计算。

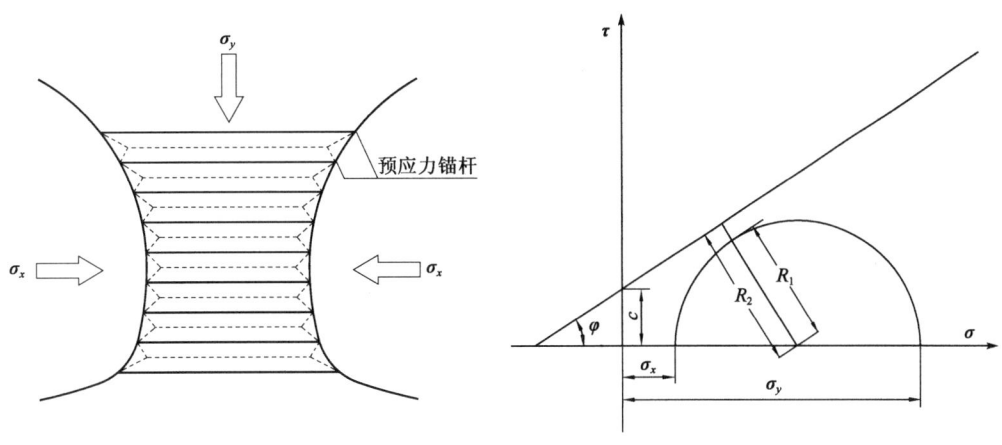

图 9-5 中岩墙受力图示　　　　图 9-6 中岩墙受力的摩尔圆

预应力锚杆对中岩墙施加的壁压为：

$$\sigma_x = \frac{N}{ab} \tag{9-6}$$

式中：N——锚杆预应力；

a、b——锚杆间距。

从锚杆杆体材料方面，采用普通 HRB335 钢筋作为锚杆杆体，其极限抗拉力为：

$$N_{cr} = R_g \frac{\pi d^2}{4} \tag{9-7}$$

式中：R_g——锚杆杆体钢材抗拉强度设计值，参照现行隧规取 $R_g = 268$MPa；

d——锚杆直径，通常采用直径规格有 $\phi22$、$\phi25$、$\phi32$ 等。

通过试算，可得几种规格锚杆的极限抗拉力分别为 101.9kN、131.6kN、215.5kN。显然，从材料方面看，锚杆材料所承受的预应力有限，若需要更大的预应力对中岩墙进行加固，只能通过采用高强度锚索等其他方式。

根据以上计算方法，可确定锚杆的布设间距、锚杆杆体直径大小以及所需施加预应力的大小。

三、算例分析

下面以Ⅴ级围岩为例，采用以上计算方法确定预应力锚杆的有关设计参数的选择。围岩参数取值见表 9-1。

围岩计算参数取值 表 9-1

围岩级别	容重 γ(kN/m³)	黏聚力 c(kPa)	内摩擦角 φ(°)
V	19	80	27

根据式(9-6)计算Ⅴ级围岩中岩墙垂直应力 σ_y,见表 9-2。计算中取 $B=12$m。计算结果表明,隧道净距越小、埋深越大,中岩墙垂直应力越大。

Ⅴ级围岩中岩墙垂直应力 σ_y(单位:MPa) 表 9-2

净距(m)	埋深 H(m)					
	5	10	15	20	25	30
3.0	0.69	1.16	1.64	2.11	2.59	3.06
3.5	0.62	1.04	1.46	1.88	2.30	2.72
4.0	0.57	0.95	1.33	1.71	2.09	2.47
4.5	0.53	0.88	1.22	1.57	1.92	2.27
5.0	0.50	0.82	1.14	1.46	1.79	2.11
5.5	0.47	0.77	1.07	1.38	1.68	1.98
6.0	0.45	0.73	1.02	1.30	1.59	1.87
6.5	0.43	0.70	0.97	1.24	1.51	1.78
7.0	0.41	0.67	0.93	1.19	1.45	1.70
7.5	0.40	0.65	0.89	1.14	1.39	1.64
8.0	0.39	0.63	0.86	1.10	1.34	1.58
8.5	0.38	0.61	0.84	1.07	1.29	1.52
9.0	0.37	0.59	0.81	1.03	1.25	1.48

结合表 9-2 计算结果,根据式(9-5)和式(9-6)可计算得到保持中岩墙稳定所必需的预应力最小值,锚杆布设间距为 0.5m 和 0.7m 时的计算结果见表 9-3 和表 9-4。

表 9-3 结果表明,当净距为 3~3.5m,埋深大于 25m 时,所需施加的预应力大于 215kN,普通预应力锚杆已经不易满足中岩墙的加固要求,可采用预应力锚索或对中岩墙注浆加固先期提高围岩抗剪强度指标等方式;当净距为 3~7m,埋深为 20~30m 时,所需施加的预应力在 135~215kN 之间,可采用 ϕ32 预应力锚杆;表中其他情况所需施加的预应力小于 135kN,可采用 ϕ25 预应力锚杆。

表 9-4 为锚杆布设间距为 0.7m 时的计算结果。表中净距为 3~9m,埋深大于 15m 时,所需施加的预应力值多数大于 215kN,表明锚杆布设间距偏大。

通过算例分析可看出,选择合适的预应力指标、锚杆杆体直径和布设间距,是与隧道净距大小、围岩条件和隧道埋深等因素相互关联的。

锚杆间距为 0.5m 时 V 级围岩所需施加的预应力最小值(单位:kN) 表 9-3

净距(m)	埋深 H(m)					
	5	10	15	20	25	30
3.0	40.0	84.6	129.2	173.8	218.3	262.9
3.5	33.6	73.1	112.6	152.1	191.6	231.0
4.0	28.8	64.4	100.1	135.8	171.5	207.1
4.5	25.0	57.7	90.4	123.1	155.8	188.5
5.0	22.0	52.3	82.7	113.0	143.3	173.6
5.5	19.6	48.0	76.3	104.7	133.1	161.5
6.0	17.5	44.3	71.1	97.8	124.6	151.3
6.5	15.8	41.2	66.6	92.0	117.4	142.7
7.0	14.3	38.5	62.8	87.0	111.2	135.4
7.5	13.1	36.2	59.4	82.6	105.8	129.0
8.0	11.9	34.2	56.5	78.8	101.1	123.4
8.5	10.9	32.5	54.0	75.5	97.0	118.5
9.0	10.1	30.9	51.7	72.5	93.3	114.1

锚杆间距为 0.7m 时 V 级围岩所需施加的预应力最小值(单位:kN) 表 9-4

净距(m)	埋深 H(m)					
	5	10	15	20	25	30
3.0	78.3	165.7	253.2	340.6	428.0	515.4
3.5	65.8	143.2	220.6	298.0	375.4	452.9
4.0	56.4	126.3	196.2	266.1	336.1	406.0
4.5	49.0	113.1	177.2	241.3	305.4	369.5
5.0	43.2	102.6	162.0	221.5	280.9	340.3
5.5	38.4	94.0	149.6	205.2	260.9	316.5
6.0	34.4	86.8	139.3	191.7	244.1	296.6
6.5	31.0	80.7	130.5	180.3	230.0	279.8
7.0	28.1	75.5	123.0	170.4	217.9	265.3
7.5	25.6	71.0	116.5	161.9	207.4	252.8
8.0	23.4	67.1	110.8	154.5	198.2	241.9
8.5	21.4	63.6	105.8	147.9	190.1	232.2
9.0	19.7	60.5	101.3	142.1	182.9	223.7

四、参数敏感性分析

根据莫尔库仑屈服准则(图 9-6),定义安全系数 K 为:

$$K = \frac{R_2}{R_1}$$

根据几何关系得：

$$K = \frac{2c\cos\varphi + (\sigma_y + \sigma_x)\sin\varphi}{\sigma_y - \sigma_x} \tag{9-8}$$

当 $K=1$ 时，表明岩体处于极限平衡状态；$K<1$ 表明岩体可能发生剪切破坏。上式可作为评价中岩墙加固稳定性的重要依据。

以 K 为目标变量研究预应力 N 和岩体抗剪强度指标 c、φ 等参数的敏感性。围岩计算参数见表 9-1，其他参数取值 $B=12m$、$H=20m$、$D=4.5m$，锚杆间距 $a=b=0.5m$。计算中假定岩体黏聚力每增加 20kPa，内摩擦角增加 $1°$。根据计算得到参数 N 和参数 c、φ 变化时对目标变量 K 的响应，见表 9-5。

安全系数 K 随参数 N 和 c、φ 变化时的响应　　　　表 9-5

预应力 N 敏感性		抗剪强度指标敏感性		
$N(kN)$	K	$c(kPa)$	$\varphi(°)$	K
0	0.54	80	27	0.54
10	0.57	100	28	0.58
20	0.60	120	29	0.62
30	0.63	140	30	0.65
40	0.66	160	31	0.69
50	0.69	180	32	0.72
60	0.72	200	33	0.76
70	0.76	220	34	0.79
80	0.80	240	35	0.82
90	0.84	260	36	0.86
100	0.89	280	37	0.89
110	0.93	300	38	0.92
120	0.98	320	39	0.95
130	1.04	340	40	0.97
140	1.10	360	41	1.00
150	1.16	380	42	1.03
160	1.23	400	43	1.05
170	1.31	420	44	1.08
180	1.39	440	45	1.10
190	1.48	460	46	1.13
200	1.58	480	47	1.15

表 9-5 分析结果表明，施加预应力 120kN 时，相当于将岩体黏聚力指标提高至 360kPa，内摩擦角提高至 $41°$，岩体可达到极限平衡状态。从抗剪强度指标的提高值

看,已略大于Ⅳ级围岩的设计参数,采用注浆加固的方式也较不易达到如此大的提高幅度。可见,预应力加固参数对岩体稳定性的反应较岩体的抗剪强度指标更为敏感,采用预应力加固中岩墙是一种有效的加固手段。

五、小结

预应力锚杆设计值的选取跟围岩条件、净距大小和锚杆布设间距等多种因素有关,锚杆杆体材料的抗拉极限强度是主要控制指标。设计上应根据中岩墙垂直应力水平的高低,选取合理的锚杆布设间距和预应力指标。一般预应力锚杆型号有锚杆间距为 0.5~1m 之间选取,锚杆规格有 $\phi22$、$\phi25$、$\phi32$ 等几种,预应力大小可在 100~215kN 间选取,以充分发挥预应力锚杆的加固作用。从对参数的敏感性分析结果看,预应力锚杆和注浆加固均对提高中岩墙稳定性有显著作用,但预应力锚杆对中岩墙的加固更为有效和直接。当隧道净距较小,通过计算分析采用预应力锚杆或注浆加固中岩墙不足以保证其稳定性时,应考虑综合加固措施。

第三节 数 值 计 算

一、静力数值计算分析

在中岩墙加固静力数值模拟计算中,考虑了以下工况:

(1)不同中岩墙注浆加固范围主要考虑了仅中岩墙核心部位注浆加固、加固范围扩大到岩墙顶部、加固范围同时扩大到岩墙顶部和岩墙底部拱脚等三种典型情况,其示意图见图 5-16。

(2)锚杆加固考虑了贯通长锚杆加固(无预应力)和预应力锚杆加固,预应力分别考虑了 30kN、60kN、90kN、120kN 等情况。

(3)联合加固主要考虑了预应力锚杆和岩墙注浆加固的共同效果。

计算组合工况见表 5-3。表 9-6 为中岩墙不同加固措施下先行洞拱顶沉降结果汇总;表 9-7、表 9-8 分别为初期支护封闭、不封闭情况下各计算工况初期支护最大内力汇总表。

中岩墙不同加固措施下先行洞拱顶沉降结果汇总　　　　　　　　表 9-6

序号	工 况 编 号	围岩级别	初期支护封闭(mm)		初期支护不封闭(mm)	
			左洞开挖	右洞开挖	左洞开挖	右洞开挖
1	Ⅴ-30-2-CZ	Ⅴ	−7.37	−10.18	−8.12	−21.46
2	Ⅴ-30-3-CZ		−7.35	−9.66	−8.48	−19.42
3	Ⅴ-30-6-CZ		−7.31	−8.85	−8.04	−11.06

续上表

序号	工况编号	围岩级别	初期支护封闭(mm)		初期支护不封闭(mm)	
			左洞开挖	右洞开挖	左洞开挖	右洞开挖
4	Ⅴ-30-2-DCMG	Ⅴ	−7.37	−9.93	−8.06	−13.48
5	Ⅴ-30-3-DCMG		−7.36	−9.51	−8.01	−12.04
6	Ⅴ-30-6-DCMG		−7.32	−8.81	−7.89	−10.16
7	Ⅴ-30-2-YYL(90)		−7.38	−9.87	−7.80	−13.12
8	Ⅴ-30-3-YYL(90)		−7.37	−9.47	−7.96	−11.67
9	Ⅴ-30-6-YYL(90)		−7.36	−8.81	−7.47	−10.02
10	Ⅴ-30-3-YYL(30)		−7.36	−9.49	−7.99	−11.91
11	Ⅴ-30-3-YYL(60)		−7.37	−9.48	−7.97	−11.78
12	Ⅴ-30-3-YYL(120)		−7.38	−9.47	−7.95	−11.56
13	Ⅴ-30-2-ZJ1		−7.37	−9.89	−7.47	−15.62
14	Ⅴ-30-3-ZJ1		−7.36	−9.51	−7.97	−12.32
15	Ⅴ-30-6-ZJ1		−7.33	−8.83	−7.45	−10.15
16	Ⅴ-30-3-ZJ2		−7.38	−9.53	−7.99	−12.37
17	Ⅴ-30-3-ZJ3		−7.39	−9.47	−7.89	−11.18
18	Ⅴ-30-3-ZJ1+YYL(30)		−7.39	−9.48	−7.97	−11.46
19	Ⅳ-30-3-CZ	Ⅳ	−2.26	−3.08	−3.16	−4.64
20	Ⅳ-30-3-DCMG		−3.21	−4.19	−3.22	−4.31
21	Ⅳ-30-3-YYL(30)		−3.21	−4.18	−3.29	−4.54
22	Ⅳ-30-3-YYL(60)		−3.21	−4.17	−3.29	−4.52
23	Ⅳ-30-3-YYL(90)		−3.21	−4.17	−3.29	−4.50
24	Ⅳ-30-3-YYL(120)		−3.21	−4.17	−3.29	−4.48
25	Ⅳ-30-3-ZJ1		−3.29	−4.36	−3.35	−4.59
26	Ⅲ-30-3-CZ	Ⅲ	−1.24	−1.51	−1.20	−1.62
27	Ⅲ-30-3-DCMG		−1.17	−1.55	−1.18	−1.59
28	Ⅲ-30-3-YYL(90)		−1.17	−1.55	−1.18	−1.59

先行洞初期支护最大内力结果（初期支护不封闭）　　表9-7

序号	工况编号	围岩级别	初期支护轴力(10^3 kN)		初期支护弯矩(kN·m)		系统锚杆轴力(kN)	
			左洞开挖	右洞开挖	左洞开挖	右洞开挖	左洞开挖	右洞开挖
1	Ⅴ-30-2-CZ	Ⅴ	−1.18	−1.98	19.75	154.62	112.96	162.06
2	Ⅴ-30-3-CZ		−1.16	−1.98	18.96	81.17	113.24	156.13
3	Ⅴ-30-6-CZ		−1.16	−1.38	19.09	46.11	113.32	110.33

续上表

序号	工况编号	围岩级别	初期支护轴力(10^3 kN)		初期支护弯矩(kN·m)		系统锚杆轴力(kN)	
			左洞开挖	右洞开挖	左洞开挖	右洞开挖	左洞开挖	右洞开挖
4	Ⅴ-30-2-DCMG	Ⅴ	−1.16	−1.58	19.11	46.07	113.34	109.96
5	Ⅴ-30-3-DCMG		−1.16	−1.47	19.12	21.49	113.30	109.07
6	Ⅴ-30-6-DCMG		−1.15	−1.32	19.14	24.36	113.28	110.93
7	Ⅴ-30-2-YYL(90)		−1.15	−1.15	25.51	33.41	113.39	108.07
8	Ⅴ-30-3-YYL(90)		−1.15	−1.45	24.35	21.99	113.34	109.33
9	Ⅴ-30-6-YYL(90)		−1.13	−1.30	22.06	24.20	113.35	111.04
10	Ⅴ-30-3-YYL(30)		−1.15	−1.46	19.40	19.91	113.32	109.16
11	Ⅴ-30-3-YYL(60)		−1.15	−1.46	22.09	20.98	113.33	109.25
12	Ⅴ-30-3-YYL(120)		−1.14	−1.44	26.09	22.95	113.34	109.40
13	Ⅴ-30-2-ZJ1		−1.16	−1.72	21.38	56.87	113.34	125.29
14	Ⅴ-30-3-ZJ1		−1.16	−1.49	20.01	80.38	113.36	108.89
15	Ⅴ-30-6-ZJ1		−1.16	−1.36	20.51	23.65	113.11	110.93
16	Ⅴ-30-3-ZJ2		−1.16	−1.49	22.27	79.58	113.38	108.92
17	Ⅴ-30-3-ZJ3		−1.16	−1.50	21.56	59.81	113.60	109.93
18	Ⅴ-30-3-ZJ1+YYL(30)		−1.15	−1.45	19.15	25.47	113.33	109.48
19	Ⅳ-30-3-CZ	Ⅳ	−0.86	−1.32	21.49	53.82	48.67	48.23
20	Ⅳ-30-3-DCMG		−0.66	−1.37	13.29	13.46	38.41	42.60
21	Ⅳ-30-3-YYL(30)		−0.66	−1.33	13.56	13.45	38.40	42.51
22	Ⅳ-30-3-YYL(60)		−0.66	−1.30	14.68	13.54	38.40	42.45
23	Ⅳ-30-3-YYL(90)		−0.66	−1.27	15.86	14.62	38.40	42.38
24	Ⅳ-30-3-YYL(120)		−0.65	−1.25	16.90	15.55	38.40	42.32
25	Ⅳ-30-3-ZJ1		−0.54	−1.15	11.08	14.56	39.39	43.30
26	Ⅲ-30-3-CZ	Ⅲ	−0.17	−0.82	6.79	7.97	19.39	19.50
27	Ⅲ-30-3-DCMG		−0.27	−0.90	7.66	10.18	12.19	13.40
28	Ⅲ-30-3-YYL(90)		−0.27	−0.89	8.47	10.16	12.15	13.87

先行洞初期支护最大内力结果(初期支护封闭)   表 9-8

序号	工况编号	围岩级别	初期支护轴力(10^3 kN)		初期支护弯矩(kN·m)		系统锚杆轴力(kN)	
			左洞开挖	右洞开挖	左洞开挖	右洞开挖	左洞开挖	右洞开挖
1	Ⅴ-30-2-CZ	Ⅴ	−1.14	−2.78	29.89	79.30	109.12	103.41
2	Ⅴ-30-3-CZ		−1.14	−2.08	29.88	59.61	109.10	104.54
3	Ⅴ-30-6-CZ		−1.14	−1.50	29.97	40.63	108.95	106.22
4	Ⅴ-30-2-DCMG		−1.14	−2.39	29.91	56.13	109.00	103.82
5	Ⅴ-30-3-DCMG		−1.14	−1.89	29.87	48.45	108.92	104.69
6	Ⅴ-30-6-DCMG		−1.14	−1.44	29.87	38.86	108.82	106.19

续上表

序号	工况编号	围岩级别	初期支护轴力(10^3 kN)		初期支护弯矩(kN·m)		系统锚杆轴力(kN)	
			左洞开挖	右洞开挖	左洞开挖	右洞开挖	左洞开挖	右洞开挖
7	Ⅴ-30-2-YYL(90)	Ⅴ	−1.13	−2.21	29.86	47.65	108.99	103.96
8	Ⅴ-30-3-YYL(90)		−1.13	−1.75	29.80	41.95	108.90	104.76
9	Ⅴ-30-6-YYL(90)		−1.13	−1.35	29.76	33.47	108.82	106.23
10	Ⅴ-30-3-YYL(30)		−1.13	−1.83	29.84	45.36	109.92	104.72
11	Ⅴ-30-3-YYL(60)		−1.13	−1.78	29.82	43.33	108.92	104.74
12	Ⅴ-30-3-YYL(120)		−1.13	−1.73	29.79	40.61	108.90	104.76
13	Ⅴ-30-2-ZJ1		−1.14	−2.28	29.84	51.84	108.98	103.88
14	Ⅴ-30-3-ZJ1		−1.14	−1.84	29.88	47.18	108.95	104.73
15	Ⅴ-30-6-ZJ1		−1.14	−1.47	29.84	39.23	108.84	106.16
16	Ⅴ-30-3-ZJ2		−1.14	−1.83	29.88	47.22	108.98	104.76
17	Ⅴ-30-3-ZJ3		−1.14	−1.83	29.88	48.31	108.98	104.85
18	Ⅴ-30-3-ZJ1+YYL(30)		−1.13	−1.75	29.80	41.84	108.91	104.76
19	Ⅳ-30-3-CZ	Ⅳ	−0.89	−1.82	21.54	23.05	45.94	45.36
20	Ⅳ-30-3-DCMG		−0.70	−1.73	13.26	17.86	37.88	41.75
21	Ⅳ-30-3-YYL(30)		−0.70	−1.69	13.27	16.97	37.88	41.70
22	Ⅳ-30-3-YYL(60)		−0.70	−1.67	14.45	16.03	37.91	41.52
23	Ⅳ-30-3-YYL(90)		−0.70	−1.65	15.62	15.15	37.91	41.49
24	Ⅳ-30-3-YYL(120)		−0.70	−1.64	16.65	15.61	37.88	41.59
25	Ⅳ-30-3-ZJ1		−0.61	−1.48	10.86	13.66	39.06	42.92
26	Ⅲ-30-3-CZ	Ⅲ	−0.59	−1.16	12.67	16.06	14.08	14.85
27	Ⅲ-30-3-DCMG		−0.45	−1.05	7.61	9.86	12.09	13.76
28	Ⅲ-30-3-YYL(90)		−0.45	−1.05	8.43	9.85	12.09	13.04

(一)中岩墙对拉锚杆及预应力锚杆加固作用效果

从计算结果可以看出,在小净距隧道中,使用对拉锚杆或者预应力锚杆对中岩墙进行加固,对约束洞室变形具有明显的作用,尤其是在低级别围岩中,对初期支护不封闭的情况。例如,计算中30m埋深,3m净距。

对于Ⅴ级围岩,初期支护不封闭情况下,仅有初期支护、岩墙对拉锚杆加固、30kN预应力锚杆加固、60kN预应力锚杆加固、90kN预应力锚杆加固、120kN预应力锚杆加固拱顶竖向沉降(单位为mm)分别为:−19.42、−12.04、−11.91、−11.78、−11.67、−11.56;岩墙拱腰(3号)的水平位移(单位为mm)分别为:−17.17、−4.11、−3.81、−3.53、−3.30、−3.09。初期支护封闭情况下,拱顶竖向沉降(单位为mm)分别为:−9.66、−9.51、−9.49、−9.48、−9.47、−9.47;岩墙拱腰(3号)的水平位移

(单位为 mm)分别为：-2.85、-2.09、-1.94、-1.81、-1.72、-1.64，如图 9-7 所示。

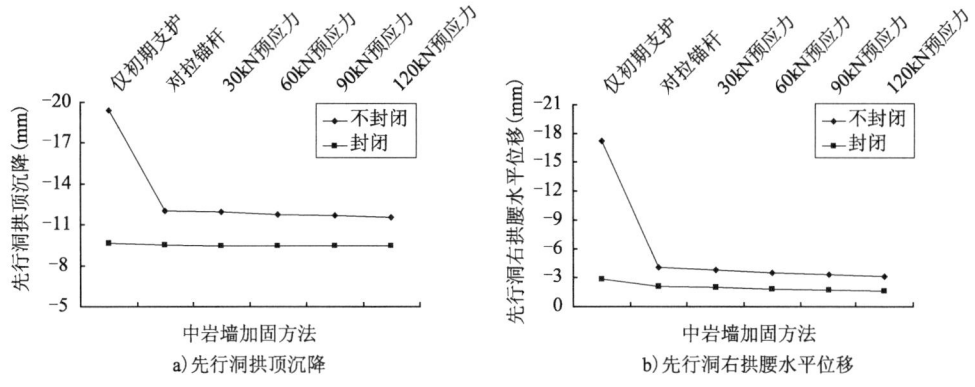

图 9-7 Ⅴ级围岩不同加固方式下先行洞洞周特征点位移情况

对于Ⅳ级围岩，初期支护不封闭情况下，拱顶竖向沉降(单位为 mm)分别为：-4.64、-4.31、-4.54、-4.52、-4.50、-4.48；岩墙拱腰(3 号)的水平位移(单位为 mm)分别为：-1.37、-1.37、-1.02、-0.95、-0.86、-0.80。初期支护封闭情况下，拱顶竖向沉降(单位为 mm)分别为：-3.08、-4.19、-4.18、-4.17、-4.17、-4.17；岩墙拱腰(3 号)的水平位移(单位为 mm)分别为：-0.87、-0.69、-0.64、-0.60、-0.57、-0.55，见图 9-8。

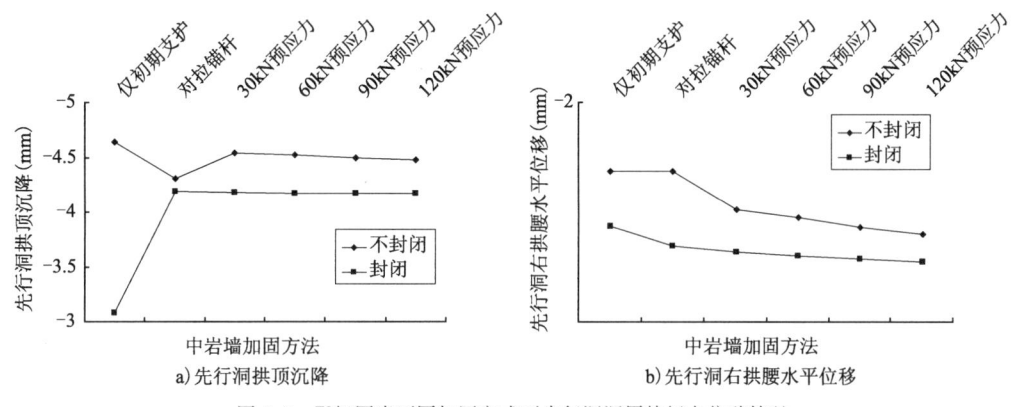

图 9-8 Ⅳ级围岩不同加固方式下先行洞洞周特征点位移情况

在小净距隧道中，使用对拉锚杆或者预应力锚杆对中岩墙进行加固，可以降低初期支护的弯矩、轴力和锚杆的轴力，从而改善初期支护的受力条件。效果仍然是在低级别围岩中，对初期支护不封闭的情况较明显。

对于计算中 30m 埋深，3m 净距，初期支护不封闭情况下，Ⅴ级围岩仅有初期支护、对岩墙对拉锚杆加固、30kN 预应力锚杆加固、60kN 预应力锚杆加固、90kN 预应力锚杆加固、120kN 预应力锚杆加固初期支护内最大弯矩(单位为 kN·m)分别为：87.17、21.49、19.91、20.98、21.99、22.95；最大轴力(单位为 MN)分别为：-1.98、

−1.47、−1.46、−1.46、−1.45、−1.45;锚杆最大轴力(单位为kN)分别为:156.13、109.07、109.16、109.25、109.33、109.40。初期支护封闭情况下,最大弯矩(单位为kN·m)分别为:59.61、48.45、45.36、43.33、41.95、40.61;最大轴力(单位为MN)分别为:−2.08、−1.89、−1.83、−1.78、−1.75、−1.73;锚杆最大轴力(单位为kN)分别为:104.54、104.69、104.72、104.74、104.76、104.76,见图9-9。

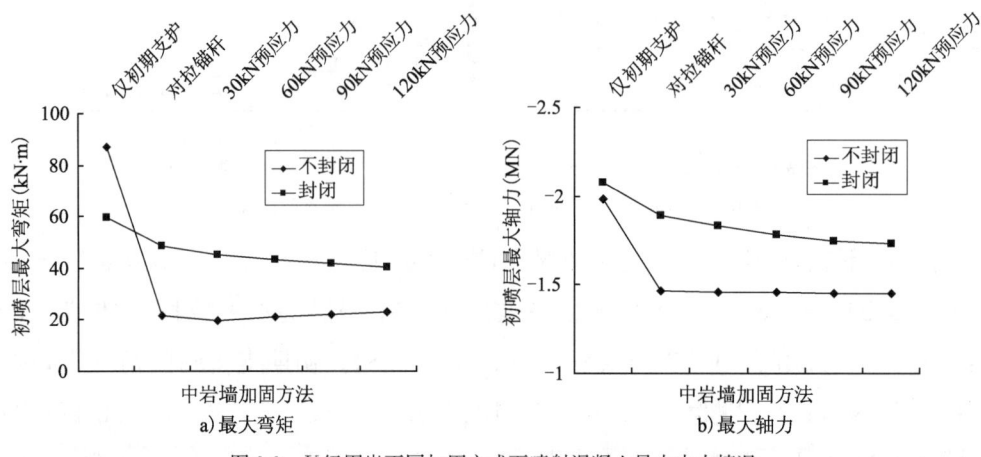

图9-9　Ⅴ级围岩不同加固方式下喷射混凝土最大内力情况

对于Ⅳ级围岩,在初期支护不封闭情况下,初期支护内最大弯矩(单位为kN·m)分别为:53.82、13.46、13.45、13.54、14.62、15.55;最大轴力(单位为MN)分别为:−1.32、−1.37、−1.33、−1.30、−1.27、−1.25;系统锚杆内最大轴力(单位为kN)分别为:48.23、42.60、42.51、42.45、42.38、42.32。在初期支护封闭情况下,最大弯矩(单位为kN·m)分别为:23.05、17.86、16.97、16.03、15.15、15.61;最大轴力(单位为kN)分别为:−2.82、−1.73、−1.69、−1.67、−1.65、−1.64;系统锚杆内最大轴力(单位为kN)分别为:45.36、41.75、41.70、41.52、41.49、41.59,如图9-10所示。

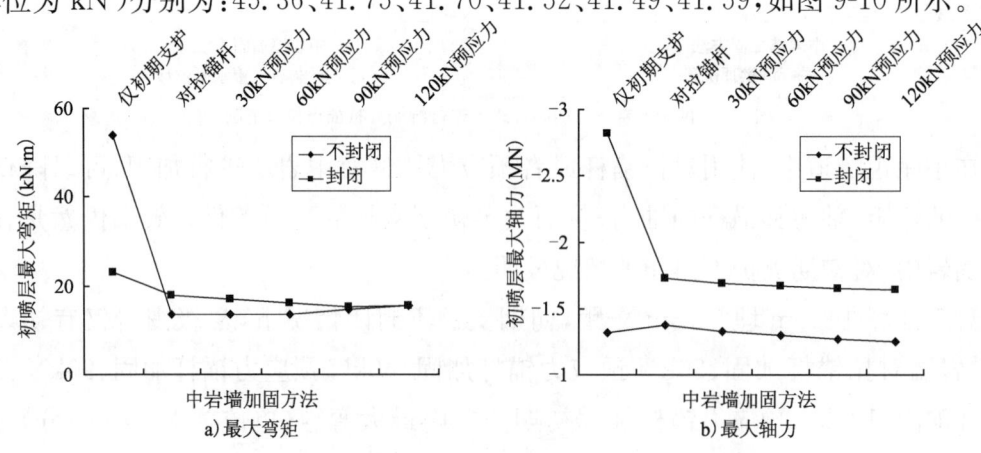

图9-10　Ⅳ级围岩不同加固方式下喷射混凝土最大内力情况

从以上计算结果也可以看出，虽然随着对拉锚杆施加的预应力增加，拱顶竖向位移、岩墙水平位移以及围岩塑性区分布总体趋势是减小，但是效果并不是十分显著，初期支护内力也有类似的规律。

从预应力锚杆的受力来看，虽然锚杆轴力的初始值随预应力施加变化很大，但是其最终值却相差不多，尤其是在低级别围岩中，这进一步说明通过单方面提高对拉预应力锚杆的预应力来进一步增加洞室稳定是不切实际的。另外，这同时说明，由于在施工过程中随着围岩的变形，预应力锚杆在施工过程中也会产生预应力不同程度的损失，因此，对拉锚杆的预应力宜采用多次张拉。

另外，从围岩塑性区的分布状况来看，使用对拉锚杆或对拉预应力锚杆，岩墙塑性区范围也得到减小，当净距为6m时塑性区就不再重叠。图9-11、图9-12分别为初期支护封闭、不封闭情况下Ⅴ级围岩，30m埋深，3m净距不同岩墙加固措施塑性区分布图；图9-13、图9-14分别为初期支护封闭、不封闭情况下Ⅳ级围岩，30m埋深，3m净距不同岩墙加固措施塑性区分布图。

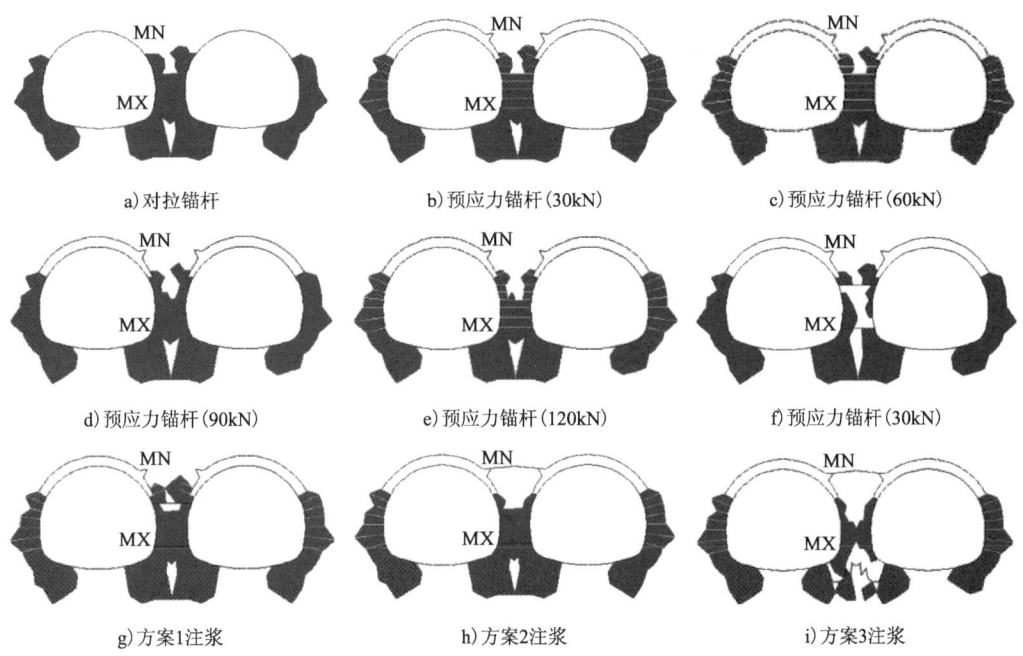

图 9-11　Ⅴ级围岩，30m埋深，3m净距不同岩墙加固措施塑性区分布图(不封闭)

(二)中岩墙进行注浆加固的作用效果

从计算结果可以看出：

(1)对中岩墙进行注浆加固，对稳定洞周围岩，减小洞室的变形有明显的作用，尤其在低级别围岩中且在初期支护不封闭的情况下。

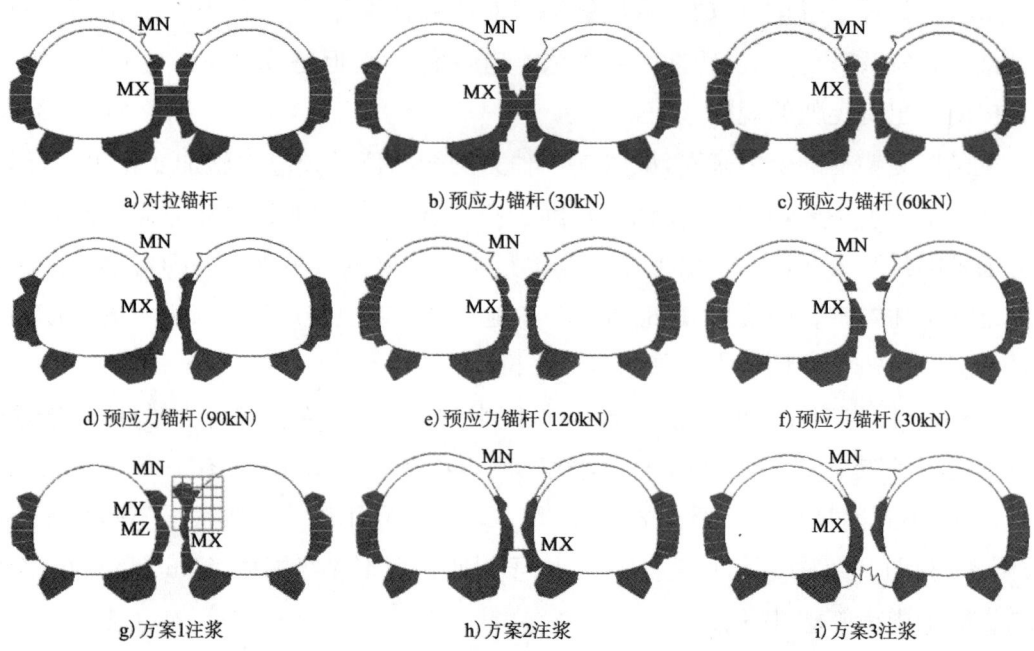

图 9-12　Ⅴ级围岩,30m 埋深,3m 净距不同岩墙加固措施塑性区分布图(封闭)

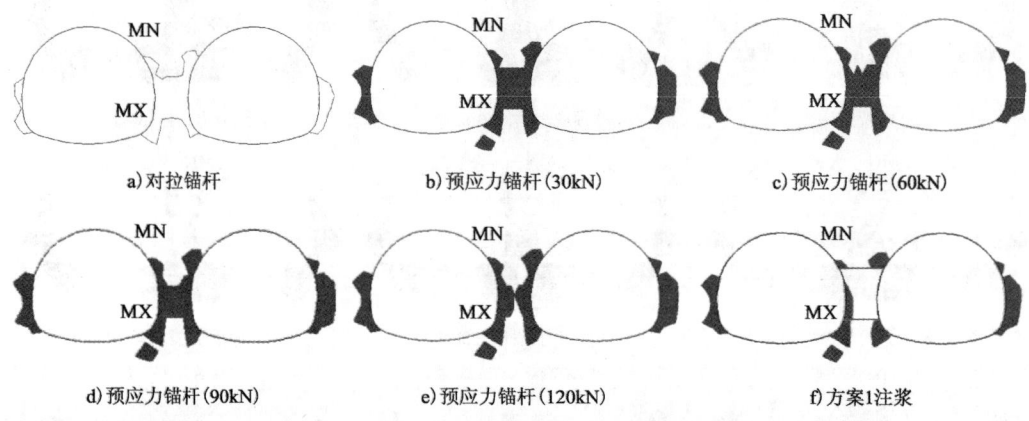

图 9-13　Ⅳ级围岩,30m 埋深,3m 净距不同岩墙加固措施塑性区分布图(不封闭)

对于Ⅴ级围岩,30m 埋深,3m 净距,在初期支护不封闭的情况下,使得先行洞拱顶沉降从仅有初期支护情况下的 19.42mm 减小到 13.32mm,边墙位移从 －17.17mm 减小到 －3.76mm;初期支护封闭情况下,先行洞拱顶沉降从 9.66mm 减小到 9.51mm,边墙位移从 －2.85mm 减小到 －2.01mm。

对于Ⅳ级围岩,30m 埋深,3m 净距,在初期支护不封闭的情况下,使得先行洞拱顶沉降从仅有初期支护情况下的 4.64mm 减小到 4.59mm,边墙位移从 －1.37mm 减小到 －0.88mm。

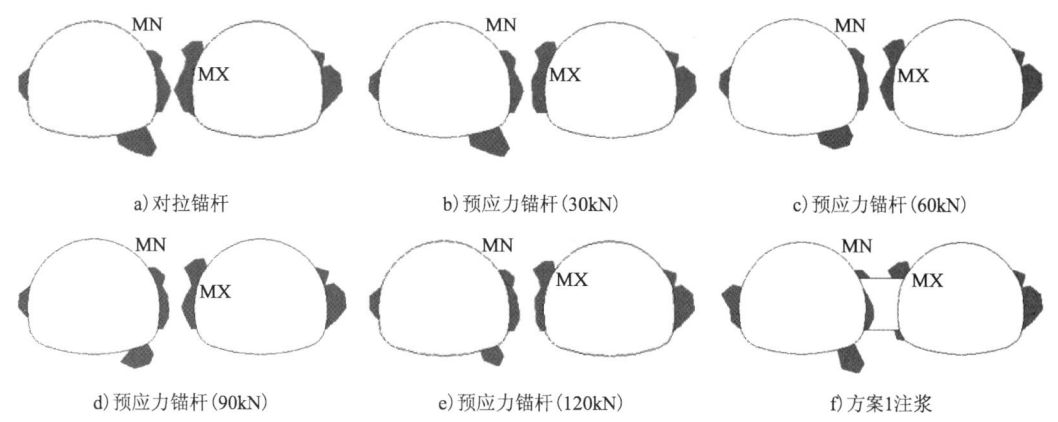

图 9-14 Ⅳ级围岩,30m 埋深,3m 净距不同岩墙加固措施塑性区分布图(封闭)

另外,从塑性区的分布范围(图 9-11～图 9-14)来看,使用了中岩墙注浆以后,塑性区有了明显的减小。对于 Ⅴ 级围岩,30m 埋深,在初期支护不封闭情况下,净距为 6m 时就不再形成贯通中岩墙的塑性区,即使在净距 3m 的条件下,采用对岩墙顶部和底部扩大注浆的注浆方案 3 进行加固,塑性区也基本呈不贯通之势。对于 Ⅳ 级围岩,30m 埋深,净距为 3m 的小净距隧道,在初期支护不封闭情况下,对中岩墙核心区采用注浆加固后,就不再形成贯通中岩墙的塑性区。

(2)对中岩墙进行注浆加固,对改善初期支护内力也具有明显的作用,将使初期支护内最大弯矩、最大轴力和系统锚杆内的最大轴力得以减小。

比较计算结果,对于 Ⅴ 级围岩,30m 埋深,3m 净距,在初期支护不封闭的情况下,初期支护内最大弯矩从仅有初期支护时的 81.17 kN·m 减小到 80.38 kN·m;最大轴力从 −1.98kN 减小到 −1.49kN;系统锚杆内的最大轴力从 156.13kN 减小到 108.89kN。在初期支护封闭的情况下,初期支护内最大弯矩从仅有初期支护时的 59.69 kN·m 减小到 47.18 kN·m;最大轴力从 −2.08kN 减小到 −1.84kN;系统锚杆内的最大轴力从 104.54kN 变化到 104.73kN,变化不大。

对于 Ⅳ 级围岩,30m 埋深,3m 净距,在初期支护不封闭的情况下,初期支护内最大弯矩从仅有初期支护时的 53.82kN·m 减小到 14.56kN·m;最大轴力从 −1.32kN 减小到 −1.15kN;系统锚杆内的最大轴力从 48.23kN 减小到 43.30kN。在初期支护封闭的情况下,初期支护内最大弯矩从仅有初期支护时的 23.05kN·m 减小到 13.66kN·m;最大轴力从 −1.82kN 减小到 −1.48kN;系统锚杆内的最大轴力从 45.36kN 减小到 42.92kN。

(3)计算考虑了三种中岩墙注浆加固方案,即仅岩墙核心区注浆加固(方案1)、注浆加固范围扩大到中岩墙顶部雁行部(方案2)、岩墙注浆加固同时扩大到中岩墙底部

(方案3）。从计算结果来看，注浆范围扩大到中岩墙顶部雁行部对改善小净距隧道围岩变形、结构受力的效果并不明显，但它对抑制中岩墙顶部塑性区的发展有一定作用，对保证隧道的施工安全具有重要作用。若将中岩墙的注浆范围进一步扩大到中岩墙底部拱脚部位，其对保证中岩墙稳定将会起到更大作用。在初期支护不封闭的情况下，与注浆加固方案1、2相比，注浆加固方案3有使中岩墙塑性区呈现分离的趋势，见图9-11、图9-12e）、h）、i）。

（三）中岩墙进行注浆和预应力锚杆联合加固的作用效果

使用对拉锚杆或预应力锚杆对小净距隧道中岩墙进行加固，其作用机理主要通过主动或被动对围岩施加应力，改变围岩的开挖后受力状态，即从单向或双向受力状态转变为双向或三向受力状态，从而减小围岩的变形，增强围岩的稳定性，改善支护的变形和受力条件。对小净距隧道中岩墙进行注浆加固，其作用机理主要是改善围岩中裂隙的状态，提高围岩的物性参数，从而达到减小围岩的变形，增强围岩稳定，改善支护的变形和受力条件。

通过计算发现，对于软弱围岩、破碎围岩，仅仅使用单一的加固方案，其加固效果相差并不十分明显，仍不能达到理想的效果。同时，如单独使用对拉锚杆或预应力锚杆进行加固，在实际使用中，由于较大的围岩变形，可能出现锚杆内力过大而拉断破坏或产生较大的预应力损失而达不到加固目的的情况；若仅采用中岩墙注浆的加固方案，其效果与围岩的可注性条件、注浆参数的控制以及注浆后围岩参数的提高幅度等关系较大，并且在实际工程中，这些参数往往难易控制。

这时，可以考虑采用多种加固方式联合加固的方案。从计算来看，在软弱围岩中采用注浆和预应力锚杆联合加固，对减小隧道变形，稳定中岩墙，改善初期支护受力均有一定作用，尤其是在初期支护不封闭的情况下。

对于Ⅴ级围岩，30m埋深，3m净距，在初期支护不封闭情况下，中岩墙采用岩墙核心区（注浆方案1）和30kN预应力锚杆联合加固后，其先行洞拱顶沉降从仅采用注浆加固和预应力锚杆加固的12.32mm和11.91mm减小为11.46mm；先行洞拱腰水平位移从3.76mm和3.81mm减小为3.02mm；初期支护最大弯矩从80.38 kN·m和19.91kN·m变为25.47 kN·m；初期支护最大轴力从1.49MN和1.46MN变为1.45MN；系统锚杆最大轴力从108.89kN和109.16kN变为109.48kN；预应力锚杆的轴力从350.22kN减小为228.07kN。

对于Ⅴ级围岩，30m埋深，3m净距，在初期支护封闭情况下，中岩墙采用岩墙核心区（注浆方案1）和30kN预应力锚杆联合加固后，其先行洞拱顶沉降从仅采用注浆加固和预应力锚杆加固的 9.51mm 和 9.49mm 减小为 9.48mm;先行洞拱腰水平位移从 2.01mm 和 1.94mm 减小为 1.70mm;初期支护最大弯矩从 47.18kN·m 和 45.36kN·m 变为 41.84kN·m;初期支护最大轴力从 1.84MN 和 1.83MN 变为 1.75MN;系统锚杆最大轴力从 104.73kN 和 104.72kN 变为 104.76kN;预应力锚杆的轴力从 243.83kN 变为 281.94kN,略有增加。

图 9-15、图 9-16 分别为 V 级围岩,30m 埋深,3m 净距初期支护不封闭、初期支护封闭条件下预应力与注浆联合加固对比。

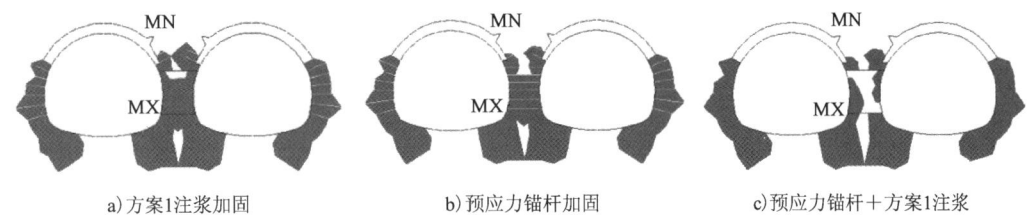

图 9-15　V 级围岩,30m 埋深,3m 净距条件中岩墙联合加固效果对比(不封闭)

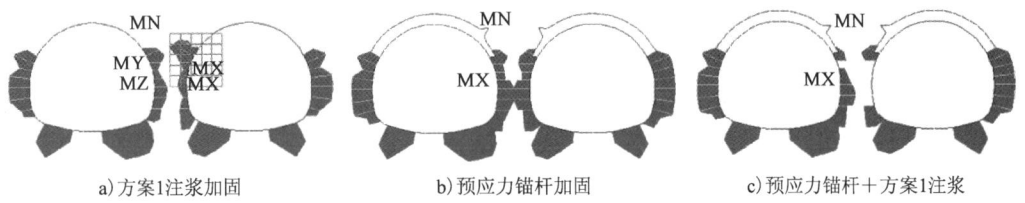

图 9-16　V 级围岩,30m 埋深,3m 净距条件中岩墙联合加固效果对比(封闭)

综上分析,通过对中岩墙不同加固方式的静力数值计算分析,可以得到如下结论:

对小净距隧道隧道中岩墙进行加固,可以减小隧道变形,稳定围岩,改善支护受力情况,减小后行洞爆破开挖的影响。但是,不同加固方法对不同围岩的加固效果是不同的,对于低级别围岩,首先宜考虑注浆加固或注浆与预应力锚杆联合加固的方案;对于高级别围岩,宜考虑采用贯通长锚杆加固或预应力锚杆加固。

对中岩墙采用注浆加固,把注浆范围扩大到岩墙顶部雁行部优于仅对岩墙核心部位注浆,把注浆范围同时扩大到岩墙底部拱脚的方案效果更好。但是,注浆加固提高围岩参数的效果离散性较大,因此,应注意对注浆后的围岩参数进行测定,以保证注浆效果。

采用预应力锚杆进行加固,为了避免预应力的损失,可采用多次张拉的措施。

在特殊情况下,采用注浆加固和预应力锚杆加固的联合加固方案对中岩墙实施加固的效果比采用单一的加固方案更好。

二、动力数值计算分析

为了分析中岩墙采用不同加固措施对爆破振动的影响,针对Ⅳ级围岩,埋深30m,净距6m,最大峰值爆破荷载1.7MPa,分别计算了先行洞为无支护,初期支护(不封闭),初期支护(封闭),初期支护+岩墙注浆加固,初期支护+岩墙长锚杆加固,初期支护+岩墙预应力锚杆加固(60kN),初期支护+岩墙注浆和锚杆加固,初期支护+二衬等8种典型情况,同时假定后行洞采用上下台阶法开挖。

图9-17、图9-18分别为不同支护状态下后行洞爆破开挖在先行洞洞周引起的最大速度、最大附加拉应力。从大量的计算结果可知:

(1)先行洞初期支护的及时跟进和封闭对降低爆破振动速度效果明显,但是,初期支护的施作,阻止了围岩的自由变形,因此初期支护内将产生较大的应力,这在设计中应引起重视。

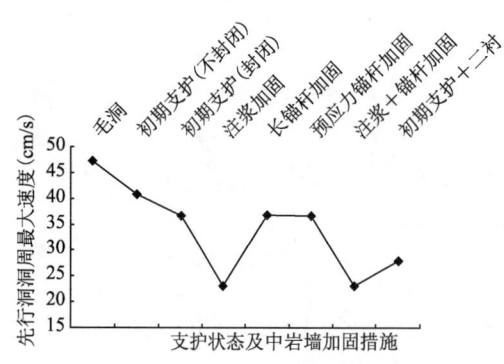
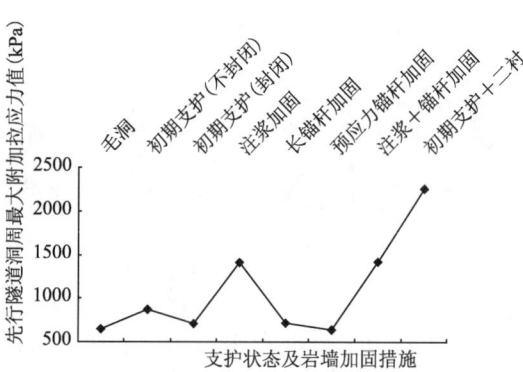

图9-17 不同支护状态下先行洞洞周最大速度比较图　　图9-18 不同支护状态下先行洞洞周最大附加拉应力比较图

例如计算中,在后行洞爆破时,毛洞、初期支护(不封闭)、初期支护(封闭)等状态下先行洞洞周最大速度分别为47.29cm/s、40.75cm/s、36.63cm/s;但与此同时,将使洞周质点的附加拉应力增大,毛洞、初期支护(不封闭)、初期支护(封闭)等状态下先行洞洞周最大附加拉应力值分别为648.42kPa、871.64kPa、710.76kPa。

(2)对岩墙采用注浆加固,提高围岩的材料参数,对降低爆破振动速度有较大的作用。

计算中将中岩墙的物性参数由Ⅳ级围岩提高到Ⅲ级,先行洞洞周在后行洞爆破中产生的最大振速由36.63cm/s降为22.98cm/s;虽然拉应力由710.16kPa提高到1414.03kPa,但注浆后岩体的抗拉强度也得到提高。

需要注意,对中岩墙进行注浆加固的效果,一般来讲,对低级别围岩和裂隙较多、较破碎围岩,岩体可注性较好,注浆提高岩墙参数效果明显;对高级别围岩和致密,裂隙不发育围岩,可注性较差,注浆提高岩墙参数时要慎重。同时,在注浆加固中应控制好注浆压力、注浆量和注浆范围等参数,才能达到目的。

(3)先行洞二衬的及时浇筑对降低爆破振动的影响作用与初期支护一致,但需注意到在二次衬砌内产生的较大附加应力,合理选择二次衬砌的浇筑时机。

计算表明,二衬浇筑后,后行洞爆破开挖在先行洞洞周产生的最大振速由仅有初期支护的 36.63cm/s 降为 27.84cm/s;最大拉应力由仅有初期支护的 710.16kPa 增加为 1664.31kPa。

(4)对中岩墙进行长锚杆加固或预应力锚杆加固,对降低爆破振动影响的作用不明显。

由本次数值计算结果来看,仅有初期支护(封闭)、初期支护(封闭)+岩墙长锚杆加固、初期支护(封闭)+预应力锚杆加固情况下后行洞爆破在先行洞洞周产生的最大振幅分别为 36.63cm/s、36.76cm/s、36.66cm/s;最大拉应力分别为 710.76kPa、715.84kPa、642.48kPa。

综上所述,从降低爆破振动影响来看,先行洞宜及时跟进初期支护并封闭,为了避免二衬在较大附加拉应力作用下开裂,宜在爆破影响区通过后再浇筑;对中岩墙采用注浆加固,提高围岩参数对降低爆破振动影响较为有利,采用长锚杆或预应力锚杆加固中岩墙,对降低爆破振动影响作用不大。

第四节　模　型　试　验

为了比较中岩墙加固方式的优劣,共进行了 4 组试验:试验 36[Ⅴ-30-[3]-p——岩柱不加固]、试验 30[Ⅴ-30-[3]-p(长)——贯通长锚杆加固]、试验 31[Ⅴ-30-[3]-p(小)——小范围注浆加固]、试验 32[Ⅴ-30-[3]-p(大)——大范围注浆加固]。

以上 4 组试验的围岩级别相同(Ⅴ级围岩),埋深相同(30m),净距相同(3m),开挖方式相同(先后行洞均采用上下台阶法),只有岩墙加固方式不同,见图 9-19。

4 组试验的先后行洞均顺利贯通。说明在室内模型试验的情况下,4 种工法均是可行的,但是考虑到室内模型试验与现场施工存在一定的差别,以及施工中可能遇到一些未知的不利因素,如涌水、断层等,可选用一种或两种加固方式对中岩墙进行加固。

图 9-20 为 4 组试验先行洞的洞周位移,可以看出,试验Ⅴ-30-[3]-p(大)的洞周位移最小,试验Ⅴ-30-[3]-p(小)、Ⅴ-30-[3]-p(长)稍大,Ⅴ-30-[3]-p 最大。

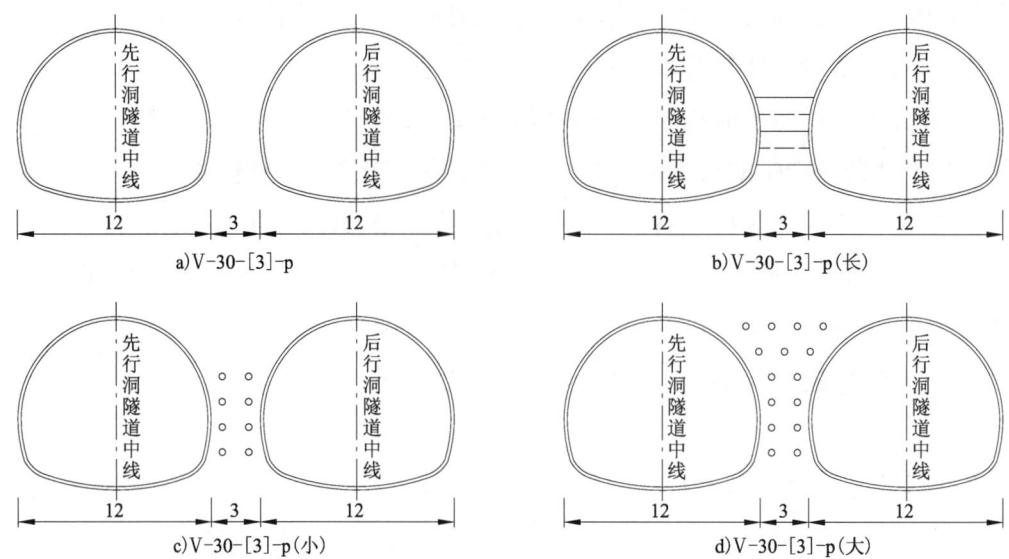

图 9-19 中岩墙的不同加固方式(尺寸单位:m)

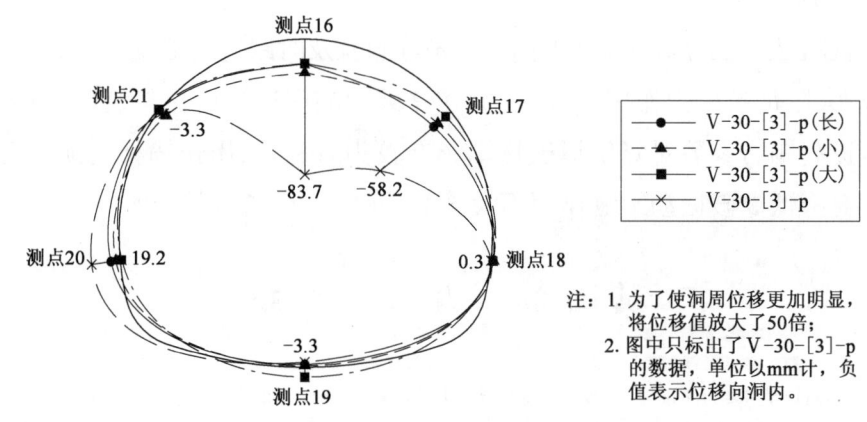

图 9-20 中岩墙不同加固方式,先行洞洞周位移比较

图 9-21 为 4 组试验地中总位移对比,可知试验 V-30-[3]-p-(大)的地中位移最小,试验 V-30-[3]-p-(小)、V-30-[3]-p-(长)稍大,V-30-[3]-p 最大。

图 9-22 为 4 组试验地中增量位移对比,可知试验 V-30-[3]-p-(大)的地中增量位移最小,试验 V-30-[3]-p-(小)、V-30-[3]-p-(长)稍大,V-30-[3]-p 最大。

因此,通过试验对比分析,可以得出以下结论:

(1)大范围注浆、小范围注浆、贯通长锚杆都可以显著提高中岩墙的稳定性,从而对整个小净距结构产生积极影响,其中大范围注浆的效果最好。

(2)小范围注浆加固与贯通长锚杆加固相比没有明显优势。

(3)中岩墙加固可以显著减小地中增量位移以及先行洞的洞周收敛,证明中岩墙

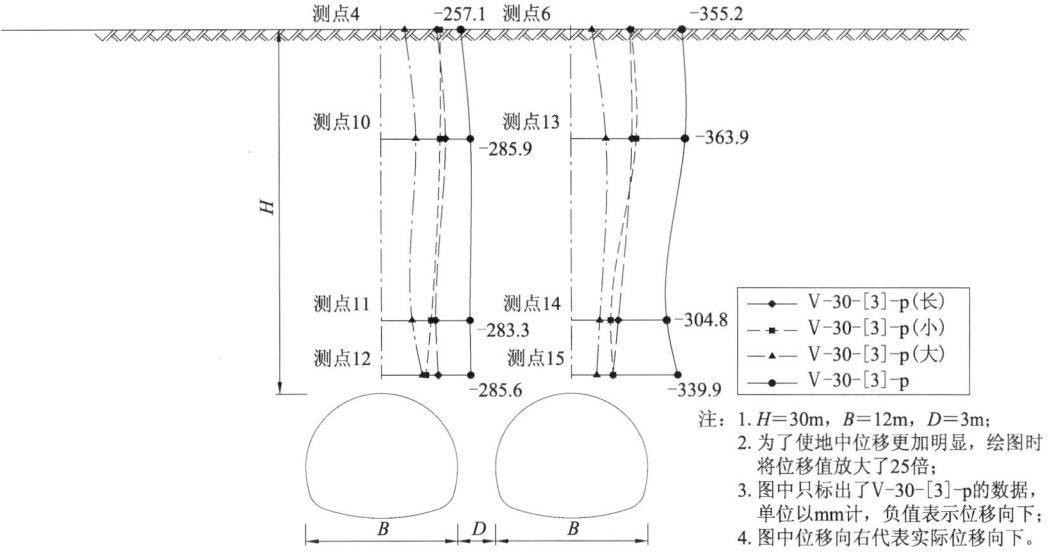

图 9-21 中岩墙不同加固方式,地中位移比较

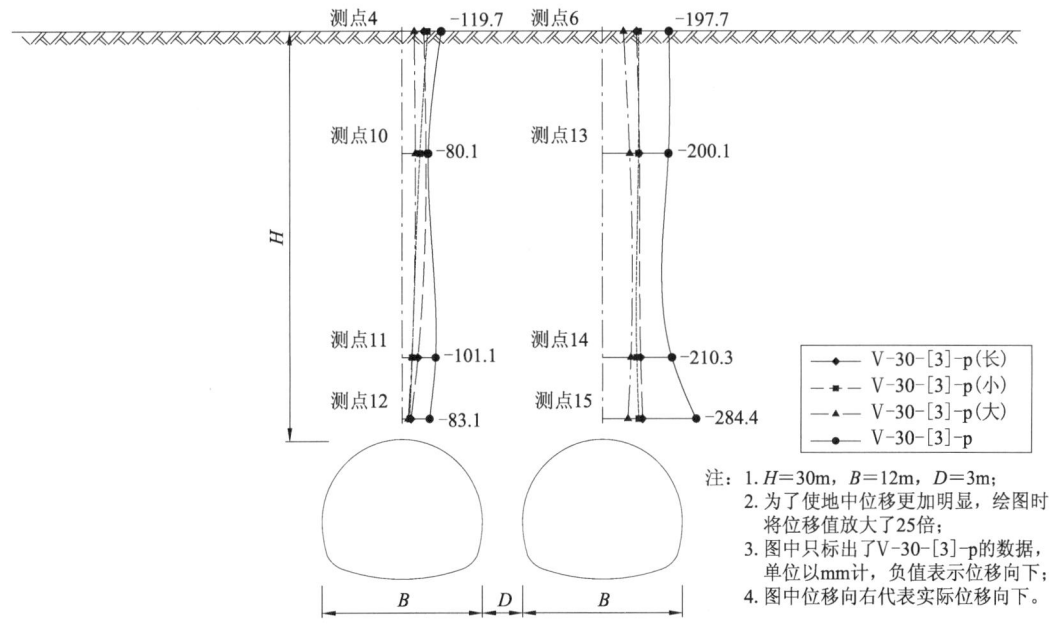

图 9-22 中岩墙不同加固方式,地中位移增量比较

加固可以减小后行洞施工对围岩的扰动以及对先行洞结构的影响。

(4)对于Ⅴ级围岩,采用岩墙注浆加固,提高围岩参数,对抑制围岩变形,保证中岩墙稳定较仅对岩墙采用贯通长锚杆加固效果好。

(5)注浆加固范围扩大到岩墙顶部雁行部的加固效果比仅对岩墙核心部加固效果好。

(6)岩墙采用锚杆加固或注浆加固比岩墙不加固时洞周变形、地中变形明显小。

第五节 现场试验

在依托工程紫坪铺隧道小净距段,Ⅴ级围岩段双洞净距为 3.75~8.53m,隧道埋深为 5.4~45.6m,中岩墙采用注浆加固和 90kN 对穿式预应力锚杆加固,分两次完成预应力张拉;Ⅳ级围岩段双洞净距为 8.63~12.36m,隧道埋深为 45.6~73.4m,中岩墙采用局部贯通长锚杆加固,主要针对锁脚锚杆;Ⅲ级围岩段双洞净距为 12.82~21.86m,隧道埋深为 73.4~121.8m,中岩墙未考虑加固。

紫坪铺隧道小净距段顺利、安全通过,说明上述中岩墙加固措施是可行的,但需注意中岩墙加固措施需及时进行。

Ⅴ级围岩段左右洞岩墙净距为 3.75~8.53m,隧道埋深为 5.4~45.6m,进洞前,对洞门边坡采用小导管注浆加固,岩墙采用预应力锚杆和注浆联合加固。后行洞开挖采用机械开挖为主,辅以少量的微爆破。为了赶施工进度以及其他原因,后行洞在中岩墙未能及时加固的情况下进行了开挖,开挖过程中,科研断面1、科研断面2附近先行洞中岩墙初期支护出现了一长约 30m,宽度达到 8mm 的纵向裂缝,处理后反复出现直到对中岩墙注浆、施加预应力锚杆裂缝后才稳定,裂缝出现及发展过程见图9-23。裂缝的出现部位与模型试验裂缝出现部位及数值计算变形较大部位一致,如图9-24所示。

a) 4月5日,裂缝初次出现

b) 4月13日,处理后重新开裂

c) 4月22日情况

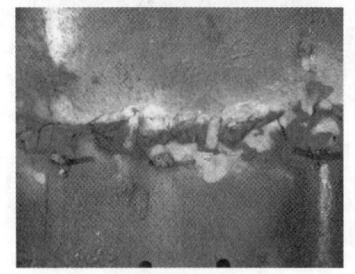
d) 5月11日情况

e) 5月28日情况

f) 稳定后情况

图 9-23 中岩墙裂缝出现及发展情况

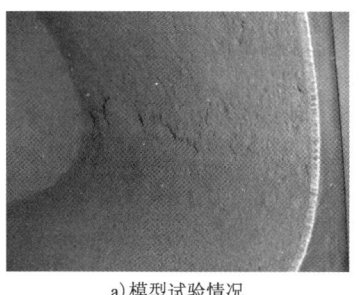

a) 模型试验情况　　　　　　　b) 数值计算情况

图 9-24　岩墙破坏模拟试验与数值计算对比

第六节　小结及工程建议

通过对小净距隧道岩墙加固措施的研究,可以得到岩墙加固措施选取的一些基本原则:

(1) 对于低级别围岩,首先宜考虑注浆加固或注浆与预应力锚杆联合加固的方案;对于高级别围岩,宜考虑采用贯通长锚杆加固或预应力锚杆加固。

(2) 对中岩墙采用注浆加固,把注浆范围扩大到岩墙顶部雁行部优于仅对岩墙核心部位注浆,把注浆范围同时扩大到岩墙底部拱脚的方案效果更好。

(3) 采用预应力锚杆进行加固,为了避免预应力的损失,可采用多次张拉的措施。

(4) 岩墙注浆加固对减低爆破振动影响具有一定的作用,但采用预应力锚杆对减低爆破振动效果不明显。

(5) 在特殊情况下,采用注浆加固和预应力锚杆加固的联合加固方案对中岩墙实施加固的效果比采用单一的加固方案更好。

表 9-9 列出了 Ⅲ、Ⅳ、Ⅴ 级围岩不同影响程度小净距隧道岩墙的加固对策。

不同影响程度小净距隧道岩墙的加固对策　　　　　表 9-9

围岩级别	影响程度	岩墙加固对策
Ⅲ	影响轻微	岩墙可以不考虑加固
Ⅲ	影响一般	局部长锚杆加固或预应力锚杆
Ⅲ	影响严重	对穿预应力锚杆
Ⅳ	影响轻微	根据现场变形量测和预测情况采取措施
Ⅳ	影响一般	对穿长锚杆或预应力
Ⅳ	影响严重	对穿预应力锚杆或注浆
Ⅴ	影响轻微	根据现场变形量测和预测情况采取措施
Ⅴ	影响一般	注浆加固
Ⅴ	影响严重	注浆加固与预应力锚杆联合使用,并与连拱隧道作比选分析

第十章　小净距隧道支护体系与设计方法

第一节　概　　述

地下结构物的设计理论和方法经历了一个发展过程，早期（19世纪初）的隧道（洞室）多用砖石材料做衬砌，采用木支撑和断面分部开挖的方法施工，当时隧道衬砌的设计是依照拱桥进行的，只考虑了衬砌承受围岩的主动荷载，而未考虑围岩对衬砌变形的约束和由此产生的抗力，所以衬砌厚度偏大。其后，一些学者和工程师们在设计隧道衬砌时，采用了不同的假定来计算围岩对衬砌变形的约束作用所产生的抗力，其中，温克儿（Winkler）的局部变形理论得到了广泛应用。与此同时，将衬砌和围岩视作连续介质模型进行分析的方法得到了广泛发展。

20世纪50年代以来，喷射混凝土和锚杆被广泛用于初期支护，人们逐渐认识到，这种支护能在保证围岩稳定的同时容许围岩有一定程度的变形，使岩内部应力得到调整，从而发挥其自承载作用，因此，可以将二次衬砌的厚度减少很多。20世纪60年代中期，随着电子计算机的发展和岩土本构模型研究的进展，地下结构分析方法进入了以有限元法为代表的数值分析时期。

近年来数值分析又有了新的进展，无限单元、边界单元、离散单元、节理单元等在地下结构静力和动力分析中得到了广泛应用。由于地下结构物的地质条件和它们的用途、使用期限以及运营条件的不同，需要采用不同的设计方法，同时，经验、工程类比和工程师们的判断都是必要的。

第二节　小净距隧道支护体系的选取原则及对策

一、数值计算

（一）静力数值计算分析

通过毛洞、初期支护不封闭、初期支护封闭的大量静力计算结果对比分析，可以发现,先行隧道初期支护的及时跟进及封闭对保证小净距隧道围岩稳定性具有重要的作用,尤其在低级别围岩中。

以 30m 埋深,3m 净距的结果为例来看:

Ⅴ级围岩毛洞情况下后行洞开挖引起的先行洞拱顶竖向位移增量以及拱腰水平位移增量分别为－15.58mm 和－19.85mm;初期支护不封闭情况的结果分别为－10.94mm和－11.93mm;初期支护封闭情况下的结果分别为－2.36mm 和0.34mm,塑性区分布如图 10-1 所示。

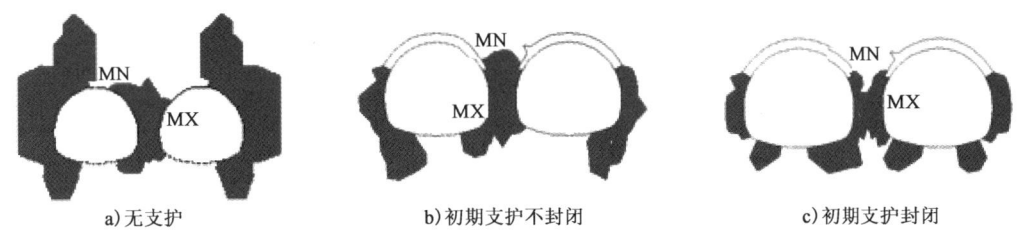

图 10-1 Ⅴ级围岩,30m 埋深,3m 净距不同支护状态塑性区分布图

Ⅳ级围岩毛洞情况下后行洞开挖引起的先行洞拱顶竖向位移增量以及拱腰水平位移增量分别为－2.49mm 和－1.24mm;初期支护不封闭情况的结果分别为－1.58mm和－0.47mm;初期支护封闭情况下的结果分别为－0.82mm 和－0.35mm;塑性区分布如图 10-2 所示。

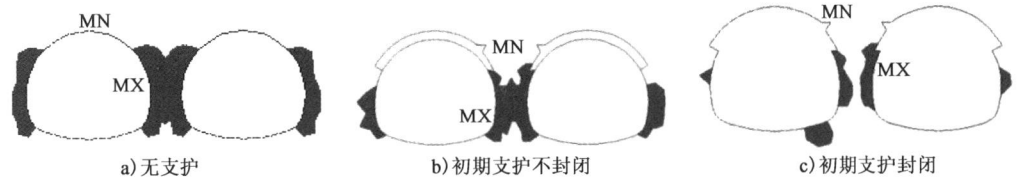

图 10-2 Ⅳ级围岩,30m 埋深,3m 净距不同支护状态塑性区分布图

Ⅲ级围岩毛洞情况下后行洞开挖引起的先行洞拱顶竖向位移增量以及拱腰水平位移增量分别为－0.51mm 和－0.18mm;初期支护不封闭情况的结果分别为0.06mm 和－0.18mm;初期支护封闭情况下的结果分别为－0.42mm 和－0.08mm;均无塑性区。

在低级别围岩中,超前支护对维护围岩稳定,保证施工安全起着重要作用。从图 10-1、图 10-2 塑性区的分布范围来看,超前支护大大减小了拱顶塑性区的范围。

施加初期支护对中岩墙的侧移有很好的约束作用,它改变了中岩墙的受力状态,使中岩墙在开挖过程中不因左、右洞室的开挖而处于两向或单向受力状态,因此,它能有效的防止中岩墙由于洞室开挖产生的应力集中而破坏。

初期支护的施作,对洞室周边的塑性区的发展有较大的抑制作用,但是,从图 10-1 和图 10-2 可以看到:在净距较小时中壁的塑性区仍然是完全贯通的。因此,在净距较小时,仅仅依靠初期支护而不对中岩墙进行加固是不够的。

小净距隧道中,初期支护的状态(封闭与不封闭)对改善初期支护的受力条件,锚杆的受力也有重要的影响。初期支护封闭可以降低初期支护内的弯矩和锚杆的轴力,虽然初期支护内的轴力略有增加,但对于喷射混凝土材料,正发挥了其抗压能力较好的优点。

以 30m 埋深,3m 净距的结果为例来看:

V 级围岩初期支护不封闭情况下,初期支护内最大弯矩、轴力和锚杆内最大轴力分别为 81.17kN·m、−1.98MN、156.13kN;初期支护封闭情况下结果分别为 59.61kN·m、−2.08MN、104.54kN。

IV 级围岩初期支护不封闭情况下,初期支护内最大弯矩、轴力和锚杆内最大轴力分别为 53.82kN·m、−1.32MN、48.23kN;初期支护封闭情况下结果分别为 23.05kN·m、−1.82MN、45.36kN。

III 级围岩初期支护不封闭情况下,初期支护内最大弯矩、轴力和锚杆内最大轴力分别为 7.97kN·m、−0.82MN、19.50kN;初期支护封闭情况下结果分别为 16.06kN·m、−1.16MN、14.85kN。

因此,对于低级别围岩,宜在拱顶超前支护的保护下进行开挖。在小净距隧道设计、施工中,初期支护应及时跟进,对于低级别围岩(如 IV、V 级)应采用封闭式初期支护并及时封闭。

(二)动力数值计算分析

通过先行洞无初期支护状态、施作不封闭初期支护状态、施作封闭初期支护状态、施作二次衬砌等的动力数值模拟计算分析可知(图 9-17、图 9-18):

先行洞初期支护的及时跟进和封闭对降低爆破振动速度效果明显,但是,初期支护的施作,阻止了围岩的自由变形,因此初期支护内将产生较大的应力,这在设计中应引起重视。例如计算中,在后行洞爆破时,毛洞、初期支护(不封闭)、初期支护(封闭)等状态下先行洞洞周最大速度分别为 47.29cm/s、40.75cm/s、36.63cm/s;但与此同时,将使洞周质点的附加拉应力增大,毛洞、初期支护(不封闭)、初期支护(封闭)等状态下先行洞洞周最大附加拉应力值分别为 648.42kPa、871.64kPa、710.76kPa。

先行洞二衬的及时浇筑对降低爆破振动的影响作用与初期支护一致,但需注意到在二次衬砌内产生的较大附加应力,合理选择二次衬砌的浇筑时机。计算表明,二衬浇筑后,后行洞爆破开挖在先行洞洞周产生的最大振速由仅有初期支护的36.63cm/s降为27.84cm/s;最大拉应力由仅有初期支护的710.16kPa增加为1664.31kPa。

二、模型试验

进行了16组有支护的小净距隧道模型试验,主要分为有初期支护、初期支护＋二次衬砌两大类。

(一)Ⅴ级围岩,支护对围岩稳定性影响

对于Ⅴ级围岩,进行了Ⅴ-30-[3]-p、Ⅴ-30-[3]-s2组试验。同时与Ⅴ-30-[6]进行对比。

从试验可知,对于Ⅴ级围岩,30m埋深,6m净距条件下,如果不施加任何支护措施就进行隧道开挖的话,毛洞不能自稳,隧道塌方至地表;对于施作了初期支护和初期支护＋二衬的情况,先后行洞均顺利贯通,没有发生破坏现象;施作了二衬后,先行洞的洞周位移较施作了初期支护的情况小。

图10-3为洞周位移对比,由图可知,Ⅴ级围岩,小净距的情况下,二衬对于限制先行洞洞周位移的发展起到了显著的作用,先行洞洞周位移不对称的情况得到了明显的改善。

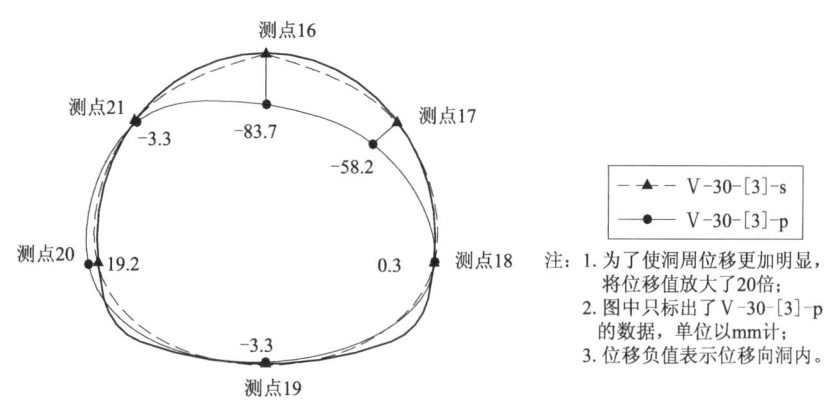

图10-3　Ⅴ-30-[3]-s与Ⅴ-30-[3]-p先行洞洞周位移对比

图10-4为2组试验地中总位移对比,由图可知:两组试验地中位移差别不大,这说明了围岩的变形主要发生在隧道开挖之时。

因此,从试验可知:对于Ⅴ级围岩条件下的小净距隧道,初期支护和二次衬砌的及时施作,对保证围岩稳定有至关重要的作用;尤其是二次衬砌,它不能只被看作是安全储备,而应该看作是与初期支护一起承受荷载、控制围岩变形的结构;先行洞施作二衬后再进行后行洞作业,可以比较明显地减小后行洞作业对围岩的二次扰动,因此在确

保爆破振动对二衬无损伤时,可以先在先行洞施作二衬,再进行后行洞施工。

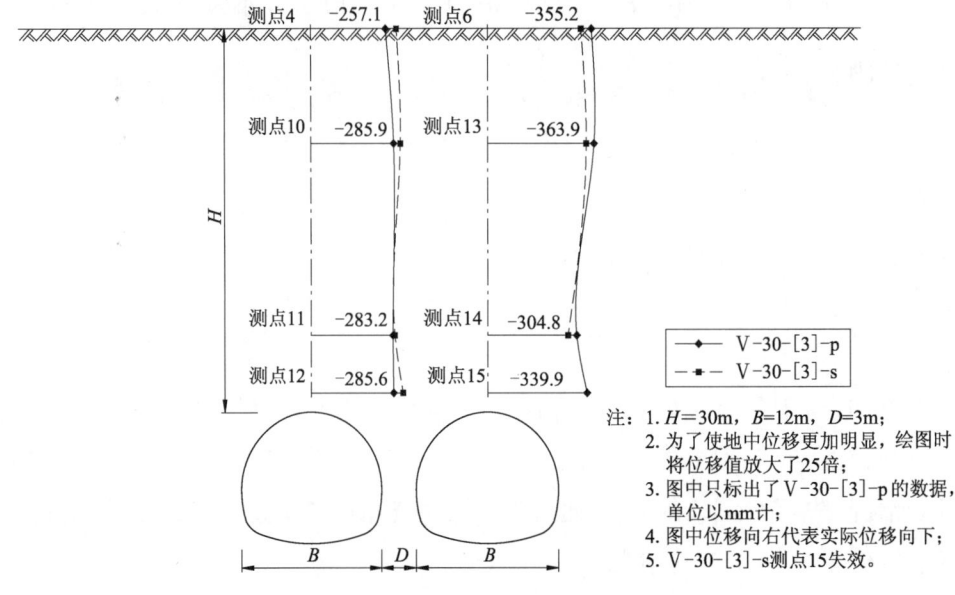

图 10-4　V-30-[3]-s 与 V-30-[3]-p 地中位移对比

（二）Ⅳ级围岩,支护对围岩稳定性影响

对于Ⅳ级围岩,进行了Ⅳ-50-[12]（Ⅳ级围岩,50m 埋深,12m 净距,毛洞）、Ⅳ-50-[12]-p（Ⅳ级围岩,50m 埋深,12m 净距,初期支护）2 组试验对比分析。

由于Ⅳ级围岩条件较好,因此净距较大（12m）时,无论有无初期支护,2 组试验围岩均能自稳。

图 10-5 为 2 组试验地中总位移对比,图 10-6 为 2 组试验地中增量位移对比。由于未进行Ⅳ-50-[12]-s 工况的实验,所以不同工况下的洞周位移未进行对比。

从图 10-5 可以看出,施加了初期支护的地中位移要略小于毛洞时的地中位移,但是两组试验的地中位移值差别不是很大,说明地中位移的发展主要发生在隧道开挖之时。

由图 10-6 图可知：Ⅳ-50-[12]-p 的地中增量位移明显小于Ⅳ-50-[12]的地中增量位移,因此在Ⅳ级围岩中,初期支护的及时施作对于稳定围岩,尤其是减小后行洞开挖引起的围岩二次扰动有明显的作用。

因此,对于Ⅳ级围岩小净距隧道,围岩是小净距结构的承载主体,初期支护的及时施作对于稳定围岩,尤其是减小后行洞开挖引起的围岩二次扰动有明显的作用。

（三）Ⅲ级围岩,支护对围岩稳定性影响

对Ⅲ级围岩,进行了Ⅲ-30-[3]（Ⅳ级围岩,30m 埋深,3m 净距,毛洞）、Ⅲ-30-[3]-p

(Ⅳ级围岩,30m 埋深,3m 净距,初期支护)、Ⅲ-30-[3]-s(Ⅳ级围岩,30m 埋深,3m 净距,二次衬砌)3 组试验对比。

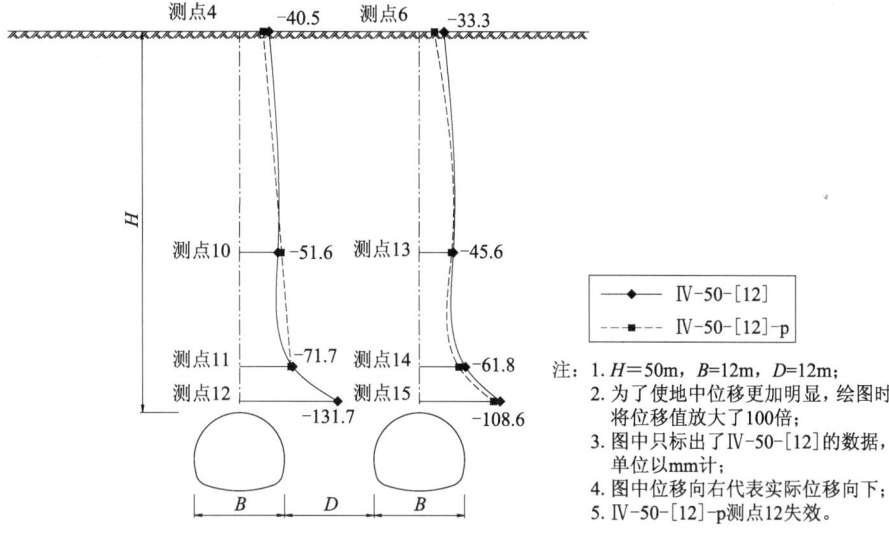

图 10-5　Ⅳ-50-[12]与Ⅳ-50-[12]-p 地中位移对比

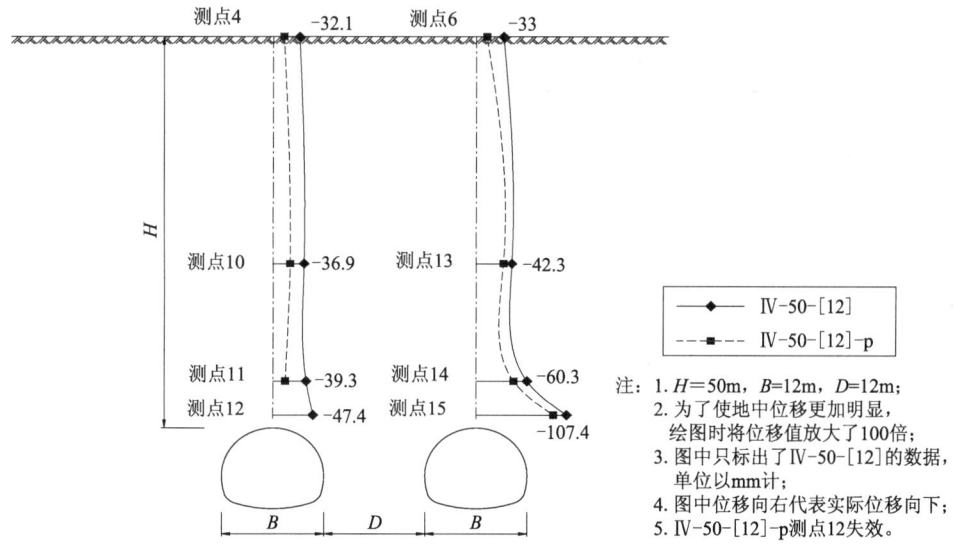

图 10-6　Ⅳ-50-[12]与Ⅳ-50-[12]-p 地中增量位移对比

3 组试验的先后行洞均顺利贯通,没有发生破坏现象,并且 3 组试验的洞周位移都很小。对Ⅲ级围岩,由于围岩条件好,虽然净距只有 0.25B(3m),毛洞仍能自稳,没有发生任何破坏问题。因此,在Ⅲ级围岩中,围岩是主要的承载体,初衬主要起保护围岩的作用,二衬可以看作是安全储备。

图 10-7 为 3 组试验地中总位移对比,由图可知,先后行洞的开挖仅仅引起了测点 11、12、15 三个测点产生一定量的位移,并且位移值很小,3 组试验的地中位移值没有明显的差别,由此也可以看出,围岩是主要的承载体,衬砌对围岩稳定性的影响有限。

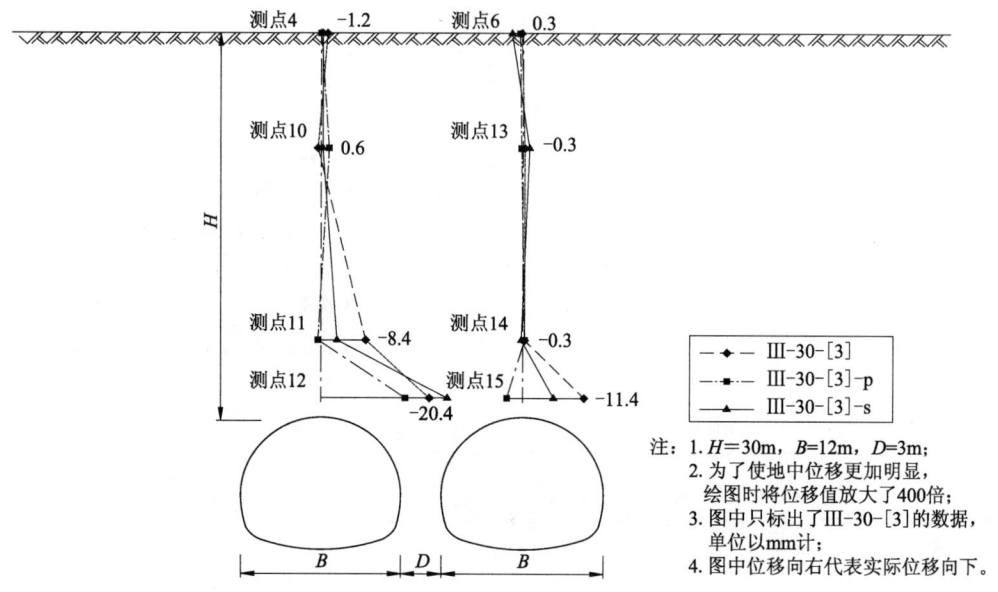

图 10-7　Ⅲ-30-[3]、Ⅲ-30-[3]-p、Ⅲ-30-[3]-s 地中位移对比

图 10-8 为Ⅲ-30-[3]-p、Ⅲ-30-[3]-s 先行洞洞周位移对比。由图可知,在Ⅲ级围岩情况下,二衬相对于初期支护在限制洞周位移的发展方面没有起到显著的作用,同时从试验中测出的二衬受力也不明显,从而说明了二衬基本上只是起到了安全储备的作用。

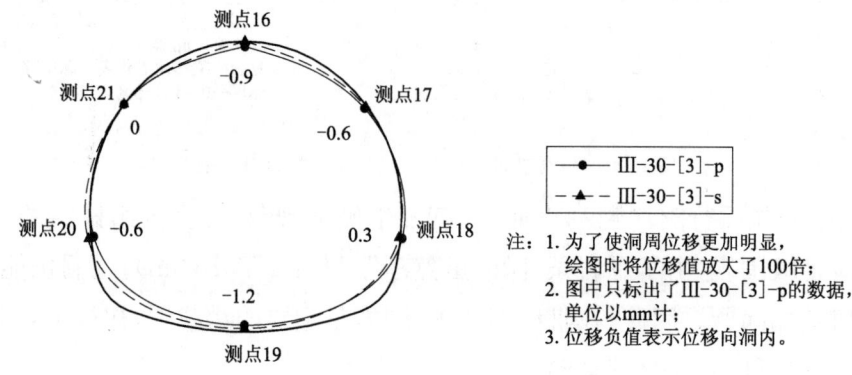

图 10-8　Ⅲ-30-[3]-p、Ⅲ-30-[3]-s 先行洞洞周位移对比

因此,对于Ⅲ级围岩条件下的小净距隧道,围岩可以看做是主要的承载体,初期支护的主要作用是保护围岩不受风化、不掉块,保证施工安全,二衬可以看作是安全储备;同时,先行洞施作初期支护之后,便可进行后行洞的开挖,这对小净距结构的安全不会构成威胁,但需注意爆破振动的影响。

(四)小结

从试验结果分析可以得到以下结论:

(1)初期支护的及时跟进对限制围岩变形、保护中岩墙稳定具有重要作用,因此,无论对于何种围岩条件下的小净距隧道,在施工中,均应及时施作初期支护。

(2)二次衬砌在低级别围岩中对限制洞周位移发展,保持中岩墙稳定具有重要作用,尤其两隧道净距较小的情况下。因此,对于Ⅴ级围岩,围岩和初期支护是承载主体,净距较小时二次衬砌也将承受荷载而不仅仅看成安全储备;Ⅲ级围岩条件下小净距隧道,围岩是承载的主体,二衬可以看做安全储备。

三、现场试验

在依托工程紫坪铺隧道小净距段,初期支护及时跟进,后行洞在先行洞仰拱浇筑完成后进行开挖。结合前期科研成果,对于Ⅴ级围岩段,双洞净距为3.75～8.53m,隧道埋深为5.4～45.6m,在超前小导管的超前支护辅助下,后行洞进洞采用了大管棚,采用封闭的钢支撑和喷射混凝土初期支护,二次衬砌采用钢筋混凝土结构;对于Ⅳ级围岩段,双洞净距为8.63～12.36m,隧道埋深为45.6～73.4m,采用非封闭的钢支撑和喷射混凝土初期支护,后行洞在先行洞仰拱浇筑后施工,二次衬砌采用素混凝土结构;对于Ⅲ级围岩段,双洞净距为12.82～21.86m,隧道埋深为73.4～121.8m,初期支护采用喷射混凝土,未封闭,后行洞在先行洞仰拱浇筑后施工,二次衬砌采用素混凝土结构。

(一)系统锚杆

在研究系统锚杆受力时,有必要先了解一下洞周地中位移的发展情况,因为地中位移大的地方围岩变形大,所以一般该处锚杆受力也大。地中位移为正值的地方,一般锚杆受拉;地中位移为负值的地方,一般锚杆受压。

1. 先行洞六个断面的地中位移

图10-9为先行洞6个断面洞周围岩地中位移分布。可以看出:

(1)相对于拱腰部位的地中位移,拱顶部位的地中位移一般较小,且负值居多,那么拱顶部位的锚杆应当受力较小,且受压居多。

(2)拱腰部位(尤其是靠中岩墙一侧)的地中位移一般较大,且正值居多,那么拱腰部位的锚杆应当受力较大,且受拉居多。

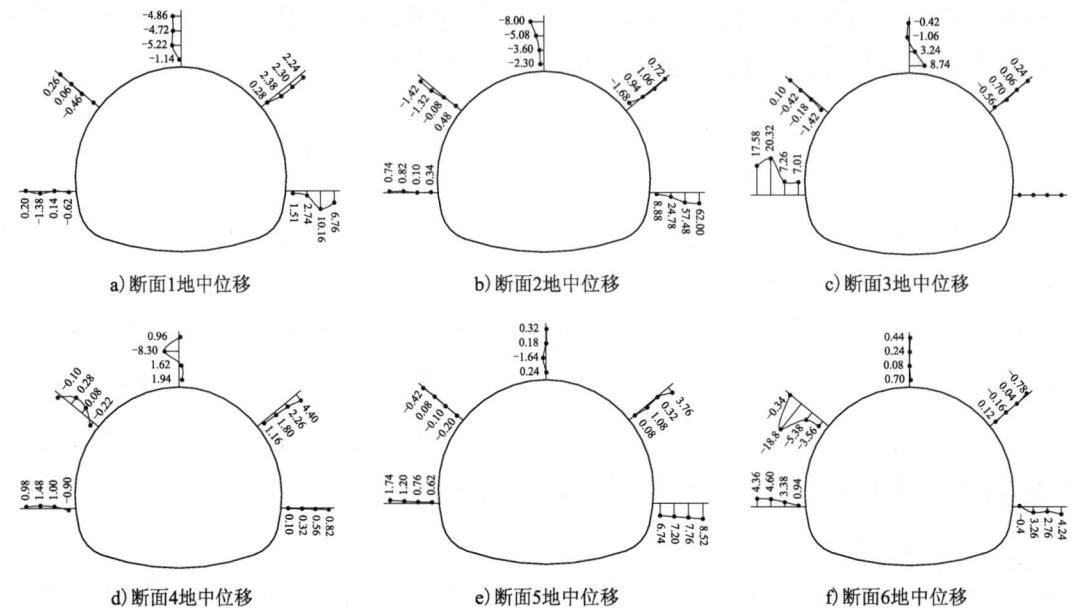

图 10-9　先行洞六个断面的地中位移

2. 先行洞六个断面的锚杆轴力

图 10-10 为先行洞 6 个断面洞周系统锚杆轴力分布,从图可得如下结论:

(1)锚杆有的受拉力,也有的受压力,甚至一根锚杆体内,部分区段受拉,部分区段受压,而锚杆的理想受力状态为承受拉力,因此,小净距隧道围岩、支护体系变形和受力是复杂的,在设计、施工中应引起相当的重视。

(2)拱顶部位的锚杆大多受压,这表明拱部的锚杆没有起到应有的作用,这是因为:拱部砂浆锚杆的注浆困难,并且注浆的效果难以保证,从而导致了锚杆安装质量的降低,使其不能发挥应有的作用;软弱、破碎围岩的拱部松动区范围大于锚杆长度,使锚杆难以发挥作用。

(3)拱腰部位的锚杆基本上受拉,发挥了锚杆应有的作用。因此在设计中,应当充分重视拱腰部位砂浆锚杆的作用,尤其是锁脚锚杆的作用。

锚杆的实际受力是很复杂的,除了受拉以外,还要受弯受剪,而现场试验中只能测出锚杆轴力,不能有效地评估锚杆的抗弯、抗剪作用,因此上面的基于锚杆轴力测试得出的结论仅供参考。

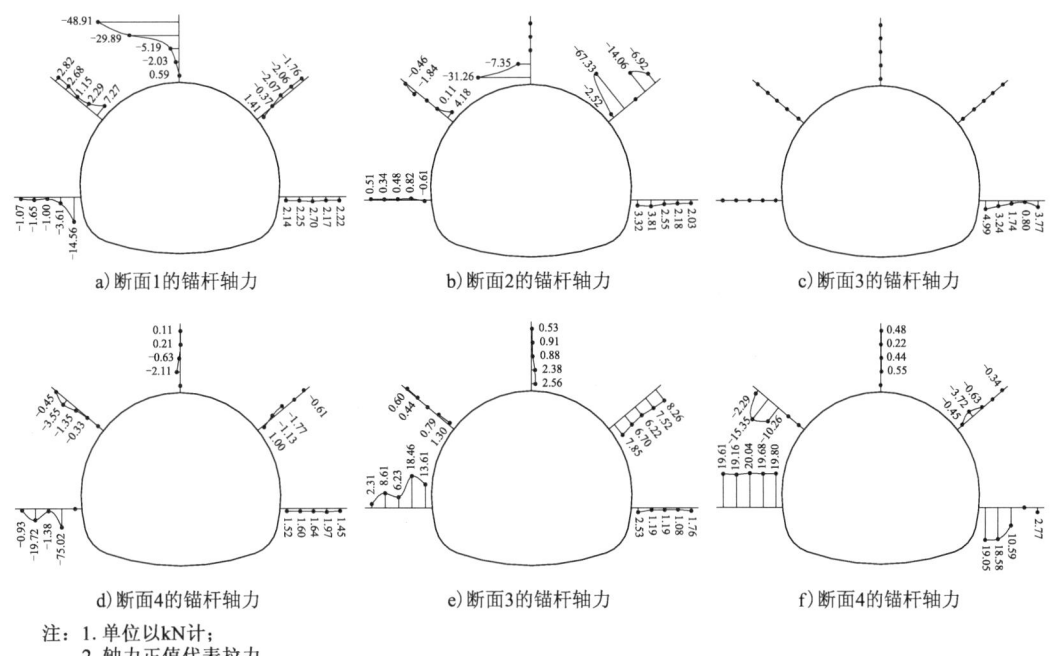

图 10-10　先行洞六个断面的锚杆轴力

注：1. 单位以 kN 计；
　　2. 轴力正值代表拉力。

(二)喷射混凝土和钢支撑

围岩条件不是很好时,往往要在喷射混凝土中加入钢支撑,来增强喷层的抗弯抗拉性能,所以这里将两者放在一起进行研究。

1. 喷射混凝土

在现场试验中,是通过围岩与喷层之间的接触应力(围岩压力)来了解喷射混凝土的受力情况。图 10-11 为先行洞 6 个断面围岩与喷射混凝土之间接触压力分布。由图可以看出：

(1)围岩对喷层的压力较大,证明喷层在承载以及限制围岩变形方面发挥了重要作用。

(2)当净距较小时,靠岩墙的部位围岩压力最大,见断面 1(净距 4.77m)、断面 2(净距 6.63m);当净距较大时,拱顶部位的围岩压力最大,见断面 5(净距 13.14m)、断面 6(净距 15.56m)。

(3)当净距较小时,应当注意监控先行洞靠近中岩墙一侧的围岩压力,防止出现由于围岩压力过大造成的喷层开裂的现象。

2. 钢支撑

图 10-12、图 10-13 分别为先行洞断面 1、2、3、4 钢支撑轴力和弯矩分布图。

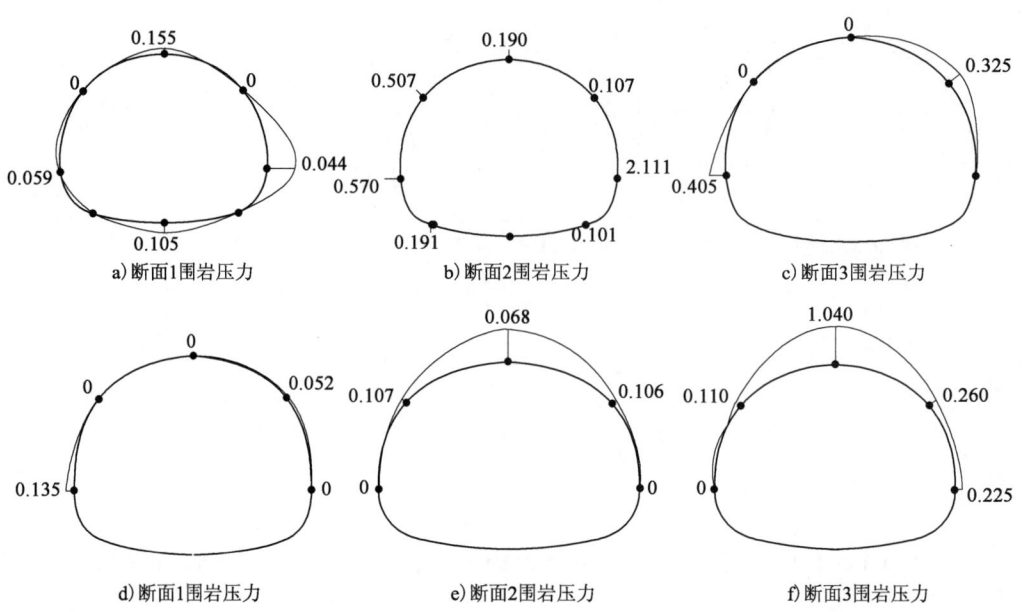

图 10-11　先行洞 6 个断面的围岩压力

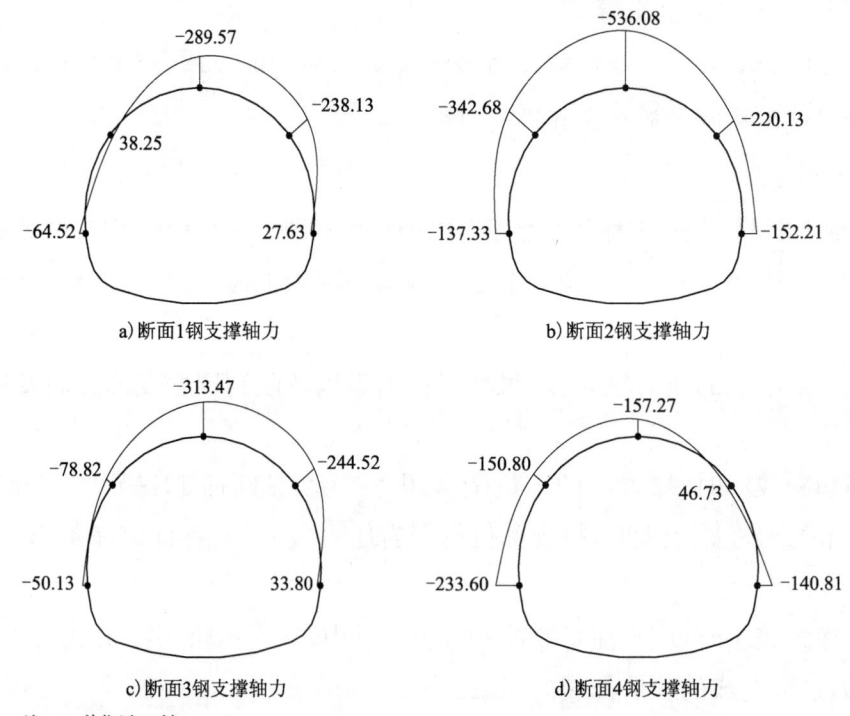

注：1. 单位以 kN 计；
　　2. 钢支撑轴力以受拉为正。

图 10-12　断面 1~4 的钢支撑轴力

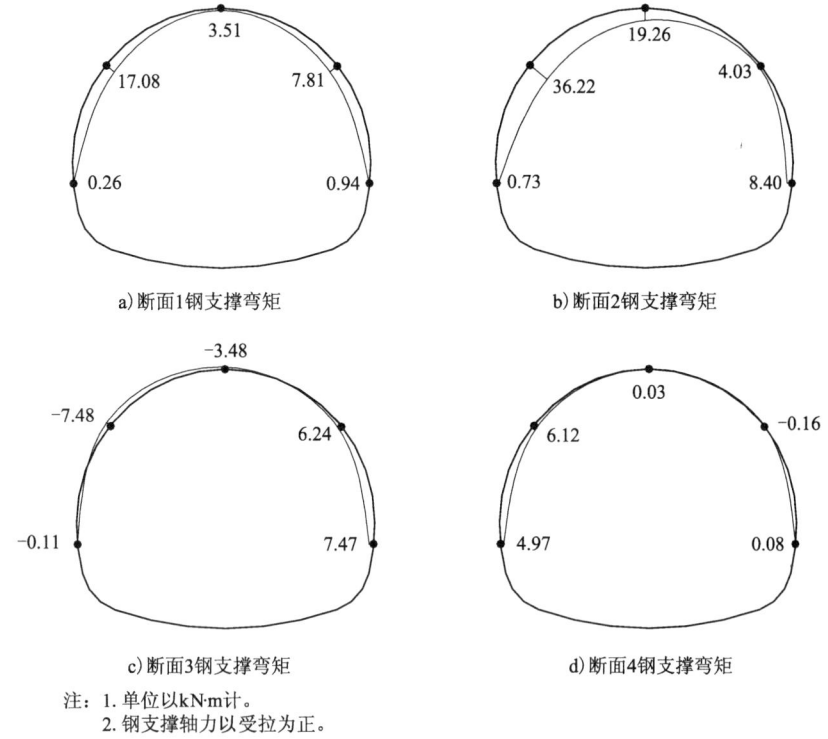

a) 断面1钢支撑弯矩　　　　　　　　b) 断面2钢支撑弯矩

c) 断面3钢支撑弯矩　　　　　　　　d) 断面4钢支撑弯矩

注：1. 单位以kN·m计。
　　2. 钢支撑轴力以受拉为正。

图 10-13　断面 1～4 的钢支撑弯矩

由 4 个断面钢支撑的轴力、弯矩分布情况，可得如下结论：

(1) 钢支撑的承载作用明显，其中轴力较大，弯矩较小，在喷射混凝土中加入了钢支撑，主要是为了加强初期支护的抗弯刚度，从而加强初期支护的抗弯、抗裂的性能，但是实际测得的钢支撑弯矩很小，所以可以适当地降低钢支撑的抗弯刚度，如采用轻型的格栅钢架代替工字钢，增大钢支撑间距。

(2) 工字钢钢支撑与喷射混凝土，不如格栅钢支撑与喷射混凝土结合得好，尤其是在工字钢锈蚀的情况下。因此在设计中可优先考虑轻型的格栅钢支撑。

(3) 通过现场试验的数据分析以及现场观测，可以确定锚杆、钢支撑、喷射混凝土组成的初期支护，在支护结构中起到了非常重要的作用。同时，可以确定Ⅴ级、Ⅳ级围岩中采用 20cm 厚度的喷射混凝土、Ⅲ级围岩中采用 15cm 厚度的喷射混凝土可以满足结构承载的要求；锚杆、钢支撑的支护参数也可以满足承载要求。

(三) 二次衬砌

通过研究初期支护与二衬之间的接触压力与二衬的轴力、弯矩两个方面的指标评价二次衬砌的受力状况。

1. 初期支护与二衬之间的接触压力

图 10-14 为 9 个试验断面初期支护与二次衬砌之间的接触压力分布情况。其量值较小,在 0~91kPa 之间。从测试结果表明,初期支护在稳定围岩方面起到了重要的作用。

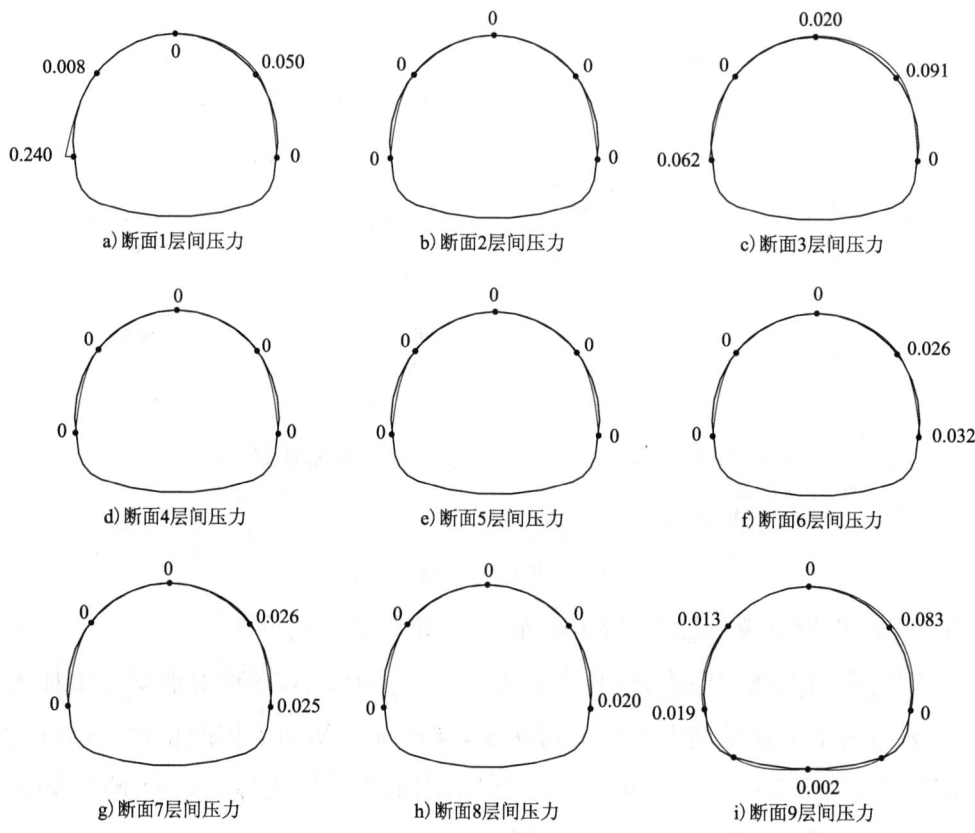

图 10-14　断面 1~9 喷层与二衬之间的接触压力(单位:MPa)

2. 二次衬砌的轴力、弯矩

图 10-15、图 10-16 分别为 9 个试验断面二次衬砌轴力和弯矩分布情况。

通过 9 个断面的二次衬砌轴力和弯矩分布情况,可以看出,二衬轴力一般为几百千牛,最大 1389.87kN;弯矩一般只有一二十 kN·m,最大只有 43.22kN·m。总的来说二衬受力不大,这主要是因为二衬浇注与初期支护施作的时间间隔太长(如断面 1 间隔 5 个月),当二衬浇注时,围岩与初期支护已经达到稳定状态。另外二衬受力小也可能是由于初期支护的支护参数强,承受了绝大部分的围岩压力造成的。紫坪铺隧道小净距段的二衬受力小,基本上可以看作是安全储备。

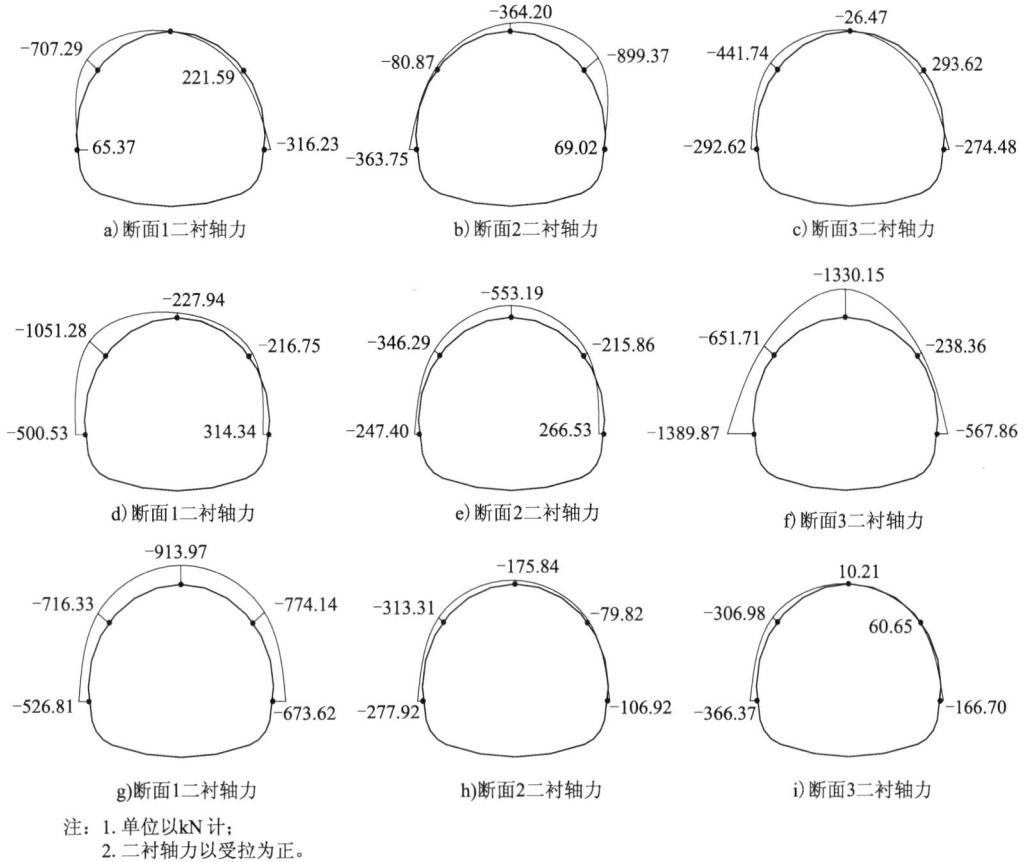

图 10-15 断面 1~9 二次衬砌轴力分布图

四、小结及工程建议

由研究结果可知,小净距隧道初期支护封闭对抑制围岩变形、改善初期支护受力条件较为有利,因此,在围岩级别较低,净距较小条件下,优先考虑采用封闭的初期支护方案。

对于二次衬砌,在低级别围岩中,净距较小时,其将与围岩、初期支护共同组成承载体系,可以承担部分荷载,另外,在低级别围岩中,净距较小时,宜优先考虑采用钢筋混凝土二次衬砌。

因此,在前面分析的基础上,综合各种因素,提出了Ⅲ、Ⅳ、Ⅴ级围岩不同类别小净距隧道支护体系选取对策。

(一)Ⅲ级围岩

A 类小净距隧道:相互影响严重,中岩墙厚度较小,考虑到隧道长期安全性及爆破振动对中岩墙的影响,宜采用封闭初期支护,宜采用钢筋混凝土二次衬砌。

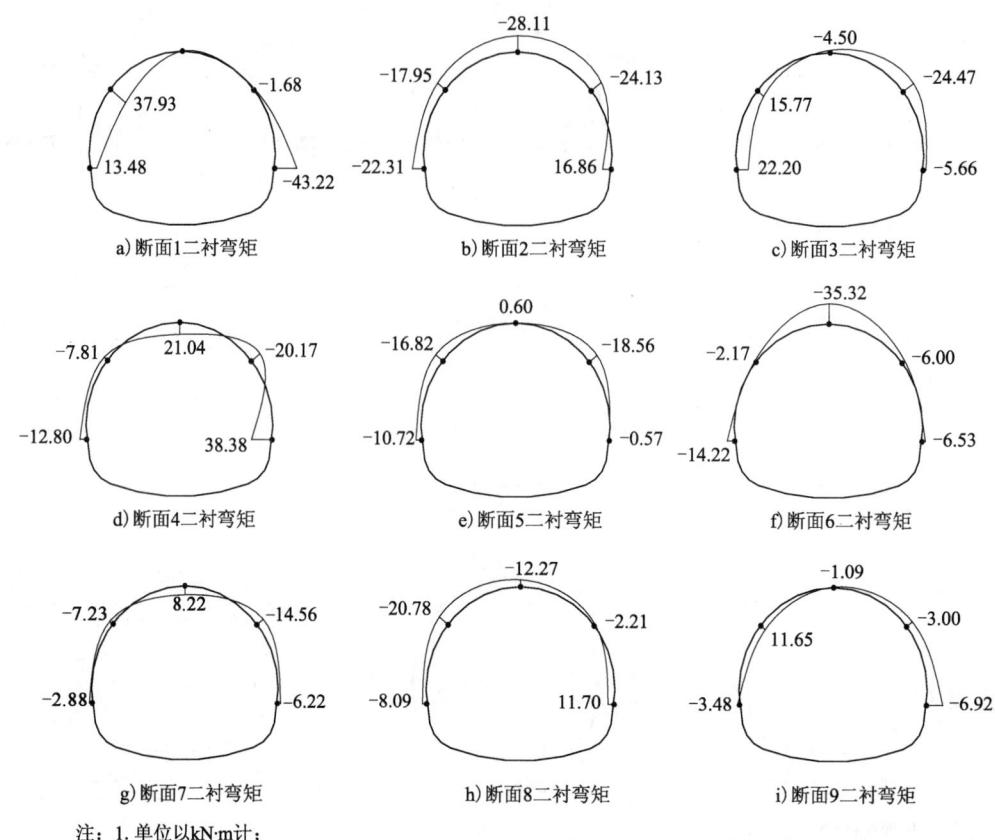

注：1. 单位以kN·m计；
2. 钢支撑轴力以受拉为正。

图10-16 断面1～9二次衬砌弯矩分布图

B类小净距隧道：相互影响一般，中岩墙有一定厚度，但考虑到爆破振动的影响，初期支护可以不封闭，但需及时浇筑仰拱，二次衬砌选取可以同单洞，宜在变形基本稳定后浇筑。

C类小净距隧道：中岩墙厚度较大，围岩条件也较好，相互影响较弱，支护体系选取可按分离式单洞，但需加强监控量测。

(二)Ⅳ级围岩

A类小净距隧道：相互影响严重，中岩墙厚度较小，围岩条件较差，考虑到隧道长期安全性及爆破振动对中岩墙的影响，应采用封闭初期支护，采用钢筋混凝土二次衬砌。

B类小净距隧道：相互影响一般，中岩墙有一定厚度，但考虑到围岩条件较差，宜采用封闭初期支护，二次衬砌选取可以同单洞，宜在变形基本稳定后浇筑。

C类小净距隧道：中岩墙厚度较大，相互影响较弱，由于围岩条件较差，初期支护可以不封闭,但需及时浇筑仰拱,二次衬砌选取可以同单洞,同时,需加强监控量测。

(三)Ⅴ级围岩

A类小净距隧道:相互影响严重,中岩墙厚度较小,围岩条件较差,考虑到隧道长期安全性,应采用封闭初期支护和钢筋混凝土二次衬砌,在围岩和初期支护变形难以稳定的条件下,可以考虑二次衬砌与围岩、初期支护共同承担部分荷载。

B类小净距隧道:相互影响一般,中岩墙有一定厚度,但考虑到围岩条件较差,应采用封闭初期支护,宜采用钢筋混凝土二次衬砌。

C类小净距隧道:中岩墙厚度较大,相互影响较弱,由于围岩条件较差,初期支护可以不封闭,但需及时浇筑仰拱,二次衬砌选取可以同单洞,同时,需加强监控量测。

表10-1列出Ⅲ、Ⅳ、Ⅴ级围岩不同类别小净距隧道影响程度及支护体系选取对策。

不同类别小净距隧道支护体系选取对策 表10-1

围岩级别	类别	影响程度	支护体系选取对策
Ⅲ	A	影响严重	宜采用封闭初期支护,宜采用钢筋混凝土二次衬砌
	B	影响一般	初期支护可以不封闭,但需及时浇筑仰拱,二次衬砌选取同单洞
	C	影响轻微	支护体系选取可按分离式单洞
Ⅳ	A	影响严重	应采用封闭初期支护,宜采用钢筋混凝土二次衬砌
	B	影响一般	宜采用封闭初期支护,二次衬砌选取同单洞
	C	影响轻微	初期支护可以不封闭,但需及时浇筑仰拱,二次衬砌选取同单洞
Ⅴ	A	影响严重	应采用封闭初期支护,应采用钢筋混凝土二次衬砌
	B	影响一般	应采用封闭初期支护,宜采用钢筋混凝土二次衬砌
	C	影响轻微	初期支护可以不封闭,但需及时浇筑仰拱,二次衬砌选取同单洞

第三节 小净距隧道荷载确定

采用荷载结构法对隧道进行计算时,荷载一般均采用围岩的松动压力,确定围岩的松动压力的方法有现场实地测量法、理论公式计算法、统计法等。应该说,实地量测是今后的发展方向,但从目前的量测手段和技术水平来看,量测结果尚不能充分反映真实情况。理论计算则由于围岩地质条件的千变万化,使计算常数难以确切取值,因此,目前也还没有一种能适合于各种客观实际情况的统一理论。在大量施工塌方事件的统计基础上建立起来的统计方法,在一定程度上能反映围岩的真实情况。

一、深埋小净距隧道围岩压力计算

根据工程实践经验,当隧道的埋深超过一定限值后,由于围岩的"成拱作用",其松动压力仅是隧道洞周某一范围(自然拱)内岩体的重量,而与隧道埋深无关。

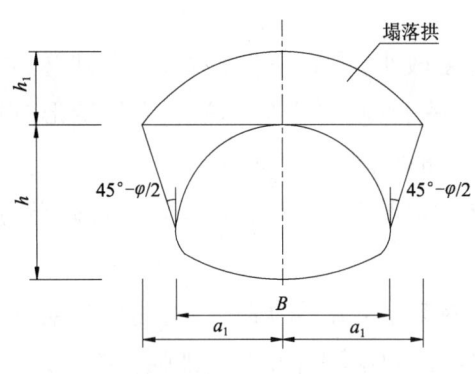

图 10-17 单洞塌落拱计算简图

对于单洞隧道,为了确定围岩的松动压力,认为在具有一定黏结力的松散介质中开挖坑道后,其上方会形成一个抛物线形的塌落拱,作用在支护结构上的围岩压力就是塌落拱内松散岩体的重量。根据松散体理论,洞室开挖后,岩层将产生如图 10-17 所示的破裂面,在毛洞顶部形成跨度为 $2a_1$ 和高度为 h_1 的拱形破裂面,而侧面岩体的破裂面与毛洞竖直侧面的夹角为 $45°-\varphi/2$,其中 φ 为围岩计算摩擦角。

按公路隧道规范,垂直均布压力等效高度为:

$$\left.\begin{array}{c}h_1 = 0.45 \times 2^{s-1}\omega \\ \omega = 1 + (B-5)i\end{array}\right\} \tag{10-1}$$

式中:s——围岩级别;

ω——宽度影响系数;

B——隧道宽度(m);

i——B 每增减 1m 时围岩压力增减率,以 $B=5$m 的围岩垂直均布压力为准,当 $B<5$m 时,取 $i=0.2$;当 $B>5$m 时,取 $i=0.1$。

对于小净距隧道,根据相邻隧道净距的不同,两相邻洞室的破裂面存在三种情况:相交,相切,相互分离,如图 10-18 所示。

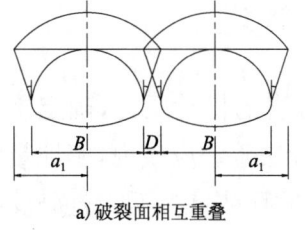 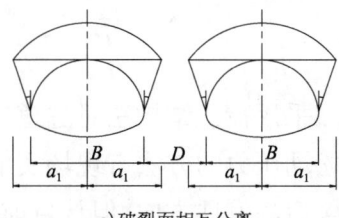

a)破裂面相互重叠　　　　b)破裂面相切　　　　c)破裂面相互分离

图 10-18 小净距隧道破裂面相互关系

引入假定:

(1)破裂面不再重叠以后,相邻洞室的影响较弱,可以分别按独立单洞考虑,及开挖跨度为 B 的洞室计算。

对于相邻洞室破裂面相切,当Ⅲ、Ⅳ、Ⅴ级围岩计算摩擦角分别取 50°、40°、30°,中岩墙厚度分别为 7.2m、9.3m、11.5m 时，与前面分析Ⅲ、Ⅳ、Ⅴ级围岩小净距隧道分类相互影响较弱的分界线 0.5B(6m)、0.75B(9m)、1.0B(12m) 基本一致，说明这一假定是可行的。

(2)当相邻隧道净距为 0 时，此时，完全没有中岩墙，两洞室变为开挖跨度为两洞室开挖跨度之和的一个大洞室，按两洞室开挖宽度之和的单洞进行计算。

(3)当净距介于 0 到破裂面相切之间时，部分考虑中岩墙的作用，假定荷载进行线性折减，采用线性插值计算。

根据上述假定，深埋小净距隧道荷载计算方法如下：

(1)当相邻隧道破裂面相切和相互分离时，有：

$$q = \gamma h_1 \tag{10-2}$$

式中：γ——围岩容重，kN/m³；

h_1——垂直均布压力等效高度，利用式(10-1)计算，此时，公式中的 B 取为单洞开挖跨度。

(2)当相邻隧道中岩墙厚度(净距)为 0 时，仍然利用式(10-1)、式(10-2)进行计算，公式中的 B 取为两洞室开挖跨度之和。

(3)当相邻隧道中岩墙厚度(净距)介于 0 到破裂面相切之间时，在(1)、(2)计算结果之间进行线性插值。

水平均布压力可以参照规范按表 10-2 进行选取。

深埋小净距隧道围岩水平均布压力 表 10-2

围岩级别	Ⅲ	Ⅳ	Ⅴ
水平均布压力 e	$<0.15q$	$(0.15\sim0.3)q$	$(0.3\sim0.5)q$

二、小净距隧道深、浅埋的分界

对于小净距隧道深、浅埋的分界，主要参照《公路隧道设计规范》(JTG D70—2004)按荷载等效高度值，并结合地质条件、施工方法等因素综合判断。按荷载等效高度的判定公式为：

$$H_p = (2 \sim 2.5)h_q \tag{10-3}$$

$$h_q = \frac{q}{\gamma} \tag{10-4}$$

式中：H_p——浅埋隧道分界深度，m；

h_q——荷载等效高度，m；

q——深埋隧道垂直均布压力，kN/m²；

γ——围岩容重，kN/m³。

Ⅲ、Ⅳ、Ⅴ级围岩按上式计算深、浅埋分界结果列于表10-3。

深埋、浅埋分界的计算值（单位：m） 表10-3

隧道类型	围岩级别		
	Ⅲ	Ⅳ	Ⅴ
分离式单洞	7.65	15.3	30.6
小净距隧道	13.0	26.1	52.2

三、浅埋小净距隧道隧道荷载的确定

（一）埋深（h）小于或等于等效荷载高度 h_q

隧道顶部垂直压力：

$$q = \gamma h \tag{10-5}$$

式中：γ——围岩容重，kN/m^3；

h——隧道埋深，m。

作用于隧道两侧水平围岩压力：

$$e_1 = \gamma h \tan^2\left(45° - \frac{\varphi}{2}\right)$$

$$e_2 = \gamma (h + h_1) \tan^2\left(45° - \frac{\varphi}{2}\right) \tag{10-6}$$

式中：e_1、e_2——拱顶与拱底的水平围岩压力，kN/m^2；

h_1——隧道开挖高度，m；

φ——围岩计算摩擦角，°；

其余同前。

（二）埋深大于 h_q，小于 H_p，并且破裂面交点位于地表及以上

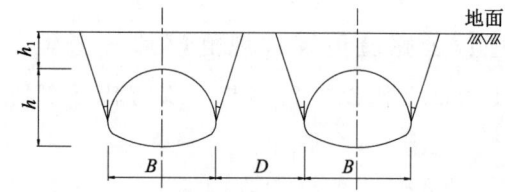

图10-19 相邻隧道破裂面交于地表及以上

如图10-19所示，该种情况下，两隧道破裂面不相交，同时都交于地表，可以参照规范按分离式单洞计算。

隧道顶部垂直压力：

$$q = \gamma h \left(1 - \frac{\lambda h \tan\theta}{B}\right) \tag{10-7}$$

$$\lambda = \frac{\tan\beta - \tan\varphi_c}{\tan\beta[1 + \tan\beta(\tan\varphi_c - \tan\theta) + \tan\varphi_c \tan\theta]} \tag{10-8}$$

$$\tan\beta = \tan\varphi_c + \sqrt{\frac{(\tan^2\varphi_c + 1)\tan\varphi_c}{\tan\varphi_c - \tan\theta}} \tag{10-9}$$

式中：B——隧道开挖跨度，m；

　　　h——隧道埋深，m；

　　　γ——围岩容重，kN/m^3；

　　　θ——顶板土柱两侧摩擦角，度(°)，为经验值；

　　　φ_c——围岩计算摩擦角，度(°)；

　　　β——破裂角，度(°)。

作用在衬砌上的水平压力：

$$\left.\begin{array}{l} e_1 = \lambda\gamma h \\ e_2 = \lambda\gamma(h+h_1) \end{array}\right\} \quad (10\text{-}10)$$

式中：h——覆土厚度，m；

　　　h_1——隧道开挖高度；

　　　其余符号同前。

(三)埋深大于 h_q，小于 H_p，并且破裂面交点位于地表以下

如图 10-20 所示，对于该种情况，可以假定岩(土)体中形成如图 10-21a)所示破裂面，即隧道外侧是一与水平成 β_1 角的斜直面，内侧下部为一与水平成成 β_2 角的斜直面，上部为一竖直面，该竖直面为对称轴。根据山体变形及隧道开

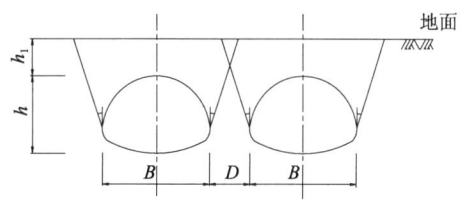

图 10-20　相邻隧道破裂面交于地表以下

挖后岩(土)体运动规律，假设隧道顶上覆土柱 EGTI 下沉，从而带动两侧土体 AEM 和 QGCN 下沉，出现 AM 和 QCN 破裂面。当土柱 EGTI 下沉时，两侧土体对其施加摩擦阻力 T_1 和 T_2，T_1、T_2 作用方向分别与 EM、GN 成 θ 角，θ 角的值参照规范选用。

由对称性，对称面 QC 面上无剪力，又根据开挖后土体的运动规律，QC 面上的法向作用力 E 必小于静止土压力，为安全计，可取 E=0。

根据隧道外侧摩阻力 T_1 和外侧侧压系数 λ_1 求解外侧垂直压力和水平压力的计算方法可采用《公路隧道设计规范》(JTG D70—2004)中的计算公式：

垂直压力：

$$q_1 = \gamma h\left(1 - \frac{\lambda_1 h \tan\theta}{B}\right) \quad (10\text{-}11)$$

$$\lambda = \frac{\tan\beta_1 - \tan\varphi_c}{\tan\beta_1[1 + \tan\beta_1(\tan\varphi_c - \tan\theta) + \tan\varphi_c \tan\theta]} \quad (10\text{-}12)$$

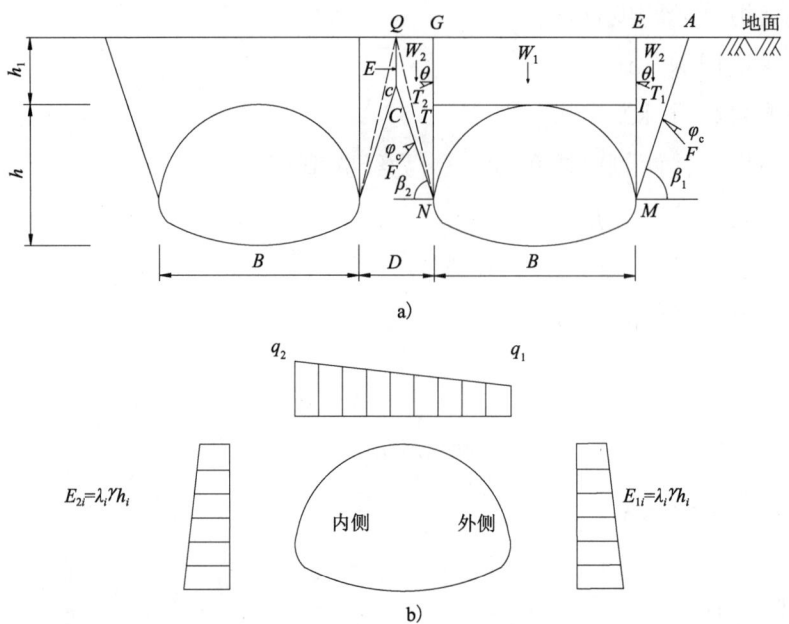

图 10-21 假定滑动面示意图

$$\tan\beta_1 = \tan\varphi_c + \sqrt{\frac{(\tan^2\varphi_c + 1)\tan\varphi_c}{\tan\varphi_c - \tan\theta}} \quad (10\text{-}13)$$

水平压力：

$$e_{1i} = \lambda_1 \gamma h_i \quad (10\text{-}14)$$

式中：B——隧道跨度，m；

γ——围岩容重，kN/m³；

h——隧道覆土厚度，m；

θ——顶板土柱两侧摩擦角，度(°)，为经验值；

λ_1——外侧侧压系数；

φ_c——围岩计算摩擦角，度(°)；

β_1——外侧产生最大推力时的破裂角，度(°)。

对于内侧土体摩阻力 T_2 和内侧侧压力系数 λ_1，根据上述假定，按照力的平衡条件，可得出 T_2 的计算表达式如下：

$$T_2 = \frac{\gamma \left[2(h_1 + h) - \dfrac{D}{2}\tan\beta_2 \right] \sin(\beta_2 - \varphi_c)}{2\cos(\theta + \beta_2 - \varphi_c)} \cdot \frac{D}{2} \quad (10\text{-}15)$$

T_2 的值随 β_2 的变化而变化，其最大值可通过对 β_2 求导确定，但由于其导数的表达式过于复杂，建议采用试算求最大值。又根据土力学理论，有：

$$T_2 = \frac{0.5\gamma H^2 \lambda_2}{\cos\theta} \quad (10\text{-}16)$$

式中：$H = h_1 + h$，因此，可得侧压系数 λ_2：

$$\lambda_2 = \frac{\gamma\left(2H - \dfrac{D}{2}\tan\beta_2\right)\sin(\beta_2 - \varphi_c)\cos\theta}{H^2\cos(\theta + \beta_2 - \varphi_c)} \cdot \frac{D}{2} \quad (10\text{-}17)$$

设作用于隧道顶部的垂直压力外侧为 q_1，内侧为 q_2，内外侧之间按线性变化。由于只有洞顶部分的摩阻力对垂直压力有影响，因此 T_1、T_2 只计洞顶部分。经推导，q_1 和 q_2 可采用下面同一表达式表示，式中侧压系数根据计算的部位不同，分别采用外侧侧压系数 λ_1 和内侧侧压系数 λ_2。

$$q_i = \gamma h\left(1 - \frac{\lambda_i h \tan\theta}{B}\right) \quad (10\text{-}18)$$

其水平压力可写成：

$$e_{2i} = \lambda_2 \gamma h_i \quad (10\text{-}19)$$

按上述理论计算公式求解覆土压力和侧压系数需进行大量的试算，使用不方便，为简化计算，可采用 QN 斜直滑面代替 QCN 折线滑面，经计算误差较小。此时，内侧侧压系数 λ_2 的计算公式与外侧侧压系数 λ_1 的计算公式完全相同，仅 β_2 的取值不同，直接采用 QN 与水平线的夹角即可。

第十一章 小净距隧道施工方法

第一节 概　　述

小净距隧道的特点是相邻隧道间存在中岩墙,但中岩墙厚度较小。因此,在选择合理施工工法时,首要的问题是保证中岩墙的稳定,避免中岩墙的多次扰动,充分利用中岩墙的自稳能力和强度。为了保证施工过程中的安全以及隧道结构的长期营运安全,有必要结合围岩级别、不同影响程度选取合适的施工方法。

在目前的众多隧道施工方法中,基本的施工方法主要是全断面法、台阶法和侧壁导坑法,其余施工方法无外乎是这几种施工方法的组合形式。本章主要分析Ⅲ、Ⅳ、Ⅴ级围岩不同影响程度小净距隧道的施工对策,提出施工方法选取的原则和相应的对策,同时,对二次衬砌的施作时机进行了探讨。

第二节 小净距隧道施工措施选取的原则及对策

一、数值计算

(一)静力数值计算分析

在静力数值计算中,为了研究不同施工方法对小净距隧道的影响,对于Ⅴ级围岩分别考虑了先、后隧道不同侧壁导坑法的组合以及先、后行洞采用台阶法、全断面法的工况;对于Ⅲ、Ⅳ级围岩分别考虑先、后行洞采用台阶法、全断面法的工况。

计算工况组合见表11-1,对于Ⅴ级围岩考虑了8组工况,对于Ⅲ、Ⅳ级围岩分别考虑了2组工况,每组工况有同时考虑了初期支护封闭与不封闭2种情况。

表11-1列出了各组工况下先行洞和后行洞拱顶竖向位移以及岩墙拱腰处水平位移的计算结果;表11-2列出了初期支护最大内力计算结果;表11-3列出了各计算工况下隧道洞周塑性区分布结果(对于Ⅲ级围岩,在计算工况下围岩处于弹性,无塑性区,表中为洞周围岩拉应力分布图)。

各计算工况隧道拱顶竖向位移、岩墙水平位移汇总表

表 11-1

序号	计算组编号	开挖顺序示意图	拱顶竖向沉降(mm)		岩墙拱腰水平位移(mm)	
			左洞	右洞	左洞	右洞
1	V-30-3-CD1	I Ⅱ Ⅲ Ⅳ	11.43 (7.36)	11.67 (7.68)	−2.80 (−1.50)	1.30 (0.58)
2	V-30-3-CD2	I Ⅱ Ⅳ Ⅲ	11.73 (8.48)	12.80 (9.51)	−1.76 (1.28)	4.38 (4.56)
3	V-30-3-CD3	Ⅱ I Ⅲ Ⅳ	11.85 (7.39)	11.88 (7.61)	−1.82 (−1.74)	2.10 (1.15)
4	V-30-3-CD4	Ⅱ I Ⅳ Ⅲ	12.17 (8.55)	13.04 (9.44)	−0.65 (2.22)	5.25 (5.16)
5	V-30-3-CD5	I Ⅲ Ⅳ Ⅱ	11.23 (7.59)	11.52 (7.97)	−1.97 (−0.59)	3.09 (2.20)
6	V-30-3-CD6	Ⅲ I Ⅱ Ⅳ	11.84 (7.25)	11.85 (7.43)	−1.91 (−0.92)	1.91 (0.91)
7	V-30-3-TJ	I Ⅲ / Ⅱ Ⅳ	12.32 (8.92)	12.94 (9.39)	−3.76 (−1.79)	3.43 (2.15)
8	V-30-3-QDM	I Ⅱ	12.68 (9.68)	13.08 (10.19)	−2.82 (−1.48)	2.83 (−1.91)

续上表

序号	计算组编号	开挖顺序示意图	拱顶竖向沉降(mm)		岩墙拱腰水平位移(mm)	
			左洞	右洞	左洞	右洞
9	Ⅳ-30-3-TJ	I / II III / IV	4.49	4.73	−0.85	0.67
10	Ⅳ-30-3-QDM	I II	4.62 (4.27)	4.89 (4.35)	−0.92 (−0.67)	0.82 (0.71)
11	Ⅲ-30-3-TJ	I / II III / IV	1.89 (1.51)	1.93	−0.19 (−0.15)	0.14
12	Ⅲ-30-3-QDM	I II	1.91	1.96	−0.18	0.15

注：括号中数值为初期支护封闭的结果。

各计算工况初期支护最大内力汇总表　　　　　　　　　　　表 11-2

序号	计算组编号	开挖顺序示意图	支护最大弯矩 (kN·m)	最大轴力 (MN)	锚杆最大轴力 (kN)
1	V-30-3-CD1	I II III IV	93.69 (56.45)	1.85 (2.21)	193.85 (110.14)
2	V-30-3-CD2	I II IV III	108.57 (57.72)	1.93 (2.65)	202.70 (132.92)
3	V-30-3-CD3	II I III IV	110.82 (58.44)	1.51 (2.66)	144.25 (110.00)

续上表

序号	计算组编号	开挖顺序示意图	支护最大弯矩 (kN·m)	最大轴力 (MN)	锚杆最大轴力 (kN)
4	V-30-3-CD4	Ⅱ Ⅰ Ⅳ Ⅲ	123.75 (61.79)	1.79 (3.19)	193.28 (133.33)
5	V-30-3-CD5	Ⅰ Ⅲ Ⅳ Ⅱ	83.86 (57.20)	1.87 (2.14)	194.79 (88.60)
6	V-30-3-CD6	Ⅲ Ⅰ Ⅱ Ⅳ	110.07 (58.64)	1.53 (2.64)	134.34 (107.91)
7	V-30-3-TJ	Ⅰ Ⅲ / Ⅱ Ⅳ	80.38 (47.18)	1.49 (1.84)	108.89 (104.73)
8	V-30-3-QDM	Ⅰ Ⅱ	94.49 (40.11)	1.21 (2.09)	119.59 (27.28)
9	Ⅳ-30-3-TJ	Ⅰ Ⅲ / Ⅱ Ⅳ	13.46 (17.86)	1.37 (1.73)	42.60 (41.75)
10	Ⅳ-30-3-QDM	Ⅰ Ⅱ	9.60 (14.64)	1.43 (1.72)	14.46 (10.53)
11	Ⅲ-30-3-TJ	Ⅰ Ⅲ / Ⅱ Ⅳ	10.18 (16.05)	0.90 (1.16)	13.89 (14.85)
12	Ⅲ-30-3-QDM	Ⅰ Ⅱ	1.54	0.77	1.51

各计算工况隧道洞周塑性区分布汇总表 表 11-3

序号	计算组编号	开挖顺序示意图	不封闭	封闭
1	Ⅴ-30-3-CD1	Ⅰ Ⅱ Ⅲ Ⅳ		
2	Ⅴ-30-3-CD2	Ⅰ Ⅱ Ⅳ Ⅲ		
3	Ⅴ-30-3-CD3	Ⅱ Ⅰ Ⅲ Ⅳ		
4	Ⅴ-30-3-CD4	Ⅱ Ⅰ Ⅳ Ⅲ		
5	Ⅴ-30-3-CD5	Ⅰ Ⅲ Ⅳ Ⅱ		
6	Ⅴ-30-3-CD6	Ⅲ Ⅰ Ⅱ Ⅳ		
7	Ⅴ-30-3-TJ	Ⅰ/Ⅱ Ⅲ/Ⅳ		
8	Ⅳ-30-3-TJ	Ⅰ/Ⅱ Ⅲ/Ⅳ		
9	Ⅳ-30-3-QDM	Ⅰ Ⅱ		
10	Ⅲ-30-3-TJ	Ⅰ/Ⅱ Ⅲ/Ⅳ		

续上表

序号	计算组编号	开挖顺序示意图	不封闭	封闭
11	Ⅲ-30-3-QDM	Ⅰ　Ⅱ	MN	—

注：对于Ⅲ级围岩，为主拉应力区。

从计算结果来看，对比侧壁导坑法、上下台阶法和全断面法，在低级别围岩中，采用侧壁导坑法优于上下台阶法，上下台阶法优于全断面法；在高级别围岩中，全断面法优于上下台阶法，上下台阶法优于侧壁导坑法。

图 11-1、图 11-2 分别为Ⅴ级围岩各计算工况下隧道拱顶竖向位移和岩墙水平位移的变化图。可以看出，全断面法先行洞拱顶位移较大，上下台阶法次之，侧壁导坑法较小。岩墙水平位移对于不同的侧壁导坑开挖开挖组合成存在一定的差异，有的组合开挖引起的岩墙水平位移较大，将在下面进行分析。

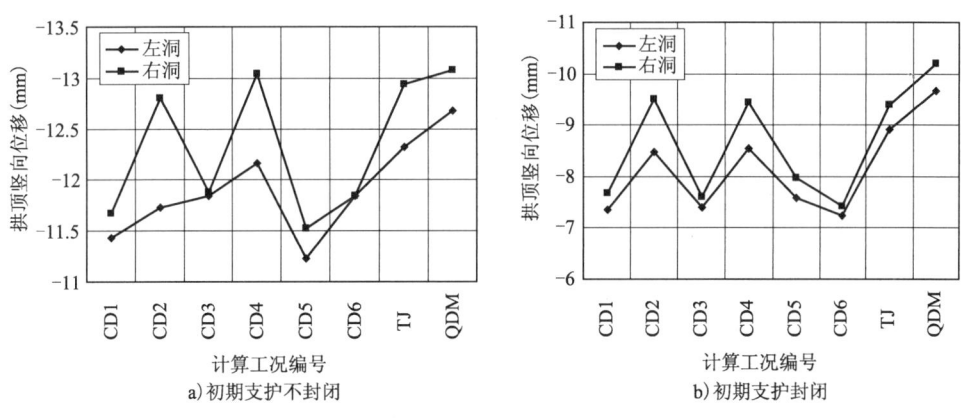

图 11-1　Ⅴ级围岩各开挖方式下拱顶竖向位移比较

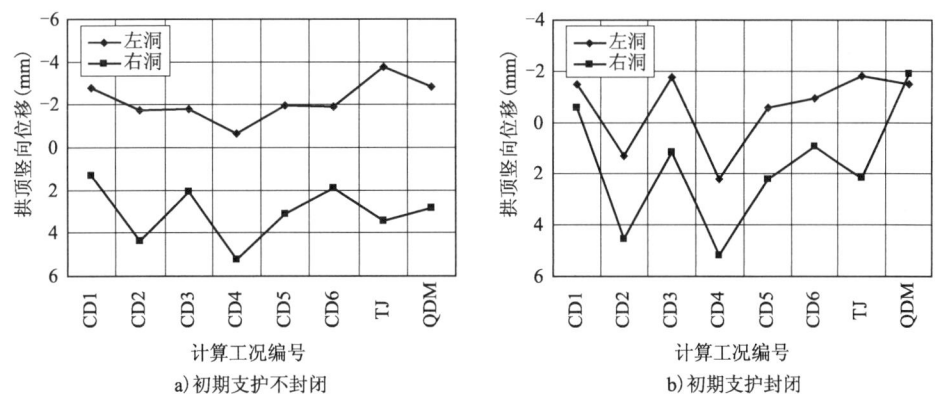

图 11-2　Ⅴ级围岩各开挖方式下中岩墙拱腰水平位移比较

从表 11-1 可以看出，Ⅳ级围岩初期支护不封闭时，左洞、右洞拱顶竖向位移采用台阶法分别为 4.49mm、4.73mm，采用全断面法开挖分别为 4.62mm、4.89mm；左洞、右洞岩墙水平位移采用台阶法分别为 －0.85mm、0.67mm，采用全断面法分别为 －0.92mm、0.82mm。

Ⅲ级围岩初期支护不封闭时，左洞、右洞拱顶竖向位移采用台阶法分别为 1.89mm、1.93mm，采用全断面法开挖分别为 1.91mm、1.96mm；左洞、右洞岩墙水平位移采用台阶法分别为 －0.19mm、0.14mm，采用全断面法分别为 －0.18mm、0.15mm，结果相差不大。

对于初期支护的内力，由于采用侧壁导坑法较上下台阶法和全断面法支护要早，承担了围岩的多次内力调整，加之在分部开挖处成在应力集中现象，因此，一般内力较大。

对比分析侧壁导坑法的不同开挖顺序的结果可知，中岩墙尽早的形成并对其进行加固，在中岩墙加固后再进行其他部分开挖，对控制围岩变形，保证岩墙稳定，调整支护受力较为有利。

从计算结果可以看出，侧壁导坑法组合中 CD1、CD3 和 CD6 的拱顶位移、岩墙水平位移、初期支护内力以及中岩墙塑性区分布均较小。这主要由于它们均采用了提前开挖靠近中岩墙部分，对中岩墙提前进行了加固。

从前面的分析可知，在小净距隧道的设计、施工中，中岩墙的变形、受力和稳定是重点。因此，采用侧壁导坑法开挖时，从静力角度来看，宜先开挖靠近中岩墙侧。

对于高级别围岩（如Ⅲ级），从计算结果来看，其无论采用上下台阶法或者全断面法施工，其围岩变形、支护受力均很小，在计算工况下无塑性区出现。

但是，其拱顶范围将出现受拉区，并且，采用全断面法较台阶法受拉区范围较大，在岩墙顶部有贯通的趋势，见表 11-3。在设计、施工中需引起足够的重视，因此，对于高级别围岩（如Ⅲ级），可采用全断面法施工，但在净距较小时宜选用台阶法施工。

(二)动力数值计算

在动力计算中，主要针对Ⅳ级围岩，分别考虑了后行洞采用全断面法、上下台阶法、侧壁导坑法先开挖靠近中岩墙部分（或称正向侧壁导坑法）、CD 法先开挖远离中岩墙侧（或称反向侧壁导坑法）等 4 种典型工况，图 11-3、图 11-4 分别为不同工况下，先行洞洞周最大附加拉应力和最大速度比较。

从计算结果可以看到，采用上、下台阶法能有效的降低爆破振动的影响。由于计算中未考虑增加临空面对降低爆破振动的有利影响，因此，在开挖进尺、最大段药量、围岩级别等条件相同的情况下,后行洞采用正向侧壁导坑法、反向侧壁导坑法与全断面法开挖对先行洞、围岩产生的爆破振动差异不大。

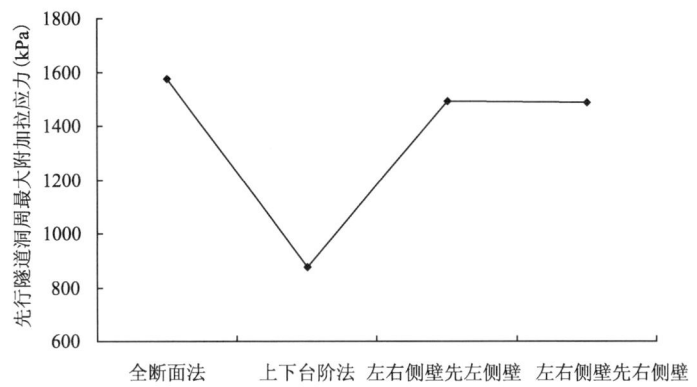

图 11-3　不同开挖方式下先行洞洞周最大附加拉应力比较图(后行隧道开挖方式)

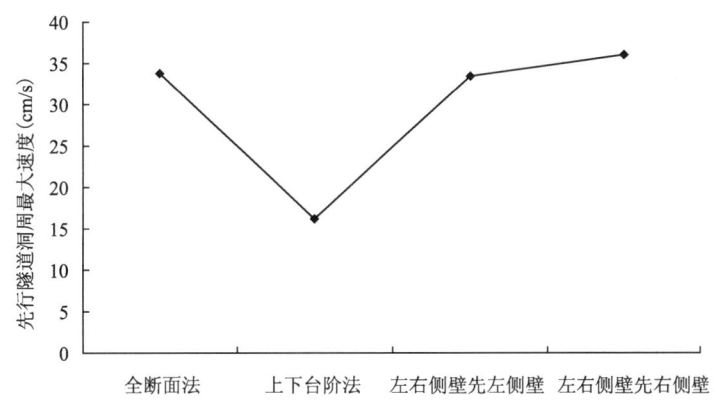

图 11-4　不同开挖方式下先行洞洞周最大速度比较图(后行隧道开挖方式)

因此,从控制小净距隧道爆破振动影响来看,后行洞爆破开挖宜采用上、下台阶法。若采用侧壁导坑法,考虑到增加临空面对减振的有利因素以及掏槽眼爆破时宜使中岩墙远离爆破应力波作用区的要求,宜采用先开挖远离中岩墙侧。

二、模型试验

对于先行洞的开挖其实就是单洞开挖,所以这里施工方法的比选主要针对的是后行洞施工方法的比选,比选的目的是找出对围岩与先行洞结构影响最小的施工方法。

在本试验系列中,共进行了相同围岩级别(Ⅴ级围岩)、相同埋深(30m)、相同净距(3m)条件下 4 组试验:Ⅴ-30-[3]-p(正)——先行洞上下台阶法,后行洞正向侧壁导坑,双洞初期支护(primary lining);Ⅴ-30-[3]-p(反)——先行洞上下台阶法,后行洞反向侧壁导坑,双洞初期支护;Ⅴ-30-[3]-p(全)——先行洞上下台阶法,后行洞全断面法,双洞初期支护;Ⅴ-30-[3]-p——先行洞上下台阶法,后行洞上下台阶法,双洞初期支护。后行洞不同的施工方法见图11-5。

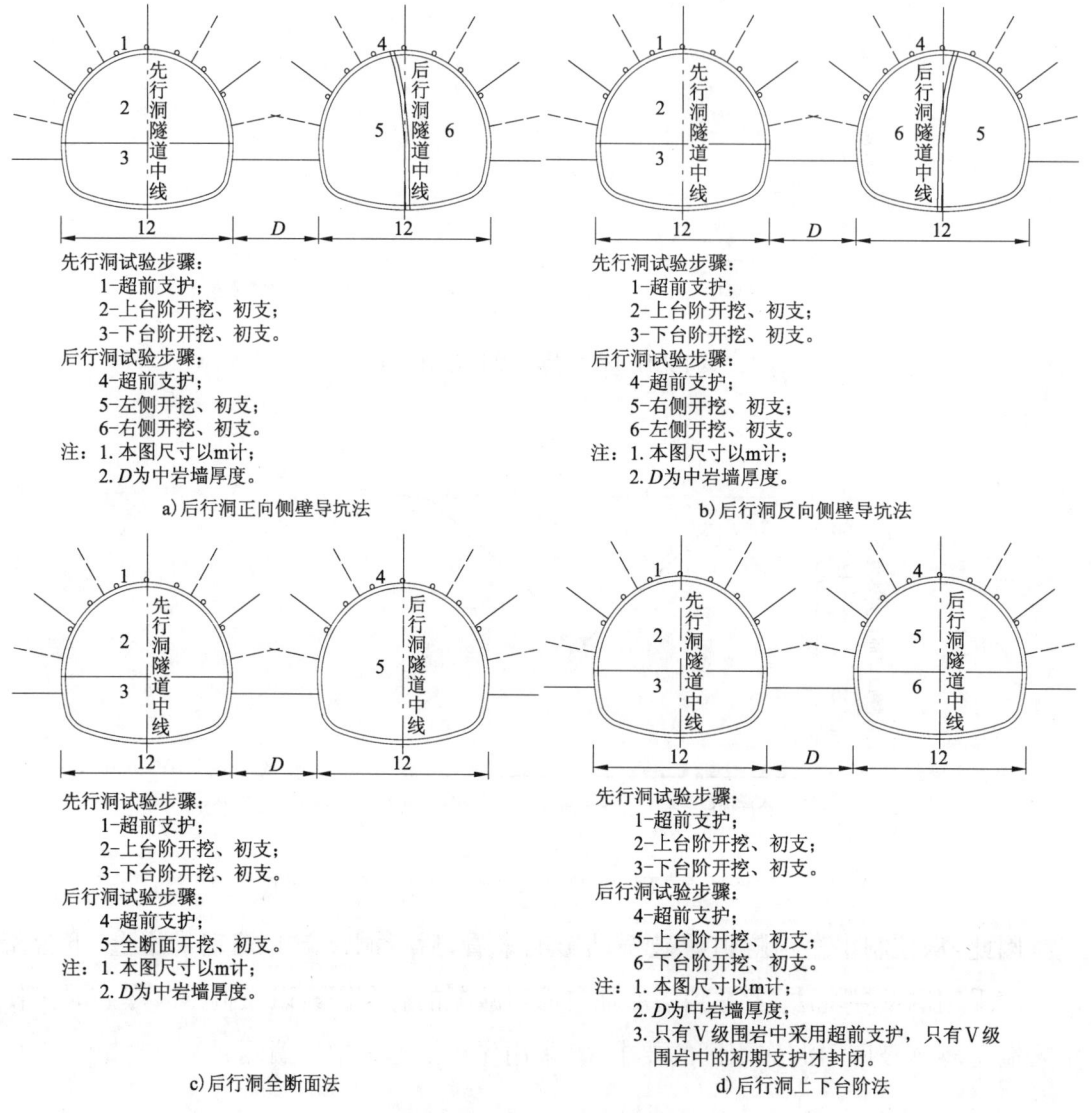

图11-5 后行洞不同的施工方法

4组试验的先行洞均选用上下台阶法,是因为先行洞的开挖相当于单洞开挖,根据国内的实际施工情况,在本试验系列中均选用上下台阶法。试验3的后行洞采用全断面法,目的是进行科研探讨,在实际工程中的Ⅴ级围岩条件下,采用全断面法开挖,掌子面易失稳,工程风险大,建议不要采用。

4组试验的先后行洞均顺利贯通。说明在室内模型试验条件下,4种工法均可行。

图 11-6 为 4 组试验地中总位移的比较;图 11-7 为 4 组试验地中增量位移的比较;图 11-8 为 4 组试验洞周位移的比较。由图 11-6 可知:正向侧壁导坑法引起的地中位移最小,全断面法、反向侧壁导坑法引起的稍大,上下台阶法引起的最大;由图 11-7 可知:后行洞用反向侧壁导坑法引起的增量位移最小;正向侧壁导坑法引起的增量位移稍大;全断面法更大;上下台阶法最大;由图 11-8 可知:后行洞用反向侧壁导坑施工,先行洞洞周位移最小;用正向侧壁导坑施工,先行洞洞周位移稍大;全断面法更大;上下台阶法最大。

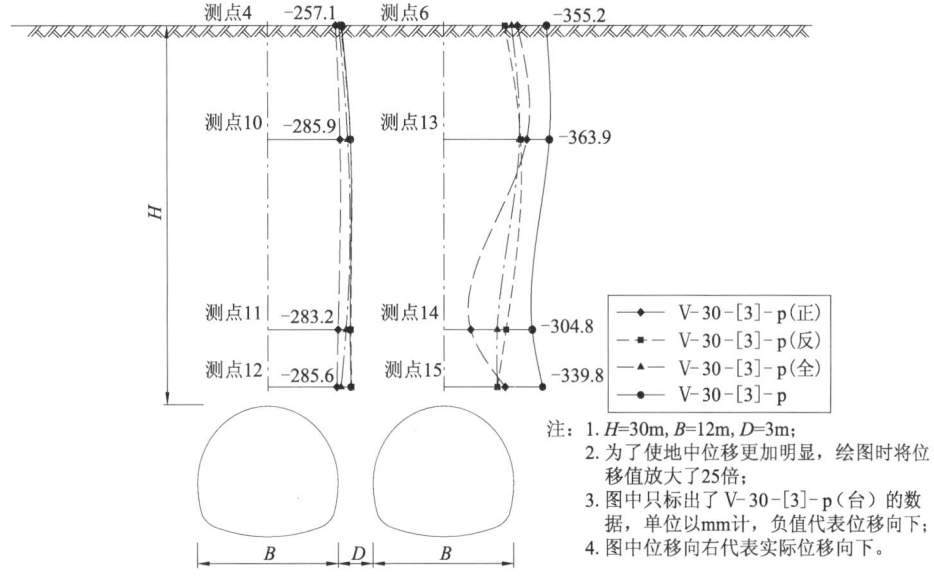

图 11-6　后行洞不同的施工方法,地中位移对比

因此,通过以上的位移规律分析,尤其是后行洞开挖引起的增量位移分析比较,可以得出如下结论:在模型试验中反向侧壁导坑法最好,正向侧壁导坑法次之,全断面法再次,上下台阶法最差。分析其原因,主要是:

(1)采用上下台阶开挖上台阶时,跨度要比侧壁导坑法大的多,因此拱顶的下沉量要大于侧壁导坑法,从而对围岩的扰动要大一些。

(2)在上下台阶法的模型试验中,没有施作锁脚锚杆,因此拱顶下沉量比较大,对围岩的扰动也比较大。

根据试验结果,后行洞采用全断面法要优于上下台阶法,主要是因为在实验室条件下的全断面法施工,初期支护封闭成环快,对围岩的扰动小;而上下台阶法的初期支护封闭时间晚于全断面法,而且上下台阶法对围岩有两次扰动,并且试验中没有施作锁脚锚杆。

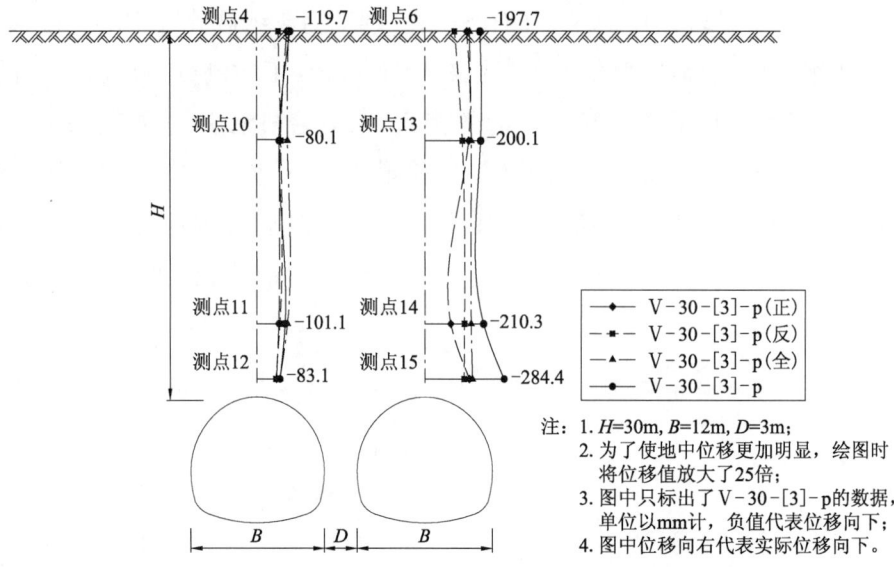

图 11-7　后行洞不同的施工方法,地中增量位移对比

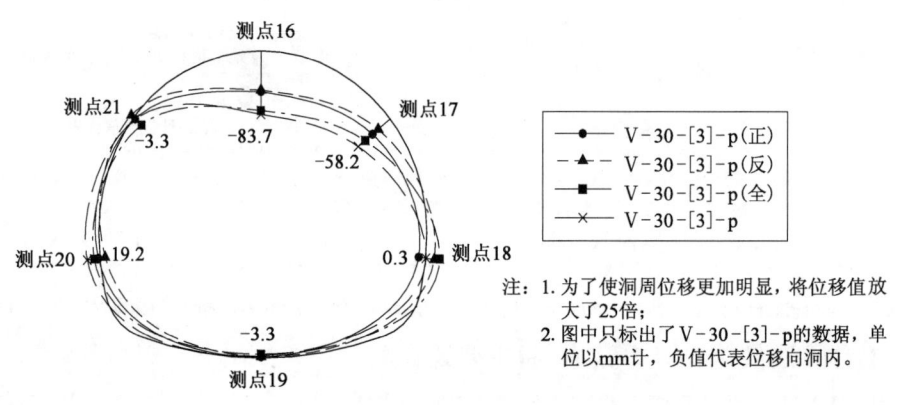

图 11-8　后行洞不同的施工方法,先行洞洞周位移对比

虽然上下台阶法施工引起的围岩扰动要大于侧壁导坑法所引起的围岩扰动,但在规范操作的情况下采用上下台阶法修建后行洞是可行的,因此根据国内施工队伍的现状及模型试验、现场试验的结果,后行洞的开挖可以选择上下台阶法。

本次试验中,在Ⅴ级围岩条件下进行全断面开挖可以在试验室中成功,但是在现场操作时将受诸多条件限制,为了安全起见,不宜推行。

三、现场试验

在依托工程的进洞仰坡进行了小导管注浆加固。先行洞采用超前小导管加固,然后采用上下台阶法进行开挖。对于后行洞,在Ⅴ级围岩段,采用在大管棚保护下进洞,采用上下台阶法开挖,以机械开挖为主,辅以弱爆破;其他段采用小导管超前的上下台阶法开挖,严格控制最大段装药量。该方法在紫平铺隧道小净距段的应用取得了成功。

在采用上下台阶法施工中,根据有限元计算,上下台阶交界处存在弯矩与剪力的突变,并且该处的弯矩、剪力值也比较大,如图11-9、图11-10所示。同时,中岩墙的拱腰部位容易出现较大变形,如图11-11所示。模型试验中中岩墙拱腰部位也是容易发生破坏的地方,如图11-12所示。因此,该部位是薄弱部位,在设计、施工中应引起重视,同时进行重点监控。建议上台阶施工时,加强锁脚锚杆的施作,及时跟进初期支护。

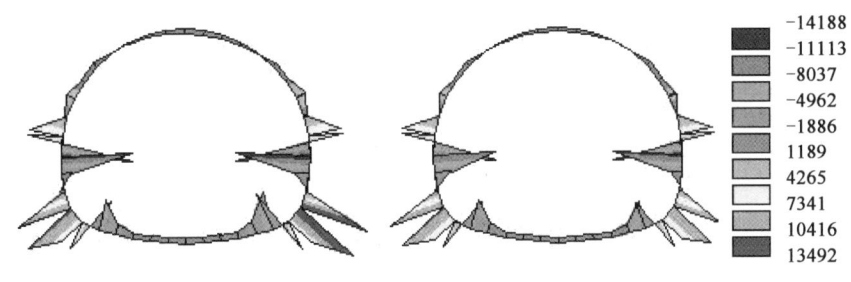

图11-9 采用上下台阶法施工,初期支护的弯矩(单位:N·m)

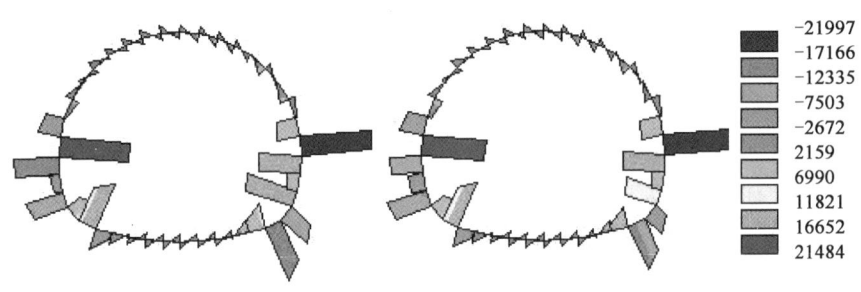

图11-10 采用上下台阶法施工,初期支护的剪力(单位:N)

在前期施工中,施工人员未能引起足够的重视,在后行隧道施工中,引起过中岩墙开裂现象,如图11-13所示。

图11-14为断面2先、后行洞开挖拱顶测点地中位移变化情况,该断面(Ⅴ-10-[5.2])围岩条件差(Ⅴ级),净距小(5.2m),后行洞开挖居然没有对先行洞拱顶地中位移产生任何影响,这主要是因为小导管注浆以及大管棚进洞等施工辅助措施改善了围

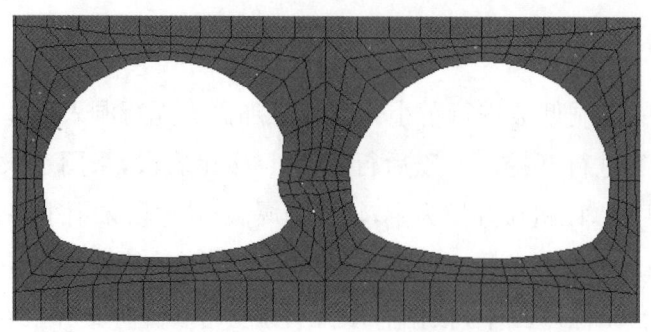

图 11-11　毛洞中岩墙的变形情况(放大 500 倍)

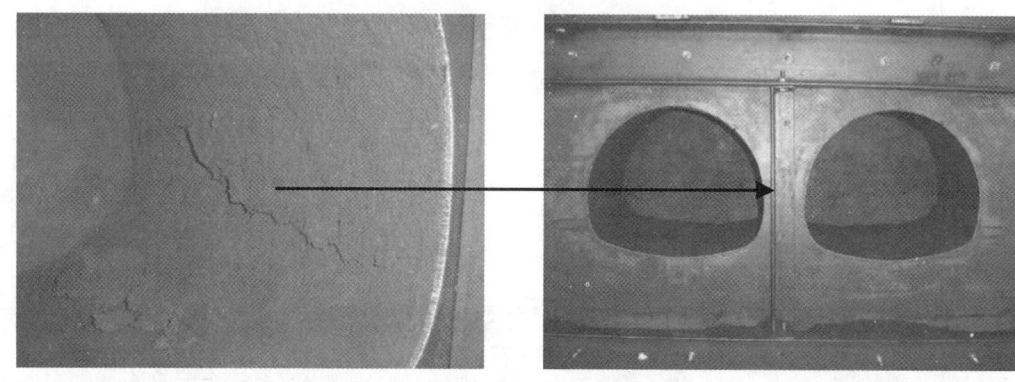

图 11-12　模型试验中岩墙的破坏情况

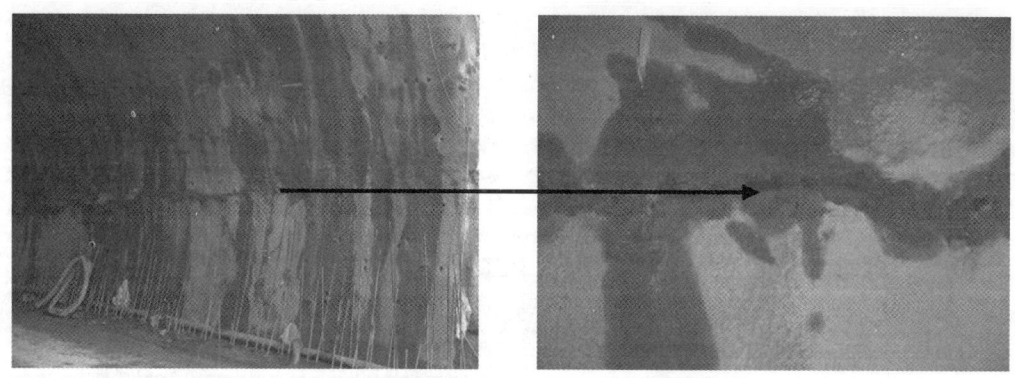

图 11-13　紫坪铺隧道先行洞初期支护靠中岩墙一侧拱腰部位开裂

岩条件,减小了后行洞开挖对围岩的扰动。

在依托工程紫坪铺隧道小净距段,Ⅴ级围岩段双洞净距为 3.75～8.53m,隧道埋深为 5.4～45.6m,先、后行洞均采用上下台阶施工,以机械开挖为主,辅以微量的弱爆破,下台阶开挖时采用了跳槽开挖,先开挖远离中岩墙部分;Ⅳ级围岩段双洞净距为 8.63～12.36m,隧道埋深为 45.6～73.4m,Ⅲ级围岩段双洞净距为 12.82～21.86m,隧道埋深为 73.4～121.8m,先、后隧道均采用上、下台阶法开挖,在爆破开挖中,尤其是后行洞施工中,采用了微爆破技术,严格控制最大段装药量和开挖进尺,最大段装药量仅为24kg,在Ⅳ级围岩最大进尺控制在1m左右;在Ⅲ级围岩段,开挖进尺控制在2m左右。

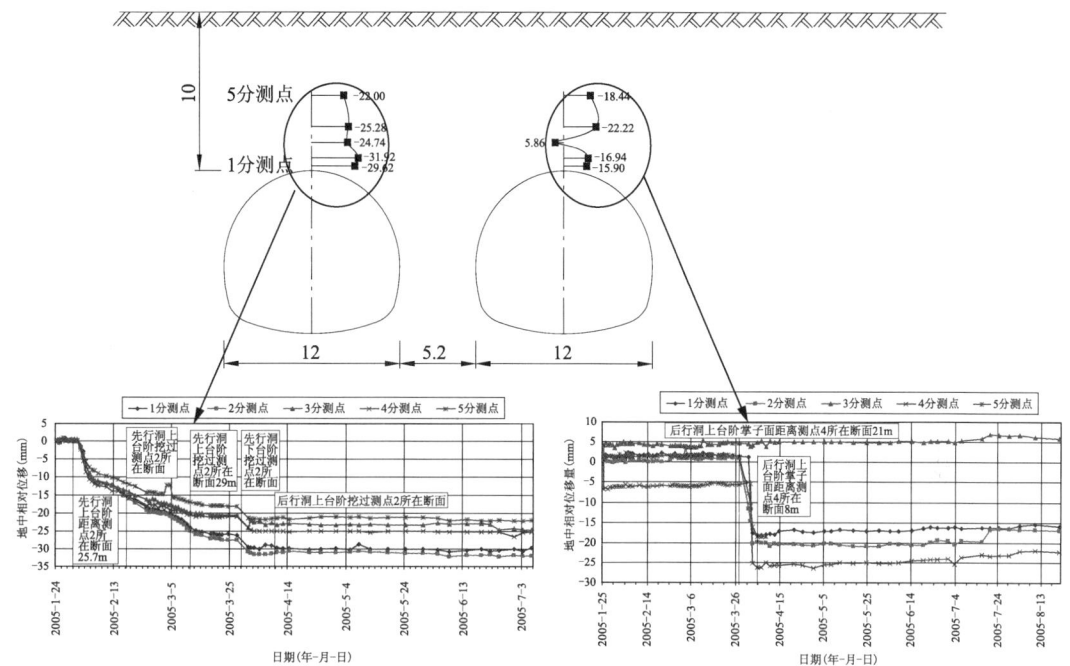

图11-14 断面2先后行洞开挖对拱顶围岩的扰动对比

紫坪铺隧道小净距段的顺利、安全通过,说明工程中采取的施工措施是可行的。

四、研究结论

综合研究成果,结合收集到的已建小净距隧道施工经验,可以得出小净距施工中应遵循的总原则是"少扰动、快加固、勤量测、早封闭"。施工方法具体选取原则如下:

(1)对于低级别围岩(如Ⅴ级围岩),应以机械开挖为主,辅以微量的弱爆破;对于高级别围岩,采用爆破开挖,施工措施选取需考虑降低爆破振动影响。

(2)对于相互影响轻微的小净距隧道(C类),先行洞施工方法选取可以按一般单洞情况进行,但需加强监控量测;对于相互影响严重的小净距隧道(A类)先行洞开挖也应考虑对中岩墙的影响。

(3)对于小净距隧道,一般来讲,在Ⅲ级围岩条件下,宜优先考虑全断面法、条件较差时可考虑上下台阶法,更差时可考虑侧壁导坑法;在Ⅳ级围岩条件下,宜优先考虑上、下台阶、条件好时,可考虑全断面法,较差时可考虑侧壁导坑法;在Ⅴ级围岩条件下,宜优先考虑侧壁导坑法,条件好时,可考虑上、下台阶法。

(4)对于侧壁导坑法,如需对中岩墙提前加固,并且以机械开挖为主时,宜考虑先开挖靠中岩墙侧,对中岩墙进行加固后再开挖其余部分;当不需要对岩墙加固时,宜先开挖远离中岩墙一侧,以保证中岩墙的稳定。

(5)对于侧壁导坑法,如在围岩条件较好的情况下,以爆破开挖为主时,宜先开挖远离中岩墙一侧,以减轻爆破振动对中岩墙的影响。

根据以上原则,Ⅲ、Ⅳ、Ⅴ级围岩不同影响程度小净距隧道的施工方法选取对策见表 11-4。

不同小净距隧道施工方法选取对策表　　　表 11-4

围岩级别	分类	影响程度	小净距隧道施工方法选取对策
Ⅲ	A	影响严重	先行、后行洞均需考虑减振措施,减小爆破振动对中岩墙的损伤。先行洞采用上下台阶法,后行洞优先选取反向侧壁导坑法;也可以考虑先后行洞均采用反向侧壁导坑法
Ⅲ	B	影响一般	先行洞按单洞考虑,后行洞需采取减振措施,优先选取上下台阶法;条件好时,可考虑全断面法;条件差时,先行洞可考虑上下台阶法,后行洞采用反向侧壁导坑法等
Ⅲ	C	影响轻微	按照单洞情况选取,根据实际情况调整,优先选择全断面法
Ⅳ	A	影响严重	先行洞宜考虑上下台阶法,后行洞宜考虑正向侧壁导坑法或反向侧壁导坑法
Ⅳ	B	影响一般	先、后隧道宜优先考虑上下台阶法;情况较差时,后行洞可考虑正向侧壁导坑法或反向侧壁导坑法
Ⅳ	C	影响轻微	先行洞按一般单洞选取,后行洞宜优先选用上下台阶法
Ⅴ	A	影响严重	先行、后行洞考虑正向侧壁导坑法,对中岩墙加固
Ⅴ	B	影响一般	先行洞考虑上下台阶法,后行洞考虑正向侧壁导坑法
Ⅴ	C	影响轻微	先、后行洞可考虑上下台阶法

第三节　相邻隧道掌子面合理距离

一、静力数值计算

针对Ⅳ、Ⅴ级围岩,选取埋深 30m,净距 3m,纵向 50m 的情况,掌子面之间距离分别考虑同步推进、间距 6m、12m、18m 以及先行洞贯通等 5 种典型工况共计 10 组进行了三维全过程开挖施工模拟。

从计算结果可以看出:随着掌子面距离的不同,拱顶竖向位移、岩墙水平位移以及岩墙应力的变化曲线过程虽有不同,但最终结果相差不大。

图 11-15～图 11-17 分别为Ⅳ围岩,30m 埋深,3m 净距时掌子面相距 0m(同步推进)、6m、12m、18m 和先行洞贯通等计算工况下目标断面中岩墙中点竖向应力随开挖进程变化曲线、先行洞拱顶沉降随开挖进程变化曲线以及中岩墙拱腰处水平位移随开挖进程变化曲线。Ⅴ级围岩计算结果具有类似规律。

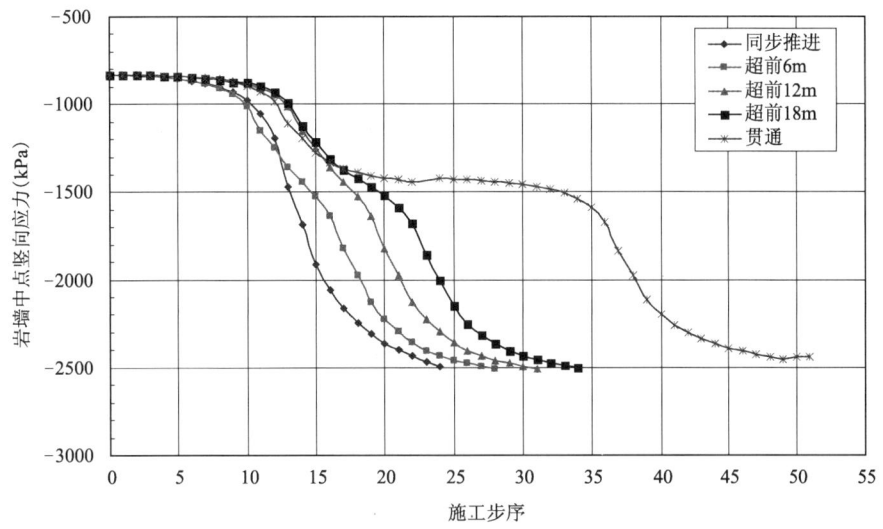

图 11-15 目标面岩墙中点竖向应力变化曲线

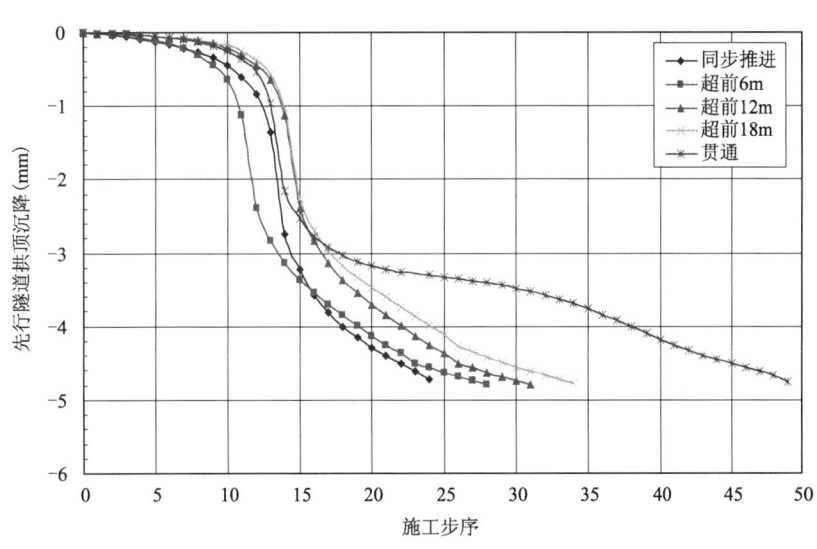

图 11-16 目标断面先行洞拱顶沉降变化曲线

从先行洞拱顶位移、岩墙位移、岩墙应力随开挖进程变化曲线可以看出,随着两隧道掌子面距离的增加,两隧道空间相互影响逐渐减小。隧道开挖对本洞及相邻洞掌子面前后 1B 范围内影响较大,而当距离大于 2B 以上时,影响就可忽略。图 11-18 为先行洞贯通,在开挖后行洞的全过程施工三维数值模拟目标面岩墙应力变化情况。两隧道掌子面距离小于 2B 而又并非同步推进时,隧道的开挖会对岩墙造成多次扰动,使中岩墙往返位移,对中岩墙的受力、稳定极为不利,见图 11-19。

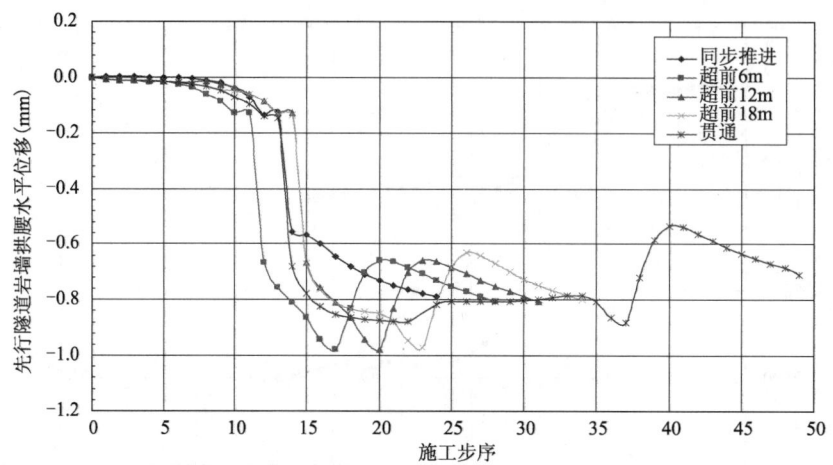

图 11-17　目标断面先行洞岩墙拱腰水平位移变化曲线(Ⅳ-30-3)

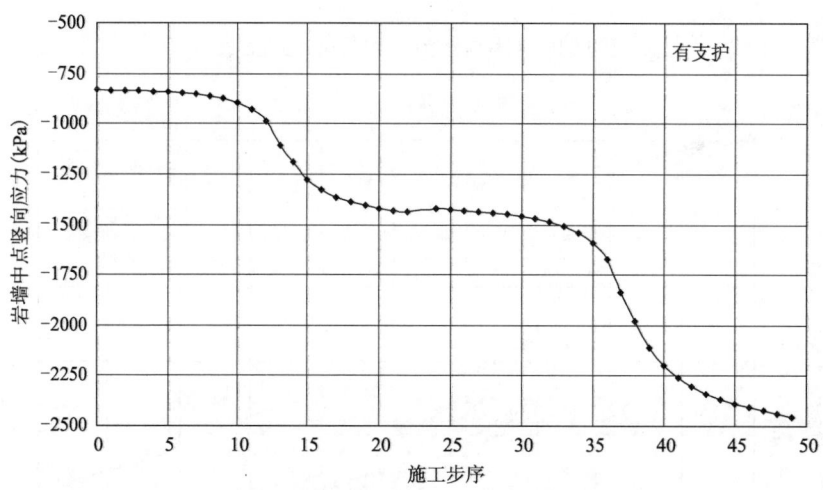

图 11-18　目标面中岩墙应力随开挖进程典型变化曲线

因此,为了降低小净距隧道开挖造成的相互影响,或者避免岩墙受到往复多次扰动的不利影响,小净距隧道两隧道掌子面距离宜同步推进或距离 2B 以上。但对于完全同步推进在实际工程中往往难以实现,同时,考虑相邻隧道爆破振动的相互影响,小净距隧道掌子面距离宜保持在 2B 以上。

另外,在开挖掌子面前后 1B 范围内应加强监控量测,在掌子面前后 2B 范围内宜注意量测,超过此距离,控量测频率可以减小。

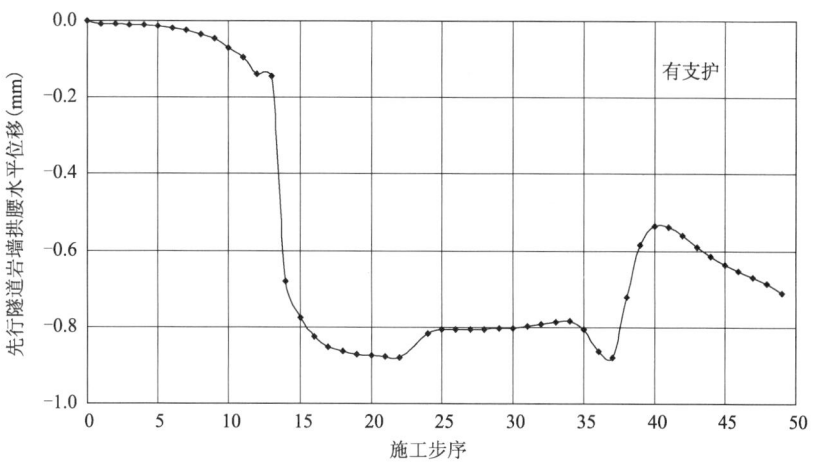

图 11-19　目标面先行洞中岩墙拱腰水平位移随开挖进程典型变化曲线

二、动力数值计算

针对Ⅲ、Ⅳ、Ⅴ级围岩，考虑 30m 埋深，3m 净距（部分考虑了 6m、9m），隧道纵向选取 50m，掌子面距离仍然考虑同步推进，相距 6m、12m、18m 以及先行洞贯通等 5 种工况。

图 11-20 为Ⅳ级围岩，30m 埋深，3m 净距先行洞贯通，先行洞超前 6m、12m、18m，两隧道同步推进情况下，后行洞爆破开挖在先行洞中岩墙拱腰处引起的质点峰值速度和峰值附加拉应力分布。对于Ⅲ、Ⅴ级围岩结果具有类似规律。

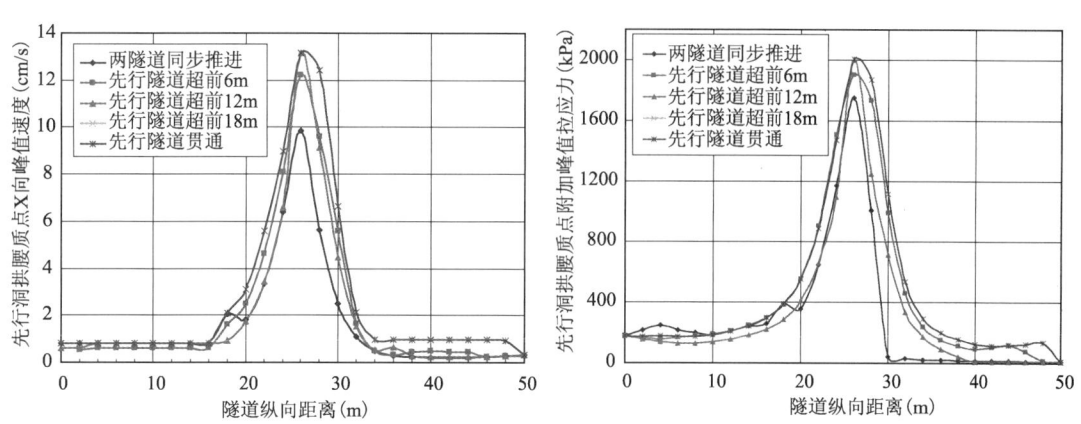

图 11-20　掌子面不同距离先行洞拱腰峰值速度、附加拉应力变化图（Ⅳ-30-3）

可以看出，对于Ⅲ、Ⅳ、Ⅴ级围岩，总体趋势为两隧道同步推进时，爆破振动产生的相互影响较小，而对于掌子面之间相距 6m、12m、18m 以及先行洞贯通后再开挖后行洞等情况，当两隧道掌子面之间的距离超过爆破开挖影响范围后，掌子面之间距离的影响就不明显了，当掌子面的距离小于爆破开挖影响范围时，随着掌子面距离的减小，先行洞洞周质点峰值速度减小，峰值附加应力也呈减小的趋势。

因此，小净距隧道爆破开挖施工中，为了降低爆破振动的相互影响，两隧道掌子面距离宜大于爆破影响范围的距离，即大于1倍的隧道开挖洞径以上。

综合静力和动力计算结果，以及在工程实际中，绝对的同步开挖是难以实现的，因此，为了避免相邻洞室的相互影响，建议相邻洞室开挖掌子面合理距离宜保持在相互影响范围以外，即保持在2B以上。

第四节 支护体系的施作时机

无论从数值计算或是模型试验研究结果来看，初期支护的及时跟进，对抑制围岩变形，保持中岩墙稳定极为有利。对于低级别围岩，应采用封闭的初期支护，对于高级别围岩，初期支护可不封闭，但应及时浇筑仰拱。

关于二次衬砌，按照新奥法设计、施工的理念，围岩和初期支护是承载的主体，因此，一般来讲，二次衬砌宜在围岩变形基本稳定后再浇筑。

从静力数值模拟计算和现场试验来看，在低级别围岩中，围岩条件较差，流变性较大，不容易稳定，二次衬砌可以考虑与初期支护和围岩一起共同承担围岩压力。另一方面，隧道开挖对本洞以及相邻洞室的影响范围在掌子面前后1B范围较明显，大于2B范围后，影响就不明显了，这与埋深、净距也有一定的关系。因此，二次衬砌宜在影响范围通过后浇筑。

从动力计算结果来看，二次衬砌的施加，对降低爆破振动速度有一定的作用，但二次衬砌内于由爆破振动引起的附加拉应力却显著增加，这将可能使二次衬砌产生纵向裂缝或剥落，对二次衬砌长期安全性构成危害。因此，为了避免后行洞爆破开挖在二次衬砌内产生较大的附加拉应力，使二衬产生裂缝等病害，二次衬砌宜在后行洞爆破影响范围以外浇筑。为安全起见，建议落后于后行洞开挖掌子面2B以上距离浇筑。

综上分析，二次衬砌浇筑宜落后于后行洞开挖掌子面2B以上距离，同时满足基本稳定的条件：

(1)隧道周边变形速率明显减缓，各测试项目明显收敛。

(2)实测位移达到总位移或回归预测位移的80%～90%。

(3)周边位移速率小于0.1～0.2mm/d。

(4)拱顶位移下沉速率小于0.07～0.15mm/d。

(5)初期支护表面裂缝不再继续发展。

对于围岩条件较差时，当采取一定措施后，仍难以满足上述稳定条件，可提前施作二次衬砌，且二次衬砌应加强。

第十二章 小净距隧道施工控制爆破技术

第一节 概 述

在隧道工程施工中,采用较多的施工方法仍是矿山法施工,小净距隧道由于中岩墙厚度较薄,隧道开挖爆破对中岩墙的稳定和相邻隧道结构的受力有重要的影响,因此,有必要对小净距隧道在爆破荷载作用下的行为特征进行研究,确保小净距隧道施工安全和长期可靠。

第二节 研究的主要方法与手段

一、理论分析

爆破振动对围岩和相邻隧道的影响在国内外工程中研究较多,尤其是招宝山隧道、秦岭公路隧道、渝怀铁路板桃隧道、宝成复线新须家河隧道、株六铁路新关寨隧道、厦门仙岳山隧道以及京福高速公路等多座公路、铁路小净距隧道都在一定程度上进行了爆破振动的相关测试及研究工作。

从这些研究工程中可以看出:

(1)后行洞爆破开挖对先行洞或既有隧道迎爆侧影响较大,影响相邻隧道爆破振动强度的因素主要有几何距离、爆破条件和地质条件等几方面,可采用国内常用的萨道夫斯基振动最大速度与药量、距离的经验公式来表达[100]。

$$V=K\left(\frac{R}{Q^{\frac{1}{3}}}\right)^{\alpha} \tag{12-1}$$

式中:K、α——经验系数;

R——测点到炸药药包中心的距离,m;

Q——炸药量,kg。

几何距离的影响可以用比例距离来表达,比例距离定义为测点至药包中心的距离与单段爆破药量的立方根的比值($Z=R/Q^{1/3}$)。爆破振动速度最大值与比例距离的关系基本上可回归成指数衰减函数关系。

爆破条件包括炸药的用量、性能和装药结构以及爆破介质临空面的夹制条件等。除炸药用量的影响在比例距离中已得到反映,爆破夹制条件是影响爆破振动强度的另一重要因素。从典型的爆破振动记录波形图可知,爆破振动的最大峰值速度出现在掏槽爆破和底眼爆破。掏槽爆破时只有一个临空面,因此,掏槽爆破是在较大夹制作用下的强抛掷爆破,夹制爆破导致更多的爆炸波能向岩体内部传播,造成邻近隧道的较强振动。底眼一般要下倾3°,特别是两角的底眼,其临空面内折,爆破时夹制作用增大,所以底眼爆破时也引起较大的振动。根据不同爆破条件下测得的爆破振动速度回归分析,爆破夹制作用与爆破振动速度衰减经验公式中 K 值具有一定的对应关系,与 α 的关系不大。夹制作用越大,K 值越大;夹制作用越小,K 值越小。

地质条件对爆破振动的影响主要表现在振动波的传播衰减指数上,一般来讲,岩体越坚硬完整,衰减指数 α 的绝对值越小,也即振动波衰减较慢;而振动波通过软弱破碎岩体时,振动衰减指数 α 的绝对值增大,振动波衰减较快。表12-1列出了收集到的不同地质条件下的小净距隧道迎爆侧的振动衰减方程。

不同隧道中实测的爆破振动衰减规律对比　　　　表12-1

隧道名称	地质条件	衰减回归公式	备注
秦岭隧道(掏槽爆破)	坚硬完整的花岗片麻岩,Ⅱ级围岩	$V_{max}=276(z)^{-1.55}$	并行隧道,间距30m
招宝山隧道(中槽爆破)	中等风化流纹斑岩,节理裂隙发育,Ⅲ级围岩	$V_{max}=148(z)^{-1.34}$	并行隧道,岩墙厚度4m
八达岭隧道(掏槽爆破)	风化岩和回填土	$V_{max}=89.5(z)^{-1.70}$	十字交叉隧道,爆源距离10～30mm
梧桐山隧道(掏槽爆破)	风化花岗岩,Ⅵ级围岩	$V_{max}=280(z)^{-2.08}$	并行隧道,岩墙厚度13m
梧桐山隧道(掏槽爆破)	弱风化花岗岩,Ⅲ级围岩	$V_{max}=150(z)^{-1.76}$	并行隧道,岩墙厚度13m
新关寨隧道	茅口组灰岩Ⅲ级围岩	$V_{max}=150(z)^{-2}$	并行隧道,岩墙厚度7.57～13.87m

(2)爆破振动衰减经验公式中的系数 K、α 虽然都与地质条件和爆破性质有关,但 K 值更多地依赖于爆破性质的不同,特别是爆破夹制程度对 K 值影响较大,而 α 值则与地质条件关系更为密切。同时,K、α 值的离散性较大,对于具体的工程项目,应在现场试爆确定 K、α 值。

(3)振速衰减经验公式对确定邻近隧道单段最大允许装药量具有重要作用,当已知相近隧道的允许振动速度和距离时,根据式(12-1)可反求隧道单段最大允许装药量 $Q_{max}=(V/K)^{3/\alpha}\times R^3$,这对确保爆破施工安全十分重要。

同时,式(12-1)还为确定一般爆破条件下相邻隧道的最小净距提供设计依据,在设计相邻隧道的最小净距时,除对隧道的静载条件作稳定计算外,还应考虑爆破施工

的影响,若不考虑进度和造价的要求,不对爆破施工作特殊限制,相邻隧道的最小净距可根据振动衰减经验公式推求:

$$R_{\min} = Q_{\max}^{\frac{1}{3}} \times \left(\frac{K}{V}\right)^{\frac{1}{a}} \tag{12-2}$$

(4)在理论上,炸药的爆炸反应是一个高温、高压和高速过程,能量的转化、释放、传递和作功过程也极为短促,只有几十微秒到几十毫秒,爆破后产生的高温、高压气体和强大的冲击波,是岩石在爆破中遭受破坏以及对外影响的外力根源。

炸药在爆炸瞬间产生巨大的冲击压力,在药眼和药室中通常高达$(10\sim100)\times10^9$Pa,在这样巨大的冲击压力的急剧作用下,能量在岩石介质中将以波动的形式进行传播和扰动。岩体中的冲击波在传播过程中,其能量随远离爆源而衰减,大致可以划分为三个作用区,见图12-1。

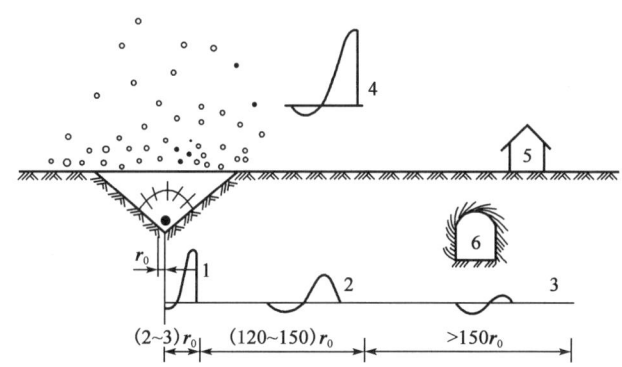

图12-1 炸药在岩体内爆炸传播图[101]

1-冲击波区;2-应力波区;3-地震波区;4-空气冲击波区;5-地面建筑物;6-地下建筑物

在150倍药包半径范围以外,应力波衰减为地震波,地震波的作用只能引起岩石质点的弹性振动,而不能使岩石破坏。

因此,在小净距隧道爆破设计、施工中,应使中岩墙远离爆破冲击波作用区,宜使中岩墙位于地震波作用区,当中岩墙大部分范围位于应力波作用区时,应对中岩墙采取加固措施或特殊的减振措施。尤其是掏槽爆破时,掏槽眼宜尽量远离中岩墙。因此,从降低爆破振动强度来看,采用先开挖远离中岩墙侧,对剩余部分开挖形成临空面较有利。

(5)为探明不同岩性条件下的隧道围岩在震动波作用下的稳定性,七、八十年代,我国为军事工程需要曾进行过专门深入研究,该研究从波动与应力集中的观点出发,以岩体动力强度与岩石隧道所受动、静应力之和相平衡的条件为准则,推导出了在爆炸地震波作用下岩石隧道处于弹性状态、弹塑性状态、局部塌落状态、大面积坍塌状态时的岩石质点临界振动速度计算公式[102]。

岩石处于弹性状态时，巷道表面质点的临界振动速度 V_e 按下式计算：

$$V_e = \frac{K_0(K_D\sigma_c - \sigma)g}{K_G \gamma C_p^e} \times 10^4 \qquad (12-3)$$

岩石处于弹塑性状态时，巷道表面质点的临界振动速度 V_{ep} 按下式计算：

$$V_{ep} = \frac{K_0(K_D\sigma_c - \sigma)g}{K_G \gamma C_p^p} \times 10^4 \qquad (12-4)$$

岩石出现坍塌时，巷道表面质点的临界振动速度 V_p 按下式计算：

$$V_p = \frac{K_0(K_D\sigma_c - \sigma)g}{K_G \gamma C_p^p} \times \frac{1}{K_Z} \times 10^4 \qquad (12-5)$$

式中：K_0——爆炸应力波入射方向有关的系数，巷道受到爆炸应力波入射作用时，$K_0=2.0$，当巷道受到爆炸应力波反射作用时，$K_0=1.41$；

K_D——岩石动力强度提高系数；

σ_c——岩石静力抗拉强度，Pa；

σ——巷道周边岩石的静应力，Pa；

γ——岩石的容重，N/m³；

g——重力加速度，取 9.81m/s²；

C_p^e——纵波弹性波速，m/s；

C_p^p——岩石纵波弹塑性波速，m/s，如无实测资料可取 $C_p^p = 2C_p^e$；

K_G——动应力集中系数。

(6)地震波远离爆源，可近似看成平面波，地震波产生的质点速度与地震波引起的介质应力存在一定的线形关系 $\sigma = \rho_r C_P V$。

二、数值计算分析

从计算结果分析可以看出：

(1)无论是二维或是三维数值计算结果，后行洞爆破开挖时，先行洞洞周迎爆侧质点爆破振动最为强烈，尤其是迎爆侧拱肩、拱腰及拱脚处，一般以拱腰处质点的 X 向速度为最大，爆破荷载产生的附加峰值拉应力较大，而拱腰和拱脚处质点爆破荷载产生的附加压应力较大，因此，后行洞爆破施工中，先行洞迎爆侧是监控量测的重点部位。

图 12-2 为后行洞爆破开挖，先行洞洞周质点 X 向、Y 向速度峰值典型分布情况。图 12-3 为后行洞爆破开挖，先行洞洞周质点附加第 1 主应力、第 3 主应力峰值典型分布情况。

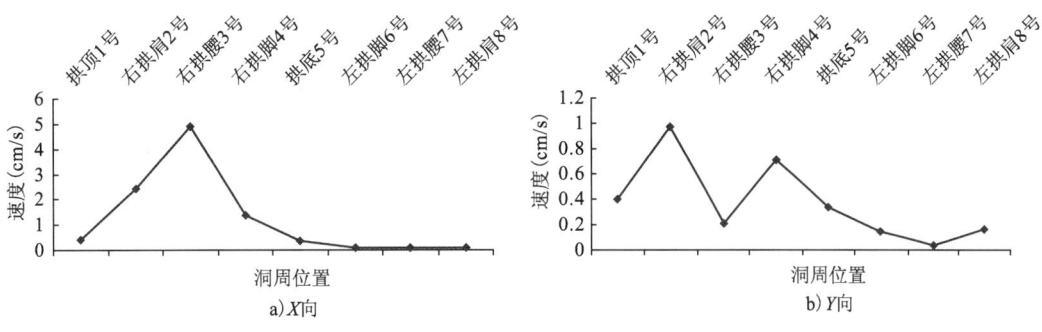

图 12-2　先行洞洞周质点典型 X、Y 向峰值速度展开图

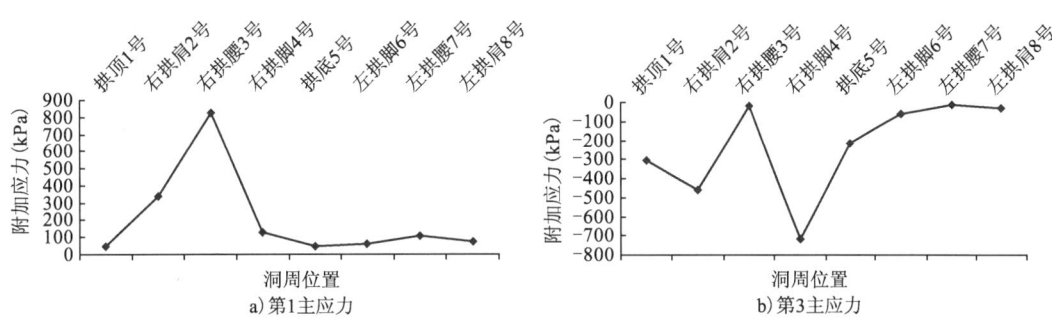

图 12-3　先行洞洞周质点典型附加第1、3主应力峰值展开图

（2）通过三维数值模拟计算可知，后行洞爆破开挖对先行洞与开挖掌子面相对应断面影响最大，呈指数规律衰减。掌子前、后距离1倍开挖跨度（1B）范围内影响相对较大，当与掌子面距离超过2B以后，其影响就很小了。因此，后行洞爆破施工中，先行洞与爆破断面相应断面应重点监控，其前后1B范围内宜进行监控。图12-4为后行洞爆破开挖，先行洞岩墙拱腰质点峰值速度、峰值附加拉应力典型分布图。

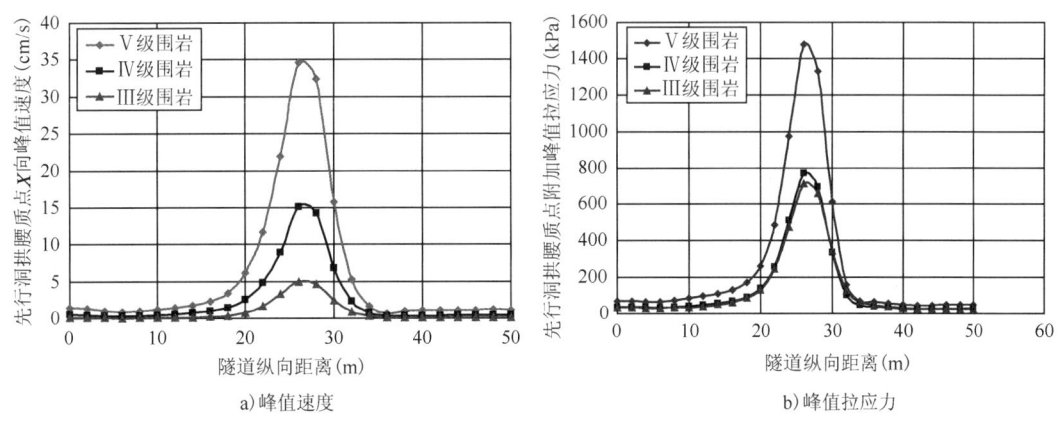

图 12-4　先行洞中岩墙拱腰质点峰值速度、附加拉应力分布图

(3)通过后行洞爆破开挖对先行洞的影响与净距的关系分析,可以发现,当净距小于6m(0.5B)后,爆破振动影响显著增加;当净距大于12m(1.0B)后,其影响变得平缓,见图8-4、图8-5峰值速度、峰值附加拉应力与净距的典型关系曲线。

(4)通过后行洞爆破开挖对先行洞的影响与围岩级别的关系分析,可以发现,围岩级别越低,其他条件相同时,产生的爆破振动越强。因此,对于低级别的围岩,宜采用机械开挖为主,辅以少量的弱爆破;对于高级别围岩,采用爆破开挖,宜选择合理的开挖方式和减振措施等。

(5)由于数值计算中未考虑增加临空面的有利影响,因此,计算结果以采取上、下台阶法开挖为宜。图11-3、图11-4为后行洞不同爆破开挖方式下先行洞洞周最大速度、最大附加拉应力对比。若考虑临空面对减轻爆破振动的有利影响,以及掏槽眼宜远离中岩墙的要求,采用侧壁导坑法开挖时,采用先开挖远离中岩墙侧的侧壁导坑法较好。

(6)对中岩墙采用注浆加固,提高围岩参数,对降低爆破振动作用明显,而采用锚杆或预应力锚杆加固对降低爆破振动效果不明显。图9-17、图9-18为岩墙不同加固方式下先行洞洞周最大速度、最大附加拉应力对比。

(7)通过研究表明,峰值速度与峰值附加拉应力之间成在一定线性关系,见图12-5、图12-6。表12-2~表12-4分别列出Ⅲ、Ⅳ、Ⅴ级围岩各计算工况下,峰值速度与峰值附加拉应力之间关系的拟合公式及相关系数。从计算结果来看,峰值速度与附加拉应力的关系仅与围岩条件、支护形式有关,和荷载大小、净距关系不大。由于在现场监控量测中进行动应力和动应变测试较为困难,因此,可以通过监控量测先行洞洞周质点振动速度,控制峰值速度来达到保证爆破荷载作用下围岩稳定、结构体安全的目的。

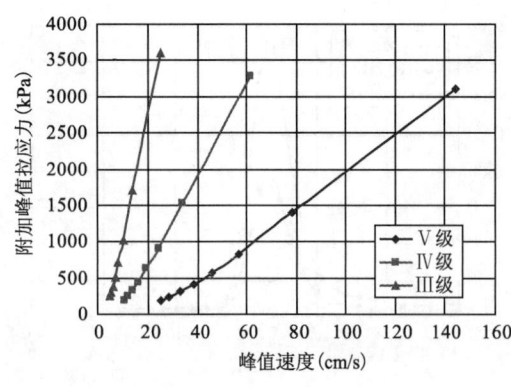

图12-5 峰值速度与峰值附加拉应力典型关系曲线

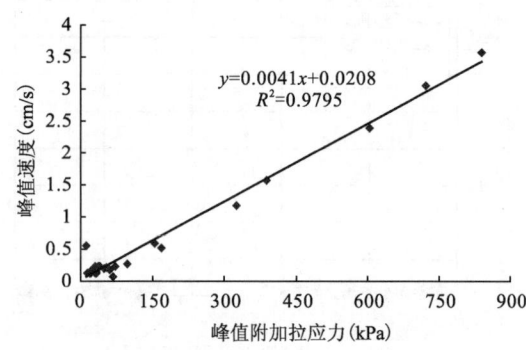

图12-6 峰值速度与峰值附加拉应力典型拟合关系曲线

Ⅴ级围岩各工况峰值速度与峰值附加拉应力拟合公式及控制速度值表　　表12-2

计算工况	工况描述	拟合公式(线性)	相关系数 R	计算控制速度(cm/s)	建议控制速度(cm/s)
工况1	先洞贯通,毛洞(0.25MPa)	$V=0.0961\sigma_l-0.0436$	0.9955	—	14
工况2	先洞贯通,有支护(0.25MPa)	$V=0.0081\sigma_l-2.0436$	0.9456	14.12	
工况3	先洞贯通,毛洞(1.7MPa)	$V=0.0962\sigma_l-0.3151$	0.9955	—	
工况4	先洞贯通,有支护(1.7MPa)	$V=0.0081\sigma_l-2.9659$	0.9507	13.19	
工况5	先行洞超前12m	$V=0.0079\sigma_l-1.2307$	0.9292	14.53	
工况6	两隧道同步推进	$V=0.006\sigma_l-0.0327$	0.9456	11.94	

注:公式中 V 为峰值速度(cm/s); σ_l 为峰值拉应力(kPa)。

Ⅳ级围岩各工况峰值速度与峰值附加拉应力拟合公式及控制速度值　　表12-3

计算工况	工况描述	拟合公式(线性)	相关系数 R	计算控制速度(cm/s)	建议控制速度(cm/s)
工况7	先洞贯通,有支护(0.25MPa)	$V=0.0068\sigma_l-0.0249$	0.9087	13.54	12
工况8	先洞贯通,有支护(0.5MPa)	$V=0.0066\sigma_l+0.1182$	0.9399	13.29	
工况9	先洞贯通,有支护(1.0MPa)	$V=0.0067\sigma_l+0.1783$	0.9038	13.54	
工况10	先洞贯通,毛洞(1.7MPa)	$V=0.02\sigma_l-0.2385$	0.995	—	
工况11	先洞贯通,有支护(1.7MPa)	$V=0.0066\sigma_l-0.3717$	0.9861	12.11	
工况12	先洞贯通,有支护(2.0MPa)	$V=0.0068\sigma_l+0.8566$	0.9118	14.42	
工况13	先行洞超前18m	$V=0.0066\sigma_l-0.1025$	0.9545	13.06	
工况14	先行洞超前12m	$V=0.0066\sigma_l-0.2025$	0.9793	12.96	
工况15	先行洞超前6m	$V=0.0060\sigma_l-0.4745$	0.9808	11.50	
工况16	两隧道同步推进	$V=0.0054\sigma_l+0.1232$	0.9434	10.90	

注:公式中 V 为峰值速度(cm/s); σ_l 为峰值拉应力(kPa)。

Ⅲ级围岩各工况峰值速度与峰值附加拉应力拟合公式及控制速度值表　　表12-4

计算工况	工况描述	拟合公式(线性)	相关系数 R	计算控制速度(cm/s)	建议控制速度(cm/s)
工况17	先洞贯通,毛洞情况(1.7MPa)	$V=0.0073\sigma_l+0.1536$	0.9986	—	8
工况18	先洞贯通,有支护(1.7MPa)	$V=0.0041\sigma_l+0.0208$	0.9795	8.20	
工况19	先行洞超前18m	$V=0.0041\sigma_l+0.0217$	0.9816	8.20	
工况20	先行洞超前12m	$V=0.0041\sigma_l+0.0174$	0.9808	8.20	
工况21	先行洞超前6m	$V=0.0041\sigma_l+0.0146$	0.9824	8.19	
工况22	两隧道同步推进	$V=0.004\sigma_l+0.0658$	0.9306	8.05	
工况23	先洞贯通,有支护(1.7MPa)	$V=0.004\sigma_l+0.2914$	0.9636	8.27	
工况24	先洞贯通,有支护(3.4MPa)	$V=0.0044\sigma_l+0.2023$	0.9712	8.98	
工况25	先洞贯通,有支护(3.4MPa)	$V=0.0041\sigma_l+0.4054$	0.9344	8.58	

注:公式中 V 为峰值速度(cm/s); σ_l 为峰值拉应力(kPa)。

三、现场试验分析

根据后行洞爆破开挖的实际进程,分别沿先行洞横断面和隧道纵向设置速度传感器进行爆破振动速度量测,共测试了13组共计72个测点,其中为了探讨振速在先行洞横断面上的分布规律进行了9组测试,为了探讨振速在先行洞纵向的分布规律进行了4组测试。每个测点分别监测了 X 向(隧道径向)和 Y 向(隧道纵向)振动速度,测得的最大振动速度仅为9.34cm/s(X 向)。图12-7为爆破振动典型时间历程曲线。

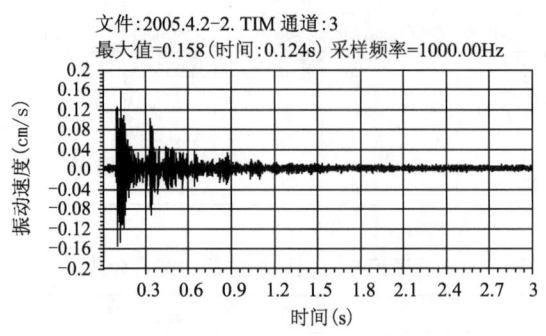

图12-7 爆破振动典型时间历程曲线

(一)先行洞振动速度在横断面内的分布情况

为了研究后行洞爆破开挖时,先行洞横断面振动速度分布情况,分别在先行洞K17+434、K17+362、K17+340等处布置测点,在后行洞上台阶、下台阶开挖时进行了9组测试。

1. 后行洞上台阶爆破,先行洞横断面振速分布情况

后行洞上台阶爆破时,在先行洞横断面内共进行了6组测试(1~6组),反映的规律基本相同,这里以第2组测试结果为例分析振速的分布规律。

测试时间:2005.5.4;后行洞开挖位置:K17+364,上台阶;装药量:24×3=72kg;先行洞测试位置:K17+362;双洞净距为11.4m。其测点布置见图12-8,测试结果见表12-5、图12-9。

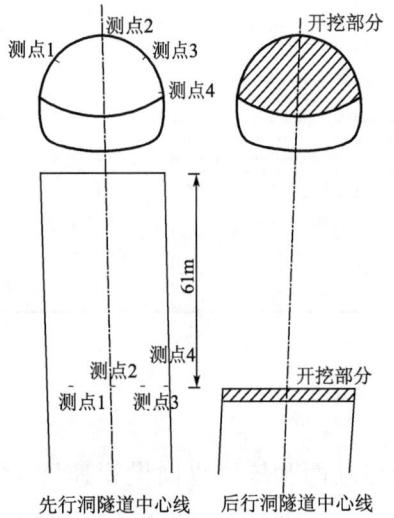

图12-8 第2组爆破振动测点布置图

第2组爆破振动测试结果　　　表12-5

测点	峰值速度	最大值 V_{max} (cm/s)	最小值 V_{min} (cm/s)
测点1	X 向	0.796	−0.689
	Y 向	1.678	−1.007
测点2	X 向	0.804	−1.301
	Y 向	2.436	−4.089
测点3	X 向	5.245	−4.188
	Y 向	3.091	−3.045
测点4	X 向	6.945	−6.429
	Y 向	2.940	−4.174
	Z 向	4.045	−4.529

注:1. 表中 X 向指的是垂直于喷射混凝土表面方向;Y 向指的是在横截面内垂直于 X 向的方向;Z 向指的是隧道纵深方向。
2. X、Y、Z 满足右手法则。

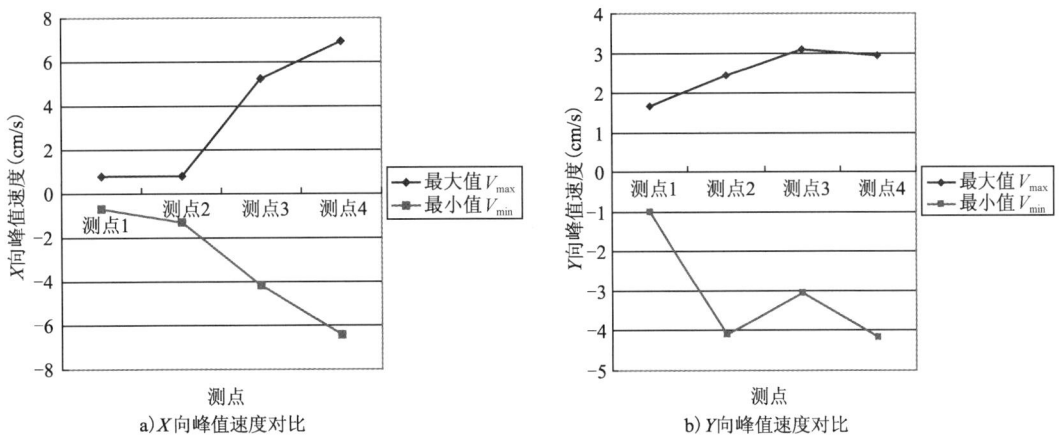

图 12-9 第 2 组峰值速度对比

由测试结果可以看出：

X 向峰值速度的极值出现在测点 4(6.95cm/s，－6.43cm/s)，其次是测点 3(5.25cm/s，－4.19cm/s)；Y 向峰值速度的极值出现在测点 4(2.94cm/s，－4.17cm/s)，其次是测点 3(3.09cm/s，－3.05cm/s)、测点 2(2.44cm/s，－4.09cm/s)。

2. 后行洞下台阶爆破，先行洞横断面振速分布情况

后行洞下台阶爆破时，在先行洞横断面内共进行了 3 组测试(7～9 组)，反映的规律基本相同，这里以第 7 组测试结果为例分析振速的分布规律。

后行洞开挖位置：LK17＋340，下台阶；总装药量：12kg；先行洞测试位置：K17＋340；净距：12.5m；其测点布置见图 12-10，测试结果见表 12-6、图 12-11。

第 7 组爆破振动测试结果 表 12-6

测点	峰值速度	最大值 V_{max} (cm/s)	最小值 V_{min} (cm/s)
测点 1	X 向	0.377	－0.291
	Y 向	0.172	－0.566
测点 2	X 向	0.143	－0.476
	Y 向	0.103	－0.482
测点 3	X 向	0.404	－1.162
	Y 向	0.152	－0.215
测点 4	X 向	1.181	－3.232
	Y 向	0.529	－1.727
	Z 向	0.152	－0.442

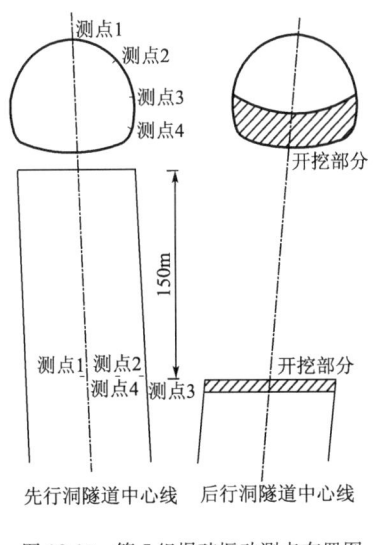

图 12-10 第 7 组爆破振动测点布置图

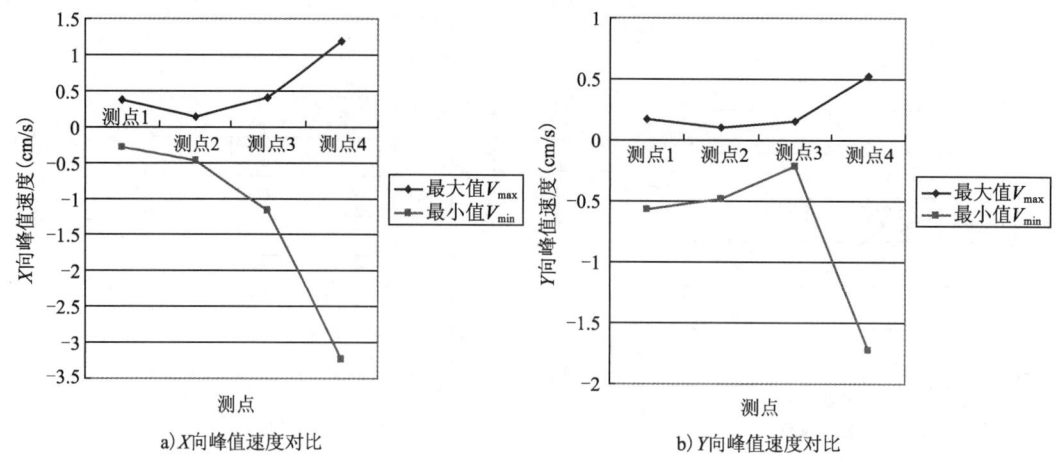

图 12-11 第 7 组峰值速度对比

由测试结果可以看出，X 向峰值速度的极值出现在测点 4(1.18cm/s，−3.23cm/s)，其次是测点 3(0.40cm/s，−1.16cm/s)；Y 向峰值速度的极值出现在测点 4(0.529cm/s，−1.727cm/s)，其值明显大于其他 3 个测点。

（二）先行洞振动速度沿隧道纵向的分布情况

先行洞振动速度沿隧道纵向的分布测试一共进行了 4 组（10～13 组），反映的规律基本相同，这里以第 11 组测试结果为例分析。

后行洞开挖位置：LK17+379，上台阶；总装药量 24kg；先行洞测试位置：测点 1(K17+359)、测点 2(K17+369)、测点 3(K17+379)、测点 4(K17+399)；测点 3 所在断面双洞净距：8.95m。其测点布置见图 12-12，测试结果见表 12-7、图 12-13。

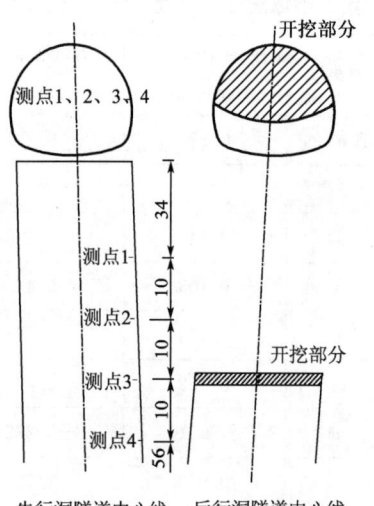

图 12-12 第 11 组爆破振动测点布置图（尺寸单位：m）

第 11 组爆破振动测点布置图　表 12-7

测点	峰值速度	最大值 V_{max} (cm/s)	最小值 V_{min} (cm/s)
测点 1	X 向	0.760	−1.059
	Y 向	0.773	−0.750
测点 2	X 向	2.032	−1.771
	Y 向	0.564	−0.895
测点 3	X 向	4.658	−4.336
	Y 向	3.091	−3.045
测点 4	X 向	1.346	−1.291
	Y 向	0.451	−0.434
	Z 向	0.935	−0.714

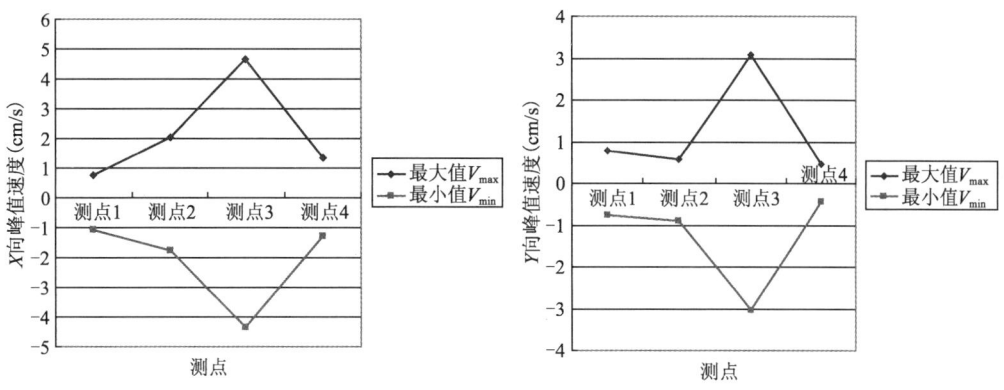

图 12-13　第 11 组 X 向峰值速度对比

由测试结果可以看出，X 向峰值速度的极值出现在测点 3(4.66cm/s，－4.34cm/s)，其值明显大于其余三个测点；Y 向峰值速度的极值出现在测点 3(3.09cm/s，－3.05cm/s)，其值明显大于其余三个测点。

(三)爆破振动规律总结

后行洞爆破开挖对与爆破位置相邻的先行洞初期支护影响最大。后行洞上台阶爆破开挖时，最大振速出现在先行洞初期支护靠中岩墙一侧的拱腰位置，方向为垂直于喷射混凝土表面的方向[图 12-14a)]，该方向的振动可以使喷射混凝土表面产生较大的拉应力，有可能会引起喷射混凝土的开裂。

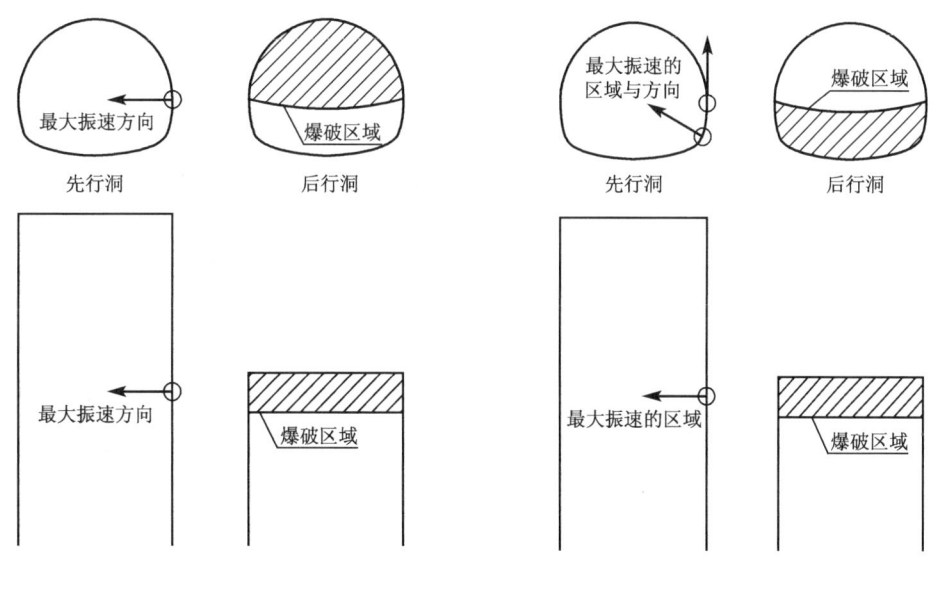

图 12-14　后行洞爆破，先行洞最大振速的区域与方向示意图

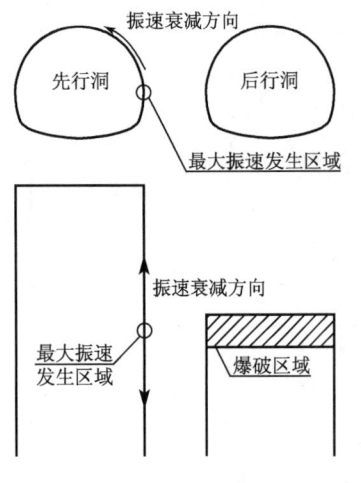

图 12-15　先行洞结构振速衰减示意图

后行洞下台阶爆破开挖时，X 向（垂直于喷射混凝土表面的方向）最大振速出现在先行洞初期支护靠中岩墙一侧的拱脚位置，Y 向（隧道横断面内平行于喷射混凝土表面的方向）最大振速出现在先行洞初期支护靠中岩墙一侧的拱腰位置［图 12-14b)］。与后行洞上台阶爆破时的最大振速相比，下台阶爆破时的最大振速要小，这主要是因为下台阶爆破的装药量比上台阶爆破的装药量少。

振动速度自最大振速区域沿隧道纵向、环向衰减，如图 12-15 所示。

第三节　结论及工程建议

一、小净距隧道爆破振动的重点监控部位

小净距隧道爆破施工中，后行洞爆破开挖对先行洞或既有隧道迎爆侧影响较大。同时，在隧道的纵向，与爆破掌子面对应前后 $1B$（B 为开挖跨度）范围内是影响较大的范围。

因此，在爆破振动监控量测中，应重点监控量测先行洞与后行洞掌子面对应断面的迎爆侧，同时，加强对掌子面前后 $1B$ 距离范围的监控量测。

二、小净距隧道爆破施工设计及控制标准

（一）爆破振动控制标准

小净距隧道爆破振动影响目前并未有统一的标准，根据收集到的资料和本次的研究成果，采用振动最大临界速度进行控制是可行的，因为现场进行速度测试相对比较简单，另外，由本次数值计算可以看出，峰值速度与爆破振动产生的峰值附加拉应力存在一定的线性关系，控制峰值速度，相当于控制了峰值附加拉应力。在爆破振动中，峰值附加拉应力往往是造成洞周围岩开裂、掉块、塌落的主要因素。

关于安全的最大临界振动速度，采用波动与应力集中的观点，以岩体动力强度与岩石隧道所受动、静应力之和相平衡的条件为准则，推导出的在爆炸地震波作用下隧道围岩处于弹性状态、弹塑性状态、局部坍塌状态、大面积坍塌状态时的质点临界振动速度计算公式，具有一定的工程意义，可以在初步设计时作为参考。同时，后行洞爆破

时,宜使大部分中岩墙处于弹性波作用范围内,由弹性状态临界速度公式(12-3)可推得大部分岩石的弹性临界振动速度为1~20cm/s。

另外,以围岩或初期支护喷射混凝土的动力抗拉强度为标准,利用其与爆破振动速度之间的关系,也可以推得围岩或喷射混凝土的最大临界振动速度,作为初步设计时参考。通过计算以C25混凝土的抗拉强度为准,计算得控制速度在15cm/s左右,并且研究表明附加峰值拉应力和峰值速度关系曲线仅与围岩级别和支护状态有关,与净距、爆破荷载大小无关。

我国《爆破安全规程》[95](GB 6722—2003)中对交通隧道安全容许振动速度取为10~20cm/s;吴德伦等人建议良好支护的地下洞室或地下建筑物的安全容许振动速度为10~13cm/s;唐春海和于亚伦[96]等建议矿山巷道或隧道的安全容许振动速度为10~30cm/s。目前,虽然部分学者的研究结果表明爆破安全规程规定的值在实际施工时还有较大潜力可挖。但是,对于小净距隧道,由于中岩墙厚度较小,是结构的薄弱部位,爆破振动影响也最为明显。中岩墙的损伤,将对小净距隧道长期安全性构成巨大的威胁。因此,对小净距隧道爆破振动控制来讲,宜从严控制,尤其是净距较小,影响较为严重的A类、B类小净距隧道。

根据以上原则,结合收集到的爆破振动测试资料,对于Ⅲ、Ⅳ、Ⅴ级围岩相互影响轻微的C类小净距隧道可以参照规范选取,对于影响一般的B类小净距隧道根据围岩情况,取其50%~90%。对于影响严重的A类小净距隧道,取其50%左右。

表12-8列出了爆破振动速度控制标准建议值。

爆破振动速度控制指标建议值(单位:cm/s) 表12-8

围 岩 级 别	小 净 距 隧 道 分 类		
	A类(严重影响)	B类(一般影响)	C类(轻微影响)
Ⅲ	8~10	10~12	15~20
Ⅳ	5~8	8~10	10~15
Ⅴ	<5	5~8	8~10

注:1. 对Ⅴ级围岩中严重影响的情况宜以机械开挖为主,辅以弱爆破。
  2. 具体工程中取值应结合围岩状况、断面大小、隧道净距、支护状况、加固措施、开挖方式等因素综合考虑。

(二)爆破施工设计

对于爆破施工设计,通过对现场测试资料的回归分析表明,由于地质条件的差异性,回归的参数变异性较大,采用某个回归公式进行爆破振动速度预测和控制是困难的,因此,建议在小净距隧道施工中,应先从小药量试爆测速来确定最大段装药量。

初步设计采用M.A.萨道夫斯基公式和表12-9提供的参数对最大段装药量进行预测。

不同岩性的 K、α 参考值　　　表 12-9

岩　　性	K	α
软弱岩石	250～350	1.8～2.0
中硬岩石	150～250	1.5～1.8
坚硬岩石	50～150	1.3～1.5

三、小净距隧道爆破振动控制的有效措施

根据邻近隧道爆破振动特点，结合研究结果，总结出几条主要的爆破减振控制措施：

(1)将一次爆破的所有炮孔分成几段按顺序起爆，段数越多，最大单段爆破装药量就可以较少，爆破最大振速将明显降低。

(2)为避免微差爆破延时时间不够或延时误差造成应力波叠加，从而使振动加强，在选择雷管段数时，应加大相邻段的段位差，爆破振动测试表明，只要每段爆破时差在100ms以上，各段爆破将不会出现爆破振动波重叠加大现象，同一段一段分开起爆一样。

(3)在减振要求较高的地段，除适当减小孔内线装药密度外，还可以采用周边预裂技术阻隔爆破地震波向外传播。

(4)若采用空孔直眼掏槽爆破方案，就增加空孔数量或增大空孔直径，以加大临空面，这对减小夹制作用、降低掏槽爆破的振动强度十分有效。

(5)在可注性较好的裂隙发育围岩中，对岩墙进行注浆加固可以减小爆破振动的影响。

(6)掏槽爆破宜尽量远离中岩墙，以减小对中岩墙造成的损伤。

(7)后行洞采用上下台阶法开挖，对降低爆破振动有利，采用侧壁导坑法开挖时，考虑到掏槽爆破宜尽量远离中岩墙，增加临空面能降低爆破振动影响等因素，宜先开挖远离中岩墙侧。

(8)在小净距隧道爆破设计中，除要控制最大段装药量外，还需控制开挖的进尺，不宜大于隧道净距的 1/3。

(9)先行洞初期支护的及时跟进和封闭对降低爆破振动有一定的效果。

(10)二次衬砌的浇筑宜在后行洞爆破振动影响范围以外，即落后于开挖掌子面 $2B$ 以上，以减轻爆破振动对二次衬砌的影响。

第十三章　小净距隧道监控量测体系及监控基准

第一节　概　述

现场施工量测是新奥法施工的一项重要内容，它既是施工安全的重要保证措施，又是优化结构、降低材料消耗的重要手段。按新奥法理念进行设计、施工并采用复合式衬砌的小净距隧道，由于围岩自稳性和支护结构的受力较一般隧道复杂，必须将现场监控量测体系和项目列入施工组织设计，并在施工中认真贯彻。现场监控量测的主要目的：

(1)监控围岩应力和变形情况，验证支护结构的实际效果，保证围岩稳定、施工安全和隧道结构的可靠。

(2)通过量测数据分析，提供判别围岩和支护系统基本稳定的依据，确定二次衬砌和仰拱的施作时机。

(3)通过量测数据的分析处理，为理论解析、数据分析提供对比指标，掌握围岩稳定性变化规律，了解支护结构的工作状态，确定修改支护、衬砌设计参数和施工工法，提供围岩和支护衬砌最终稳定的信息。

(4)为隧道工程设计与施工积累资料。

对于小净距隧中岩墙厚度较普通分离式隧道小，其围岩受到多次开挖的扰动，结构的受力较为复杂，其薄弱环节和薄弱部位、现场监控量测的重点以及量测项目的基准值较一般的分离式隧道均有不同。本章主要在资料收集、理论分析、数值计算、模型试验的基础上，结合依托工程的现场试验，对小净距隧道的变形、受力的薄弱环节和薄弱部位进行研究，研究小净距隧道现场监控量测的必测项目和选测项目、监控量测的重点部位和重点环节、建立现场监控量测的体系以及确定现场监控量测的基准等。

第二节　现场监控量测的项目及测试方法

从对已建小净距隧道现场施工管理、监控量测管理资料收集到的资料，以及前述理论分析、数值模拟计算、模型试验和现场试验研究成果可知：

(1)小净距隧道中岩墙是设计、施工中的薄弱部位和薄弱环节,应加强对中岩墙变形、受力以及爆破振动影响的监控量测。因此,根据影响程度,增加对中岩墙压力、加固效果的测试项目。

(2)小净距隧道开挖对本洞及相邻洞室开挖掌子面前后1B范围影响较为明显,因此应对该范围进行重点监控量测,增加量测频率。对开挖掌子面前后2B范围内宜加强量测。

(3)小净距隧道相互影响程度不同,其监控量测的侧重点应有所区别,因此,宜根据围岩类别、小净距类别选取相应监控对策。

(4)对于小净距隧道监控量测项目,仍分为必测项目和选测项目,必测项目为先行、后行洞均须进行的常规监控量测项目,包括地质与支护状态现场观测、洞周收敛量测和拱顶下沉监控量测。选测项目根据地质情况、影响程度、开挖方式以及量测目的等因素进行选择。

对于小净距隧道,在施工过程中,主要监控量测项目、量测方法及量测频率,见表13-1。各项监控量测项目的目的、作用如下。

小净距隧道现场监控量测的项目及量测的方法　　　　　　表13-1

序号	项目名称	方法及应用工具	布置时间和位置	量测频率
1	洞内地质和支护状态观测	岩性、结构面、产状、裂隙、地下水、支护结构状况的观测与描述。使用地质罗盘、锤击、数码相机等	掌子面开挖后立即观测、记录。支护状态随时进洞观测。后行洞爆破后,注意对先行洞相应断面前后1B范围支护状况观测	每次爆破前、后进行
2	洞周位移	收敛计	每10~50m布置一个断面,每断面布置5个测桩,量测4~6条测线	后行洞掌子面对应前后<1B范围:1次/d; 后行洞掌子面对应前后<2B范围:1~2次/周; 后行洞掌子面对应前后>2B范围:1~3次/月
3	拱顶下沉	精密水准仪、水准尺、钢卷尺	每10~50m布置一个断面	同洞周位移量测
4	地表沉降观测	精密水准仪、水准尺	洞口、偏压、浅埋段每10~20m布设一个断面,每断面布设16个点	先行洞和后行洞掌子面距量测断面前后<1B时:1次/d; 先行洞和后行洞掌子面距量测断面前后<2B时:1~2次/周; 先行洞和后行距量测断面前后>5B时:1~3次/月
5	围岩内部位移(地表设点)	地表钻孔,多点位移计及千分表	洞口、偏压、浅埋段每10~20m布设一个断面,每断面3~5个钻孔	同地表沉降观测
6	围岩内部位移(洞内设点)	洞内钻孔,多点位移计及千分表	每10~50m布置一个断面。每断面5~8个测桩	同洞周位移量测

续上表

序号	项目名称	方法及应用工具	布置时间和位置	量测频率
7	围岩压力及两层支护间压力	压力盒及相配套的测量仪	每10～50m布置一个断面。每断面5～8个测点。其中围岩压力测试压力盒在毛洞开挖后立即安装;初衬与二衬之间的压力盒在二衬浇筑前安装	同洞周位移量测
8	钢支撑内力	应力计或钢筋计,与之配套的测量工具	每10～50m布置一个断面。每断面5～8个测点	同洞周位移量测
9	支护、衬砌内力、表面应力、裂缝量测	混凝土应变计、应力计、测缝计	每10～50m布置一个断面。每断面5～8个测点	同洞周位移量测
10	锚杆轴力	锚杆轴力计或钢筋计	每10～50m布置一个断面。每断面5～8个测点	同洞周位移量测
11	锚杆抗拔力、预应力锚杆预应力测量	锚杆测力计及拉拔计	必要时进行	—
12	中岩墙应力测试	应力传感器	必要时进行	—
13	中岩墙加固效果测试	钻心取样机及相应设备	必要时进行	—
14	中岩墙弹性波测试	弹性波速测试仪及相应超声波发射、接受传感器及分析处理软件	具有代表性地段设置	同洞周位移量测
15	先行洞爆破振动速度	振动测试仪、速度传感器、记录仪及分析软件	围岩级别、隧道净距、先行洞支护体系、后行洞施工方法变化处设置监控断面,后行洞掌子面离监控断面前后1B范围内量测	后行洞爆破前安装,后行洞爆破中采集数据

(1)地质与支护状态现场观测。

隧道开挖工作面爆破后立即对本洞的工程地质情况进行观察和记录,对相邻洞室开挖掌子面前后1B范围内的支护状态进行观察和记录;初期支护完成后应进行喷层表面观察和记录(包括裂缝描述),这对于预测开挖面前方的地质条件,直接判断围岩、隧道的稳定性,加固措施、支护参数的合理性以及施工方案的合理性均是不可缺少的。因此,将这两项观测项目定为小净距隧道施工中各级围岩都应采用的必测项目。

利用照相、地质罗盘、素描等技术对开挖面附近的围岩稳定性,地质构造情况、支护变形与稳定情况,准确掌握围岩状况。

(2)洞周收敛量测。

隧道开挖所引起的围岩变形,最直观的表现就是隧道净空的变化(收缩或扩张),它是判断围岩动态最重要的量测信息。因此,在各级围岩中,作为必测项目,洞室开挖后均应进行量测。

收敛量测结果主要用于评定隧道的稳定性,隧道稳定性判断有两个方面:一是初期支护的稳定性判断,据此确定二次衬砌的浇筑时机,判断后行洞对先行洞的影响程度;二是洞周边总收敛值判断,在规定容许值内,且不大于预留变形量,据此保证结构不侵限。

(3)拱顶下沉量测。

拱顶下沉量测与洞周收敛量测一样,在各级围岩中,作为必测项目,洞室开挖后均应进行量测。对于埋深较浅、固结程度较低的地层,水平成层的场合,这项量测比收敛量测更为重要,其量测数据是判断支护效果,指导施工工序,保证施工质量和安全的最直接的基本资料。

(4)地表沉降量测。

位于软弱破碎围岩中的小净距隧道,隧道相互影响较大,如果覆盖层厚度较小时,在隧道施工过程中,围岩的应力、位移等变化在很大程度上反映到地表沉降上。通过对不同施工过程中地表沉降的叠加效应量测,测出扰动范围、最大沉降量和地表倾斜程度,据此判断围岩的稳定性和采取相应的施工决策。量测目的在于了解以下内容:

①地表下沉范围、量值。

②地表及地中下沉随工作面推进的规律。

③地表及地中下沉稳定的时间等。

(5)围岩内部位移量测(地表设点、洞内设点)。

围岩内部位移量测包括从地表设点和从洞内设点两种方式,通过对围岩内部的位移量测,可得出隧道周边围岩表面的测点与围岩内部各测点之间的相对位移值,据此可分析围岩位移随深度的变化关系,判断因隧道开挖引起的围岩松动和松弛范围,为围岩加固设计与施工提供参数,还可以探讨支护结构与围岩相互作用的关系。

(6)围岩与初期支护之间接触压力量测。

其目的是了解隧道开挖后围岩压力沿洞室周边分布规律、围岩应力重分布的时间效应和空间效应,判断围岩的稳定性,以及围岩压力与支护的相互作用关系。

(7)初期支护与二次衬砌之间接触压力量测。

通过初期支护与二次衬砌接触压力的量测,进一步推求围岩压力大小、分布规律和初期支护形式的合理性,判断二次衬砌的受力情况,分析二次衬砌的长期安全性。

(8)钢支撑内力量测。

通常把工程实际中初期支护采用的型钢支撑与格栅支撑统称为钢支撑,钢支撑内力的量测有如下作用:

①根据钢支撑的受力状态,为判断洞室稳定提供可靠信息。

②了解钢支撑的工作状态,评价钢支撑与喷层对围岩的组合支护效果,判断初期支护的安全性和可靠性。

③了解钢支撑的受力大小,为钢支撑的选型提供依据。

(9)二次衬砌内力量测。

目前,隧道工程中多采用现浇混凝土或钢筋混凝土作为二次衬砌支护结构。而二次衬砌的施作,受时间因素影响较大,直接关系到衬砌结构的安全,过早施作会使二次衬砌承受较大的围岩压力,过晚在某些条件下又不利于初期支护稳定。支护质量的优劣,往往体现隧道外观的好坏,因此,隧道二次衬砌质量的好坏,对隧道的长期稳定性,使用功能的正常发挥以及外观美均有很大的影响,为了监控隧道的长期稳定性以及结构的长期安全性,需要对二次衬砌进行内力量测。归纳起来,其主要目的:

①了解二次衬砌受力情况。

②判断支护结构长期使用的可靠性和安全性。

③检验二次衬砌设计的合理性,积累资料为工程类别比提供依据等。

(10)锚杆轴力量测。

通过锚杆轴力的量测,可以了解锚杆受力状况和轴力的大小,了解锚杆受力分布规律,为分析锚杆的作用机理提供实测资料,同时,可以概略判断围岩内强度下降区的界限,从而为锚杆参数设计提供一定依据。

(11)锚杆抗拔力,预应力锚杆预应力。

主要了解锚杆及预应力锚杆的施作效果,评价锚杆和预应力锚杆的可靠性。

(12)中岩墙应力量测。

主要了解中岩墙应力随开挖进程的变化情况,评价中岩墙的稳定性和长期安全性。

(13)中岩墙加固效果测定。

对于注浆加固中岩墙,主要测试加固后岩体(岩石)力学参数测试:抗压强度R_b、变形模量E、黏聚力c、内摩擦角φ以及泊松比μ等,以评价加固后岩墙的受力、变形情况;其余情况,可以对中岩墙进行弹性波测试,了解中岩墙的松弛情况,以此评价中岩墙的加固效果及稳定性和长期安全性。

(14)爆破振动测试。

了解小净距隧道爆破开挖产生的爆破振动相互影响范围、程度,为小净距隧道爆破施工方案的选取提供依据。

其中,地质及支护状态观测、洞周收敛量测、拱顶下沉量测为必测项目,其余为选测项目。必测项目是现场量测的核心,它是设计、施工所必需进行的经常性量测。选测项目是由于不同地质、工程性质、相互影响程度等具体条件和现场量测要取得的数据类型而选测的项目,在有的情况下也是十分重要的。同时,对于一个具体的工程项目来说,对上述列举的选测项目不会全部应用,只是有目的选用其中几项。

对于Ⅲ、Ⅳ、Ⅴ级围岩,不同类型小净距隧道现场监控量测项目可参考表13-2进行选取。

表 13-2

监控量测项目选择建议表

量测项目		Ⅲ级围岩 A类	Ⅲ级围岩 B类	Ⅲ级围岩 C类	Ⅳ级围岩 A类	Ⅳ级围岩 B类	Ⅳ级围岩 C类	Ⅴ级围岩 A类	Ⅴ级围岩 B类	Ⅴ级围岩 C类
必测项目	地质及支护状态观测	◎	◎	◎	◎	◎	◎	◎	◎	◎
	洞周收敛量测	◎	◎	◎	◎	◎	◎	◎	◎	◎
	拱顶沉降量测	◎	◎	◎	◎	◎	◎	◎	◎	◎
选测项目	地表沉降	△	△	△	△	△	△	◎	△	△
	围岩内部位移									
	接触压力量测	◎	○	△	◎	○	△	◎	△	△
	钢支撑内力量测				△	△	△	◎	△	△
	锚杆轴力量测	◎	○	△	◎	○	△	◎	△	△
	二次衬砌内力量测	△	△	△	△	△	△	◎	△	△
	锚杆拔力、预应力测试	○	△	△	○	△	△	○	△	△
	中岩墙应力测试	△	△	△	△	△	△	◎	△	△
	岩墙加固效果测试	△	△	△	△	△	△	◎	△	△
	爆破振动测试	◎	○	△	◎	△	△	△	△	△

注:1. ◎为必须进行的项目;○为应该进行的项目;△为必要时进行的项目。
  2. 必测项目需在先行、后行洞中进行,选测项目可根据情况仅在先行洞中进行。

第三节　现场监控量测基准

一、围岩稳定判定标准

一般情况下,二次衬砌宜在围岩和初期支护变形基本稳定后浇筑,其基本稳定的判断标准如下:

(1)隧道周边变形速率明显减缓,各测试项目明显收敛。

(2)实测位移达到总位移或回归预测位移的80%~90%。

(3)周边位移速率小于0.1~0.2mm/d。

(4)拱顶位移下沉速率小于0.07~0.15mm/d。

(5)初期支护表面裂缝不再继续发展。

二、洞周变形控制标准

在《公路隧道设计规范》(JTG D70—2004)中,认为按承载能力设计时,复合式衬砌初期支护的允许洞周相对收敛值应根据围岩地质条件分析确定,缺乏资料时可以按

表 13-3 取值。这是针对分离式单洞隧道提出的现场监控量测基准。

普通单隧道允许洞周水平相对收敛值(%) 表 13-3

围岩级别	覆盖层厚度(m)		
	<50	50~300	>300
Ⅲ	0.10~0.30	0.20~0.50	0.40~1.20
Ⅳ	0.15~0.50	0.40~1.20	0.80~2.00
Ⅴ	0.20~0.80	0.60~1.60	1.00~3.00

注：1. 水平相对收敛值是指收敛位移累计值与两测点间距离之比。
　　2. 硬质围岩隧道取表中较小值，软质围岩隧道取表中较大值。
　　3. 拱顶下沉允许值一般可按本表数值的 0.5~1.0 倍采用。
　　4. 本表所列数值在施工过程中可通过实测和资料积累作适当修正。

对于小净距隧道，从前面的研究结果来看：

(1)随着相邻洞室净距的不同，相互影响严重程度不一样，尤其是对中岩墙的稳定性，其直接反映就是隧道拱顶下沉及洞周收敛。因此，对于小净距隧道根据影响程度不同，对洞周位移的控制标准就应不同。

(2)对于小净距隧道，从每个洞室来看，在结构形式与普通分离式隧道相同，因此，其变形控制标准应与普通分离式隧道相似。但是考虑到小净距隧道中岩墙较薄，其稳定性至关重要，同时，隧道结构受力、变形较普通分离式隧道不利，宜采用别普通分离式隧道更高的安全性和可靠度，因此，其控制应从严要求。

(3)对于小净距隧道，与普通分离式隧道另一不同在于后行洞的施工也要引起先行洞的变形，因此，其变形控制应包括先行洞开挖引起和后行洞开挖引起的两部分。

从前面的研究得出，一般情况下，先、后行开挖掌子面保持在相互影响范围以外，因此，小净距变形控制宜按两阶段进行。

(4)通过综合分析数值计算、模型试验和现场实测数据，对于影响严重的 A 类小净距隧道，后行洞开挖引起的变形占先行洞总变形的 30%~40%；对于影响一般的 B 类小净距隧道，后行洞开挖引起的变形占先行洞总变形的 10%~20%；对于影响轻微的 C 类小净距隧道，后行洞开挖引起的变形占先行洞总变形的 10% 以下。

根据上述原则，结合收集到的资料，理论分析、数值计算、模型试验和现场试验研究成果，同时，考虑到现场测试元件安装滞后于开挖变形，先行洞开挖时，部分变形无法测量。因此，建议对于影响轻微的 C 类小净距隧道按普通分离式隧道控制标准采用，先行洞开挖后控制在 90%；对影响一般的 B 类小净距隧道按普通分离式隧道控制标准的 90% 采用，先行洞开挖后控制在 80%；对影响严重的 A 类小净距隧道按普通分离式隧道控制标准的 80% 采用，先行洞开挖后控制在 70%，见表 13-4。

小净距隧道允许洞周相对收敛值(%)　　　　　表 13-4

围岩级别	小净距隧道类别	覆盖层厚度(m)		
		<50	50~300	>300
Ⅲ	A	0.08~0.24	0.16~0.40	0.32~0.96
	B	0.09~0.27	0.18~0.45	0.36~1.08
	C	0.10~0.30	0.20~0.50	0.40~1.20
Ⅳ	A	0.12~0.40	0.32~0.96	0.64~1.60
	B	0.13~0.45	0.36~1.08	0.72~1.80
	C	0.15~0.50	0.40~1.20	0.80~2.00
Ⅴ	A	0.16~0.64	0.48~1.28	0.80~2.40
	B	0.18~0.72	0.54~1.44	0.90~2.70
	C	0.20~0.80	0.60~1.60	1.00~3.00

注:1.相对位移是指实测位移值与两测点之间距离的比值,拱顶下沉允许值一般可按本表数值的 0.5~1.0 倍采用。
2.C 类取普通单洞值;B 类取普通单洞值的 90%;A 类取普通单洞值的 80%。
3.脆性围岩取表中较小值,属性围岩取表中较大值。
4.先行洞开挖后 A、B、C 类分别控制在 70%、80%、90%。

同时,为保证小净距段的施工安全,建议采用三级位移预警管理,其标准见表 13-5。

隧道三级位移管理标准　　　　　表 13-5

等　级	标　　准	措　　施
三级预警	任一点的位移大于 10mm,实测相对位移达到容许值的 80%	报告现场管理人员
二级预警	两个相邻测点的位移均大于 15mm,或任一点的位移速度超过 15mm/月,实测相对位移超过容许值的 90%	分析原因,写出书面报告,采取控制措施,提出处理事态的预案建议
一级预警	位移大于 15mm,实测相对位移超过容许值的 90%,并且多处测点位移均在加速发展	应立即现场调查,迅速采取应急措施

三、爆破振动速度控制标准

根据前述研究,为了保证中岩墙稳定,隧道的长期安全性,爆破振动控制标准应从严,详见第十二章有关分析。其控制标准见表 12-8。

第四节　现场监控量测实施方案的制定

施工开始前,应制定详细的现场监控量测实施方案,标明施工中的薄弱环节和监控的重点部位现场监控,现场监控量测实施方案一般应包括以下主要内容:

(1)实施现场监控量测工程项目的基本概况。

(2)监控量测的目的、方法及监控量测断面选定,断面内测点的数量、量测频率,量测仪器和元件的选定及精度和率定方法,测点埋设时间等。

(3)量测数据处理方法,并进行试算。

(4)量测数据大致范围,作为判断异常的依据。

(5)从初期值预测最终位移值的方法,综合判断隧道最终稳定的标准。

(6)施工管理方法。

(7)异常情况的对策。

(8)利用反馈信息修正设计的方法。

(9)传感器埋设设计,包括埋设方法、步骤、各部分尺寸及回填浆液配比、工艺选定与工程进度衔接等。

(10)固定测试元件的结构设计和测试元件的附件设计。一般应保证测点的空间或平面位置正确,使测到的力和变形方向明确,防震、安全可靠;包括钻孔内、钻孔口部和引出线的布线方法,测试仪器对环境的要求。

(11)量测断面布置图和文字说明。

(12)监控量测说明书。

第五节　小净距隧道现场监控量测的管理

一、监控量测的组织

(1)隧道现场监控量测应成立专门测量小组,每小组由较熟悉监控量测业务工作的3~5人组成,由施工单位或委托独立于建设单位和施工单位的第三方承担量测任务。

(2)量测组负责测点埋设、日常量测、数据处理和仪器保养维修工作。

(3)现场监控量测小组对经处理的数据应及时反馈,每月按时提交正常监控量测报告,特殊时期应尽快提交紧急量测报告。

(4)涉及监控量测的工程变更应由监控量测方提出变更依据和监控数据,并应征得监控方同意。

(5)现场监控量测应按现场监控量测方案认真组织实施,并与其他施工环节紧密配合,不得中断工作。

(6)各预埋测点应牢固可靠,易于识别并妥善保护,不得任意撤换和破坏。

二、监控量测管理流程

监控量测管理流程见图13-1。

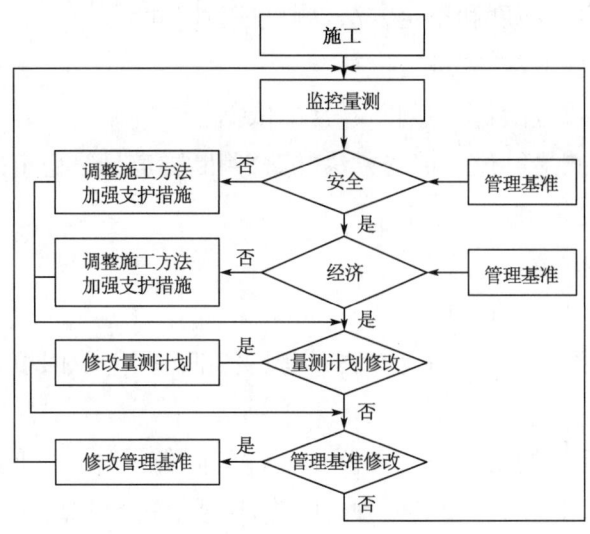

图 13-1 监控量测管理流程

三、监控量测资料整理

(1)首先对现场量测资料应认真检查、审核和计算,每次量测结束后,应在 2h 内进行资料整理工作。

(2)及时将量测资料填入有关图格,以便了解量测数据的变化规律,便于各量测断面和相同与不相同量测手段之间的对比、验证。

(3)使用电子计算机的量测处理系统,参见图 13-2。

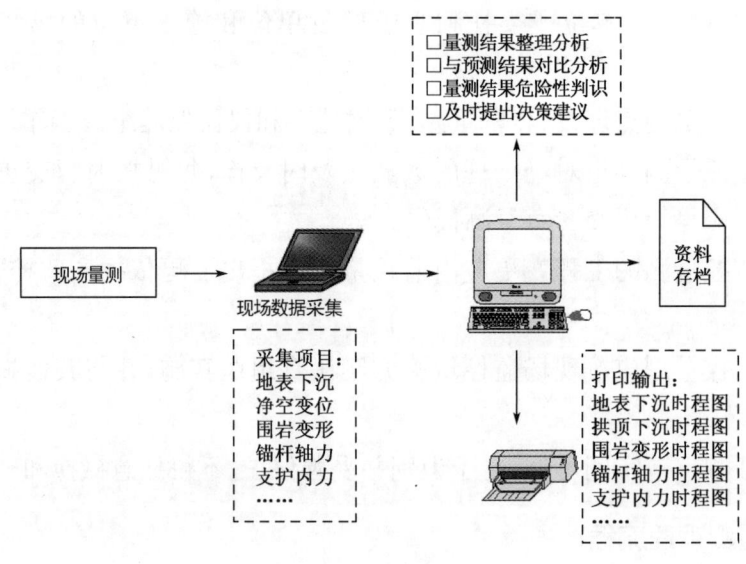

图 13-2 计算机量测管理系统

(4)竣工文件中应包括下列监控量测资料：

①现场监控量测实施方案。

②现场测试断面及测点布置图。

③围岩和支护的位移－时间曲线、空间关系曲线以及量测记录汇总表。

④经量测变更设计和改变施工方法地段的信息反馈记录。

⑤现场监控量测阶段报告和现场监控量测总报告等。

第十四章 地形偏压下小净距隧道行为特征

第一节 数值模拟分析

一、计算模型及计算工况

在公路隧道中,小净距隧道主要用于地形条件限制情况下的短隧道以及中、长隧道的洞口段。在隧道洞口段,往往容易遇到地形偏压的情况。围岩仍考虑Ⅲ、Ⅳ、Ⅴ级,隧道埋深选取30m。为了研究地形偏压条件下小净距隧道不同开挖顺序对围岩变形、应力以支护受力的影响,选取合理的开挖顺序,针对Ⅳ级围岩,30m埋深,3m净距,9m最小覆土厚度,1∶1坡率情况进行了先开挖左洞(靠外侧隧道)再开挖右洞和先开挖右洞再开挖左洞2种情况下的无支护和施作封闭初期支护共4组工况的计算。

为了研究偏压地形条件下坡率、坡面最小覆土厚度以及净距对小净距隧道的影响,计算了净距考虑2m、3m、6m,坡率考虑1∶0.75、1∶1、1∶1.2,隧道最小覆土厚度选取6m、9m、12m等组合工况共计27组,见表14-1。计算软件采用ANSYS,模型整体宽120m,高75m,如图14-1a)所示。选择先行洞洞周特征点[图14-1b)]的位移、应力以及初期支护内力、围岩塑性区和拉应力区分布状态进行重点分析。

偏压地形条件下平面有限元计算工况表　　　　表14-1

序号	坡率	肩厚(m)	净距(m)	支护情况	围岩级别			备注
					Ⅴ	Ⅳ	Ⅲ	
1	1∶1	9	3	无支护		√		先开挖左洞
2						√		先开挖右洞
3				有支护		√		先开挖左洞
4						√		先开挖右洞
5	1∶0.75	6	2	无支护	√	√	√	先开挖左洞
6			3	无支护	√	√	√	先开挖左洞
7			6	无支护	√	√	√	先开挖左洞
8		9	2	无支护	√	√	√	先开挖左洞
9			3	无支护	√	√	√	先开挖左洞
10			6	无支护	√	√	√	先开挖左洞

续上表

序号	坡率	肩厚(m)	净距(m)	支护情况	V	IV	III	备注
11	1∶0.75	12	2	无支护	√	√	√	先开挖左洞
12			3	无支护	√	√	√	先开挖左洞
13			6	无支护	√	√	√	先开挖左洞
14	1∶1	6	2	无支护	√	√	√	先开挖左洞
15			3	无支护	√	√	√	先开挖左洞
16			6	无支护	√	√	√	先开挖左洞
17		9	2	无支护	√	√	√	先开挖左洞
18			3	无支护	√	√	√	先开挖左洞
19			6	无支护	√	√	√	先开挖左洞
20		12	2	无支护	√	√	√	先开挖左洞
21			3	无支护	√	√	√	先开挖左洞
22			6	无支护	√	√	√	先开挖左洞
23	1∶1.2	6	2	无支护	√	√	√	先开挖左洞
24			3	无支护	√	√	√	先开挖左洞
25			6	无支护	√	√	√	先开挖左洞
26		9	2	无支护	√	√	√	先开挖左洞
27			3	无支护	√	√	√	先开挖左洞
28			6	无支护	√	√	√	先开挖左洞
29		12	2	无支护	√	√	√	先开挖左洞
30			3	无支护	√	√	√	先开挖左洞
31			6	无支护	√	√	√	先开挖左洞

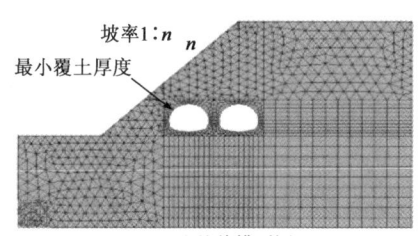
a) 整体模型图

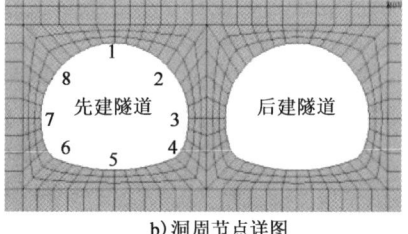
b) 洞周节点详图

图 14-1 偏压计算模型及洞周网格详图

二、计算结果及分析

(一)隧道不同开挖顺序分析

针对Ⅳ级围岩,30m 埋深,3m 净距,9m 最小覆土厚度,1∶1 坡率,无支护情况和有支护情况进行了左、右两隧道开挖顺序研究。选取了先开挖左洞、后开挖右洞和先开挖挖右洞、后开挖左洞 2 种工况。

表 14-2、表 14-3 分别列出了无支护情况和采用封闭支护情况下的左洞洞周特征点位移结果和主应力结果。图 14-2～图 14-5 分别列出了不同开挖顺序下的初期支护弯矩图、初期支护轴力图、洞周围岩第 1 主应力分布图以及洞周塑性区分布图。

无支护情况下左洞洞周特征点位移及主应力结果　　　　表 14-2

施工顺序	项目	左洞观测点							
		1	2	3	4	5	6	7	8
先开挖左洞后开挖右洞	U_x	−4.69	−5.85	−11.69	2.40	2.51	1.74	0.13	−3.84
	U_y	−18.17	−19.49	−7.32	9.39	10.92	6.66	2.17	−9.21
	σ_1	17.33	−3.45	−47.56	−92.42	92.55	−36.60	−30.20	−63.21
	σ_3	−45.52	−409.22	−834.94	−697.22	−6.57	−415.76	−715.74	−881.86
先开挖右洞后开挖左洞	U_x	−4.55	−5.52	−10.29	2.38	2.47	1.71	0.12	−3.87
	U_y	−18.56	−19.92	−6.92	9.46	10.96	6.64	2.05	−9.43
	σ_1	34.53	−1.28	−43.40	−62.47	91.91	−37.59	−29.56	−65.97
	σ_3	−31.56	−392.01	−827.89	−770.69	−6.62	−421.68	−721.48	−894.22

注：位移单位为 mm；应力单位为 kPa。

有支护情况下左洞洞周特征点位移及主应力结果　　　　表 14-3

施工顺序	项目	左洞观测点							
		1	2	3	4	5	6	7	8
先开挖左洞后开挖右洞	U_x	−1.49	−1.62	−1.40	−0.03	0.49	0.38	−0.18	−1.14
	U_y	−2.69	−2.57	−0.70	1.40	3.23	2.28	0.95	−1.05
	σ_1	−22.29	−38.67	−114.56	−325.70	18.09	−45.15	−58.22	−130.30
	σ_3	−72.01	−536.08	−1585.47	−1929.15	−50.73	−500.70	−1230.22	−1203.15
先开挖右洞后开挖左洞	U_x	−1.11	−1.16	−0.06	0.65	0.37	0.14	−0.68	−1.24
	U_y	−2.22	−2.24	−0.40	0.99	2.95	1.60	0.70	−0.41
	σ_1	31.72	10.46	−264.42	−437.88	50.39	−96.00	−169.52	−220.81
	σ_3	−246.99	−532.68	−1721.32	−1535.95	−142.28	−687.11	−944.22	−944.77

注：位移单位为 mm；应力单位为 kPa。

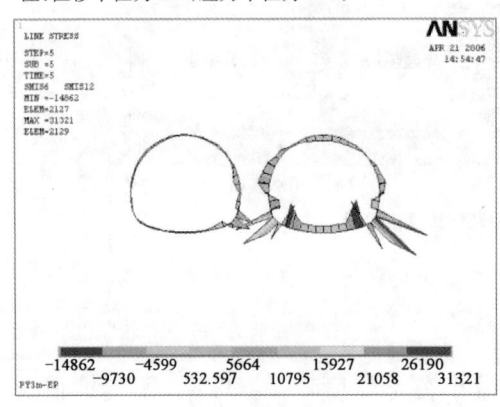 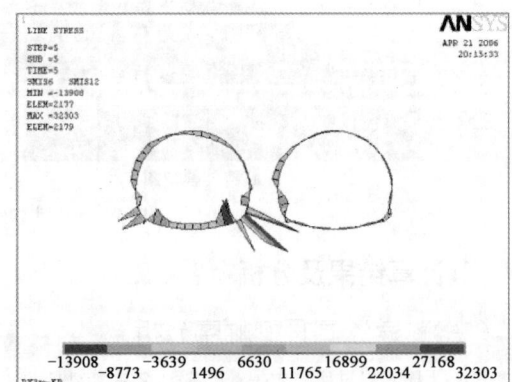

a) 左洞先开挖　　　　　　　　　　　　b) 右洞先开挖

图 14-2　不同开挖顺序下的弯矩图（单位：N·m）

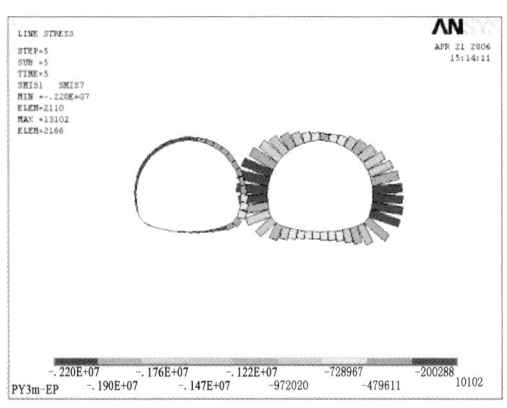
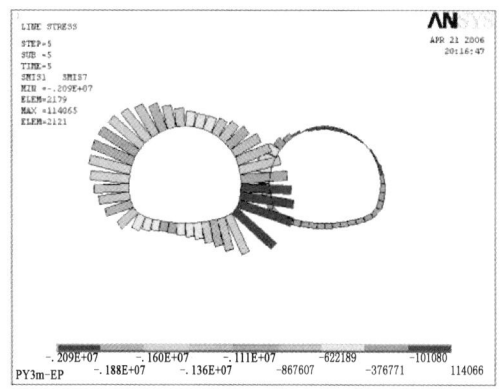

a) 左洞先开挖　　　　　　　　　　　　b) 右洞先开挖

图 14-3　不同开挖顺序下的轴力图（单位：N）

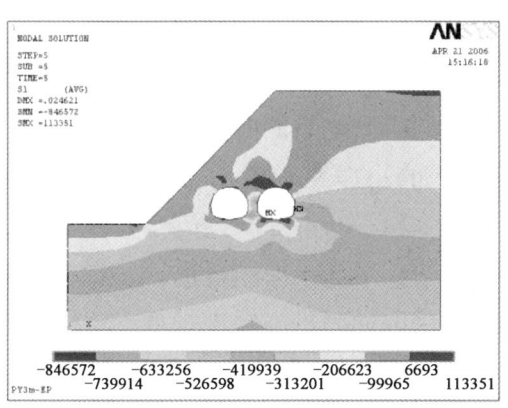
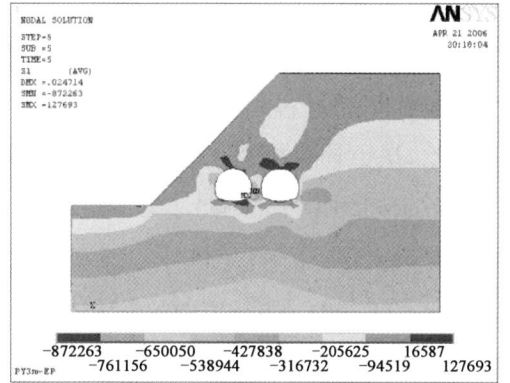

a) 左洞先开挖　　　　　　　　　　　　b) 右洞先开挖

图 14-4　不同开挖顺序下的第 1 主应力分布图

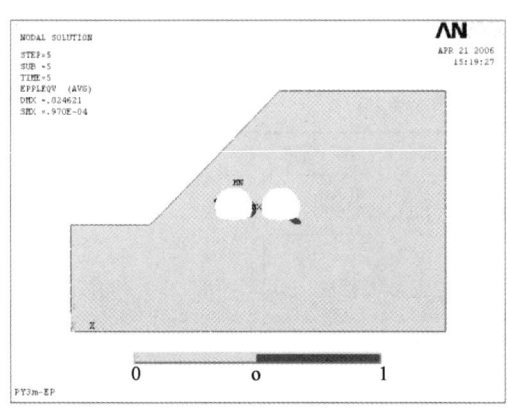
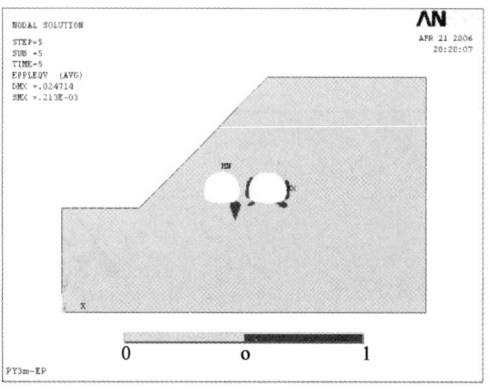

a) 左洞先开挖　　　　　　　　　　　　b) 右洞先开挖

图 14-5　不同开挖顺序下的塑性区分布图

从计算结果可以看出,无论是无支护情况或是有支护情况,先开挖的隧道洞周最终位移较大。如有支护先开挖左洞情况下左洞、右洞拱顶位移分别为－2.69mm 和－2.20mm;而先开挖右洞情况下左洞、右洞拱顶位移分别为－2.22mm 和－3.96mm。先开挖左洞,右洞开挖引起左洞的拱顶竖向增量位移为－1.32mm;先开挖右洞,左洞开挖引起右洞拱顶竖向位移增量为－2.22mm。

对于洞周的应力,先开挖右洞将产生较大的拉应力区且拉应力较大,如毛洞情况下先挖左洞时左洞拱顶第 1 主应力为 17.33MPa,而先开挖右洞时,左洞拱顶第 1 主应力为 34.53MPa;在有初期支护的情况下,先开挖左洞时,仅 5 号观测点第 1 主应力出现拉应力,而先开挖右洞时,1 号、2 号、5 号观测点均出现拉应力,并且值也较大。

初期支护内的弯矩最大值,先开挖左洞时为 31.32kN·m;而先开挖右洞时为 32.30kN·m。对于初期支护内的轴力,先开挖左洞时最大压力为 2.2MN,最大拉力为 13.10kN;而先开挖右洞时最大压力为 2.1MN,最大拉力为 114.06kN。

从塑性区的分布来看,先开挖右洞要比先开挖左洞的塑性区大,尤其是先开挖右洞再开挖左洞时对右洞洞周的影响要比先开挖左洞再开挖右洞的影响大。

因此,从上述分析可知,对于地形偏压条件下的小净距隧道,先开挖靠外侧的洞(左洞)对洞周围岩变形和支护受力较为有利。

另外,从计算结果也可以发现,对于地形偏压条件下的小净距隧道,中岩墙部分的变形和应力仍是较大的,中岩墙仍是薄弱环节,要采取加固措施和进行重点监控量测。

(二)坡率、最小覆土厚度、净距的影响分析

为了研究地形偏压情况下小净距隧道坡率、最小覆土厚度、净距的合理选取,共计算了无支护情况下的 27 组工况,根据前述分析,计算选取先开挖左洞(靠外侧洞)、假定采用全断面开挖。表 14-4 列出了各计算工况下洞周围岩塑性区分布图;表 14-5 列出了各计算工况下洞周围岩拉应力分布图。

各计算工况下洞周塑性区分布图　　　　表 14-4

序号	坡率	肩厚(m)	净距(m)	围岩级别		
				V	IV	III
1	1:0.75	6	2			无塑性区
2			3			无塑性区

续上表

序号	坡率	肩厚(m)	净距(m)	围岩级别 V	IV	III
3	1:0.75	6	6			无塑性区
4		9	2			无塑性区
5		9	3			无塑性区
6		9	6			无塑性区
7		12	2			无塑性区
8		12	3			无塑性区
9		12	6			无塑性区
1	1:1	6	2			无塑性区
2		6	3			无塑性区
3		6	6			无塑性区

续上表

序号	坡率	肩厚(m)	净距(m)	围岩级别 V	围岩级别 IV	围岩级别 III
4	1:1	9	2			无塑性区
5	1:1	9	3			无塑性区
6	1:1	9	6			无塑性区
7	1:1	12	2			无塑性区
8	1:1	12	3			无塑性区
9	1:1	12	6			无塑性区
1	1:1.2	6	2			无塑性区
2	1:1.2	6	3			无塑性区
3	1:1.2	6	6			无塑性区
4	1:1.2	9	2			无塑性区

续上表

序号	坡率	肩厚(m)	净距(m)	围岩级别		
				V	IV	III
5	1:1.2	9	3	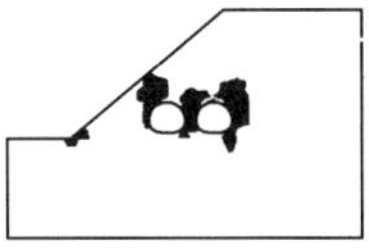	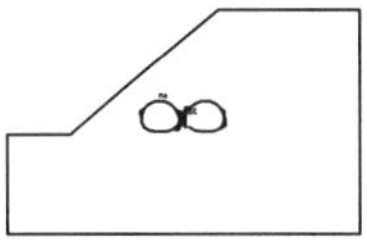	无塑性区
6	1:1.2	9	6	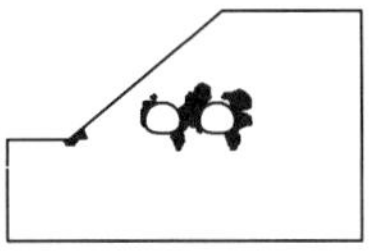	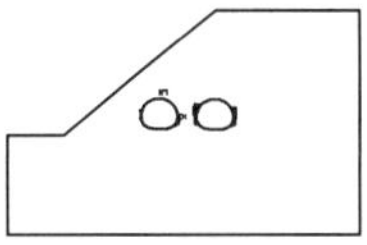	无塑性区
7	1:1.2	12	2	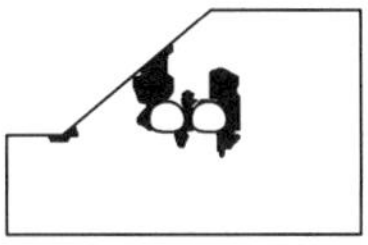	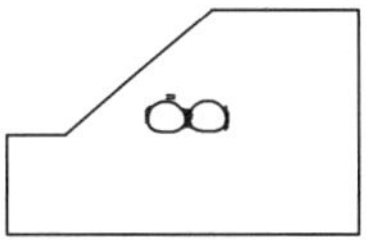	无塑性区
8	1:1.2	12	3	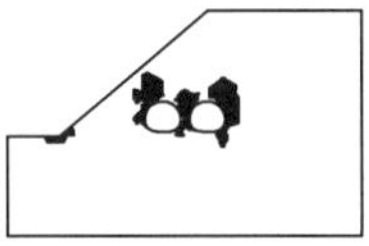	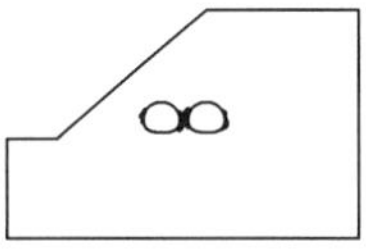	无塑性区
9	1:1.2	12	6	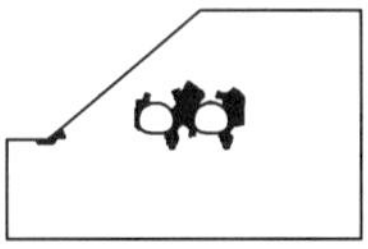	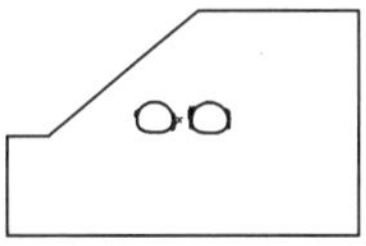	无塑性区

各计算工况洞周围岩受拉区分布图　　　　表 14-5

序号	坡率	肩厚(m)	净距(m)	围岩级别		
				V	IV	III
1	1:0.75	6	2	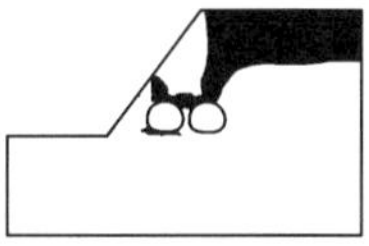	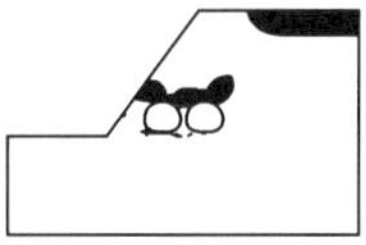	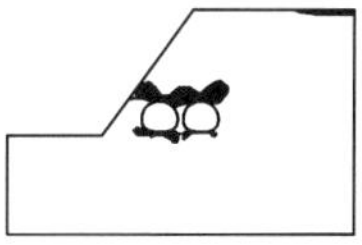
2	1:0.75	6	3	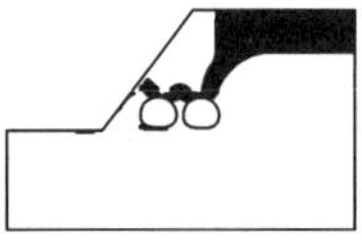		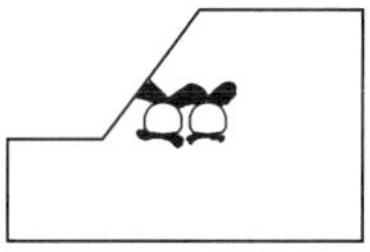
3	1:0.75	6	6	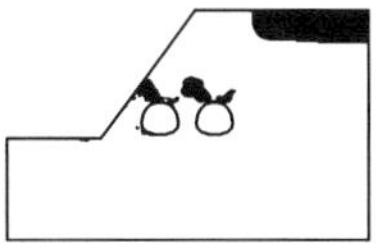		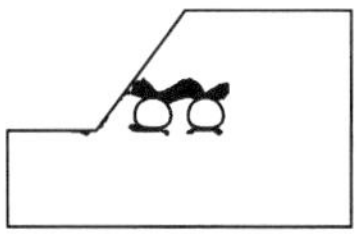
4	1:0.75	9	2	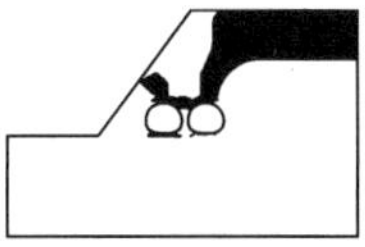		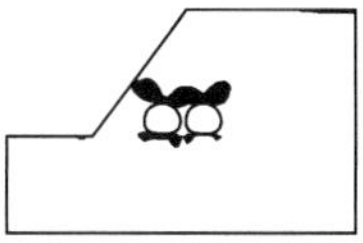

续上表

序号	坡率	肩厚(m)	净距(m)	围岩级别		
				V	IV	III
5	1:0.75	9	3			
6			6			
7		12	2			
8			3			
9			6			
1	1:1	6	2			
2			3			
3			6			
4		9	2			
5			3			

续上表

序号	坡率	肩厚(m)	净距(m)	围岩级别		
				V	IV	III
6	1:1	9	6			
7		12	2			
8			3			
9			6			
1	1:1.2	6	2			
2			3			
3			6			
4		9	2			
5			3			
6			6			

续上表

序号	坡率	肩厚(m)	净距(m)	围岩级别 V	围岩级别 Ⅳ	围岩级别 Ⅲ
7	1:1.2	12	2			
8			3			
9			6			

大量的计算结果表明,坡率、肩厚以及净距三者之间的关系是相互影响的,一般来讲,随着坡率的减小,肩厚的增加以及净距的变大,围岩变形和受力条件变好。另外,从计算结果也可以看出,当围岩条件确定后,净距和坡度对隧道洞周变形的影响较为明显,而坡面最小覆土厚度的影响要小一些。

图 14-6~图 14-17 分别列出了 V、Ⅳ、Ⅲ级围岩不同坡面最小覆土厚度情况下左洞拱顶(1号)竖向位移和右拱腰(3号)的水平位移与净距、坡度的关系,可以看出,对于 V 级、Ⅳ级围岩当净距大于 $0.5B(6m,B$ 为开挖跨度)后,不同坡率的影响就较小了。

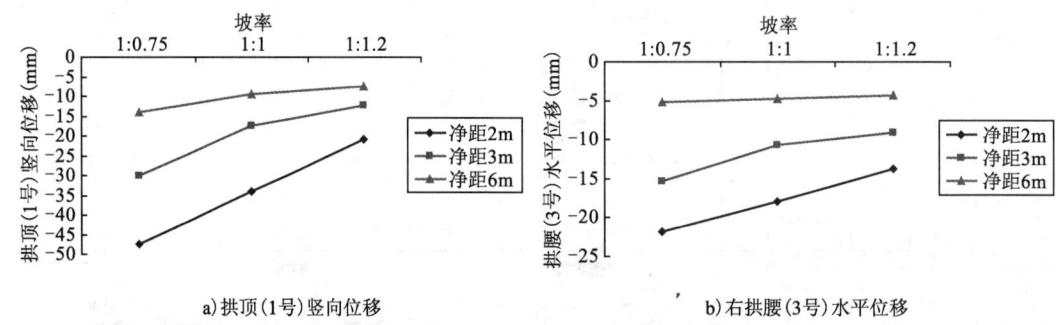

a) 拱顶(1号)竖向位移 　　　　　　b) 右拱腰(3号)水平位移

图 14-6　V 级围岩特征点位移与坡度、净距关系曲线(肩厚 6m)

从表 14-4、表 14-5 的洞周塑性区和拉应力区分布情况来看:对于 V 级围岩当净距大于 $0.5B(6m)$ 后,洞周塑性区范围和拉应力区范围明显减小、大部分工况下塑性区不再发展到坡面和地表,拉应力区不再贯通中岩墙顶面和贯通到坡面;对于 Ⅳ 级围岩当净距大于 $0.5B(6m)$ 后,塑性区不再贯通岩墙、拉应力区在中岩墙顶部也不再贯通。

因此,建议 V 级、Ⅳ 级围岩偏压地形下小净距隧道净距不宜小于 $0.5B$。而对于 Ⅲ 级围岩,由于围岩条件较好,即使在无支护情况下,各计算工况洞周变形均较小,洞周围岩完全处于弹性变形状态,虽然净距为 6m 时岩墙顶部拉应力区仍呈贯通趋势,其值远小于围岩抗拉强度,但仍需注意贯通拉应力区对小净距隧道长期安全性的影响。

从图 14-6～图 14-8 Ⅴ级围岩不同坡面最小覆土厚度情况下左洞拱顶(1 号)竖向位移和右拱腰(3 号)的水平位移与净距、坡率的关系可以看出,在坡率为 1∶1 时,位移曲线出现一转折;同时,从塑性区分布和拉应力分布也可看出坡率为 1∶0.75 时,各工况下塑性区、拉应力区分布较大,有的贯通到地表而造成整体滑坡。因此,建议对于Ⅴ级围岩坡率不小于 1∶1。

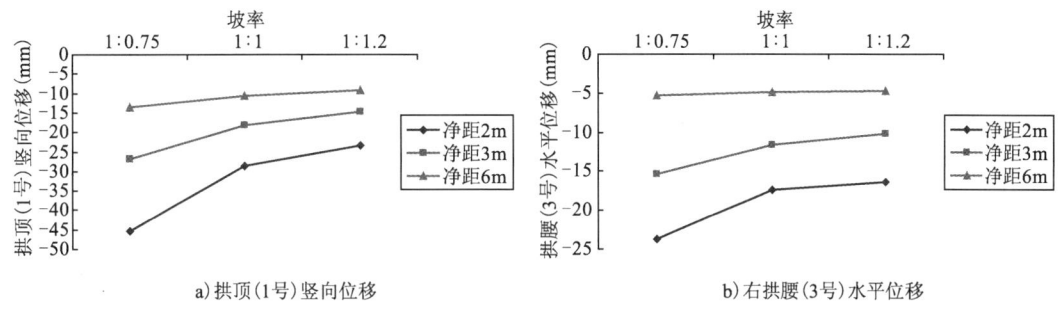

图 14-7　Ⅴ级围岩特征点位移与坡度、净距关系曲线(肩厚 9m)

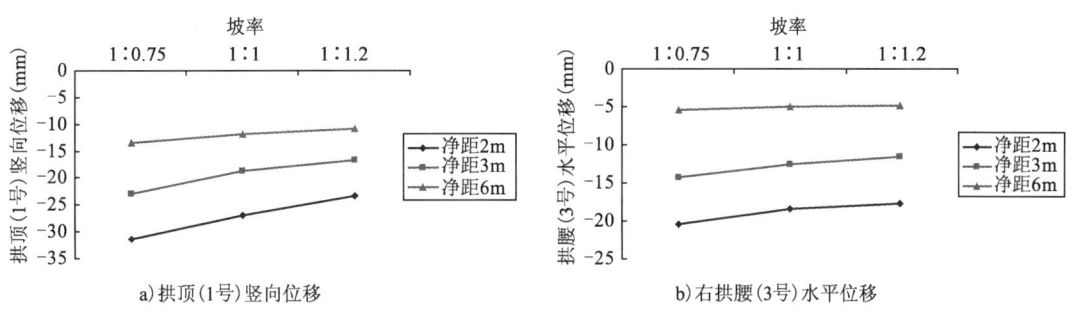

图 14-8　Ⅴ级围岩特征点位移与坡度、净距关系曲线(肩厚 12m)

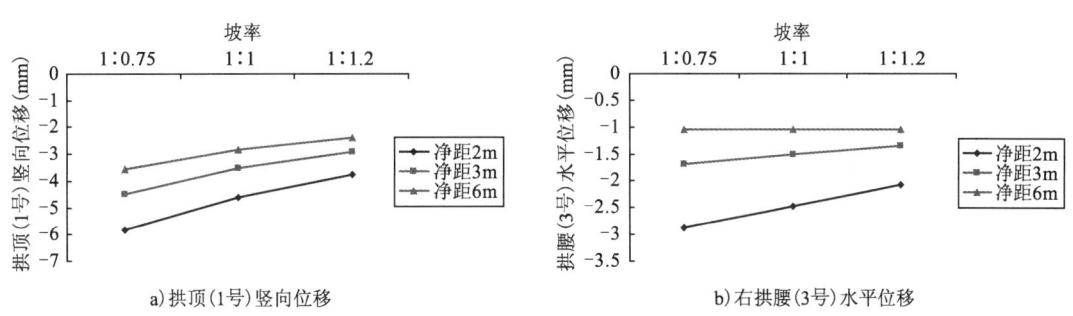

图 14-9　Ⅳ级围岩特征点位移与坡度、净距关系曲线(肩厚 6m)

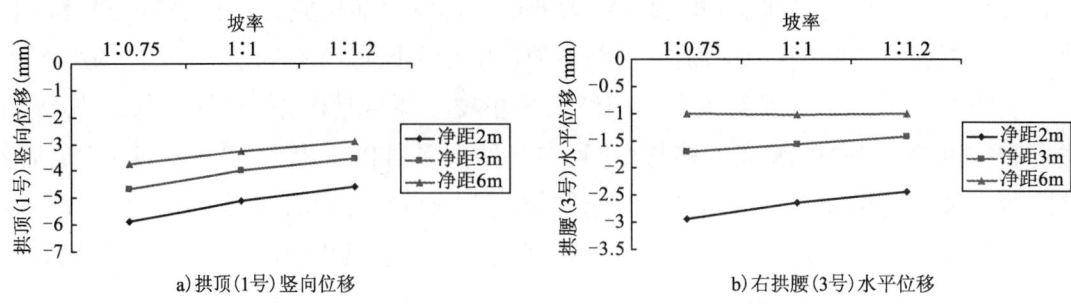

图 14-10　Ⅳ级围岩特征点位移与坡度、净距关系曲线(肩厚 9m)

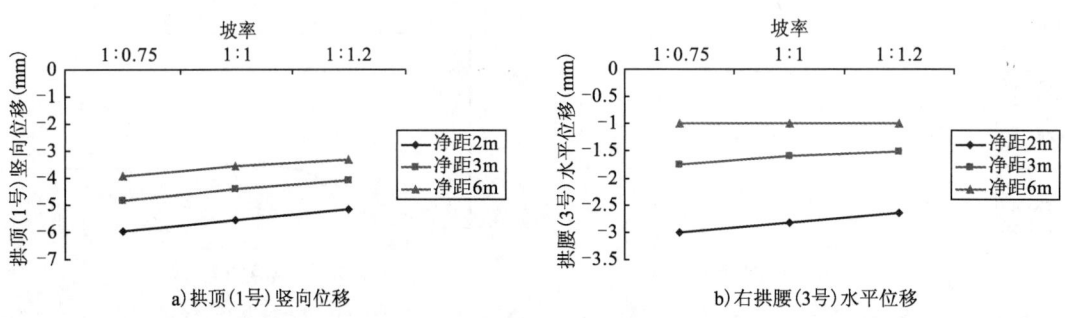

图 14-11　Ⅳ级围岩特征点位移与坡度、净距关系曲线(肩厚 12m)

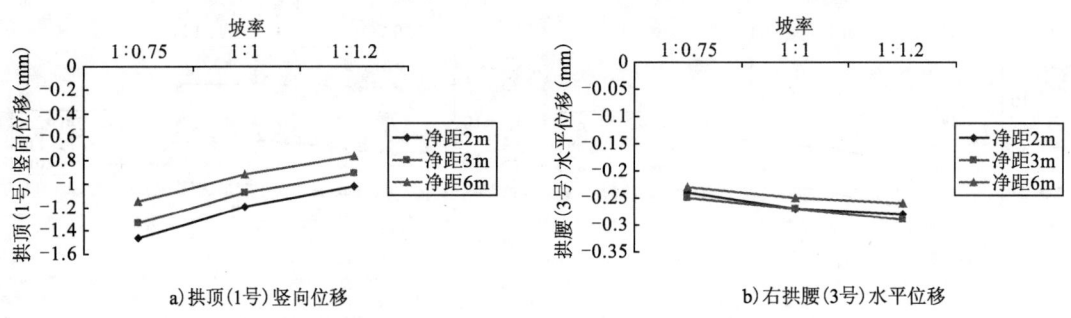

图 14-12　Ⅲ级围岩特征点位移与坡度、净距关系曲线(肩厚 6m)

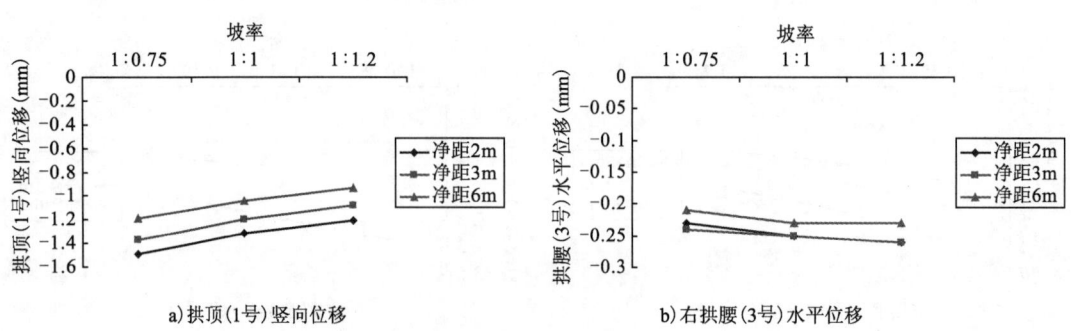

图 14-13　Ⅲ级围岩特征点位移与坡度、净距关系曲线(肩厚 9m)

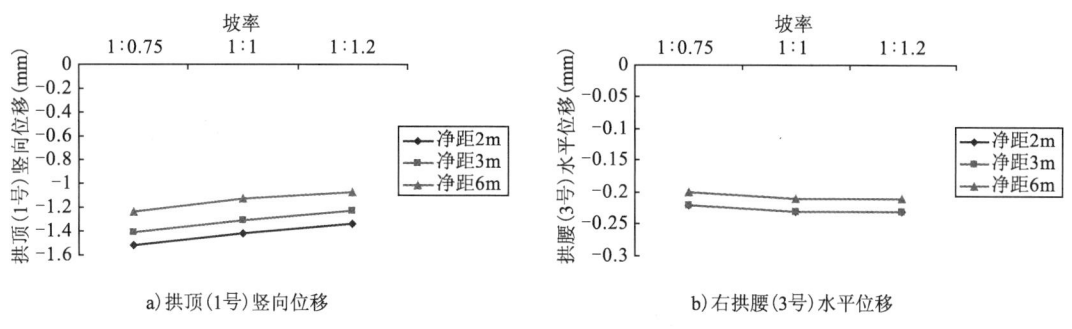

图 14-14　Ⅲ级围岩特征点位移与坡度、净距关系曲线（肩厚 12m）

图 14-15~图 14-17 列出了Ⅴ、Ⅳ、Ⅲ级围岩净距为 6m 时左洞拱顶竖向位移和右拱腰水平位移与坡率、坡面最小覆土厚度的关系曲线，从图可以看出，坡面最小覆土厚度的影响相对较小。另外，从塑性区和拉应力的分布来看，当坡面最小覆土厚度较小时，容易形成贯通到坡面的塑性区和拉应力区，对隧道的长期安全不利。因此，最小覆土厚度不宜过小，建议不小于 $1.0B$。

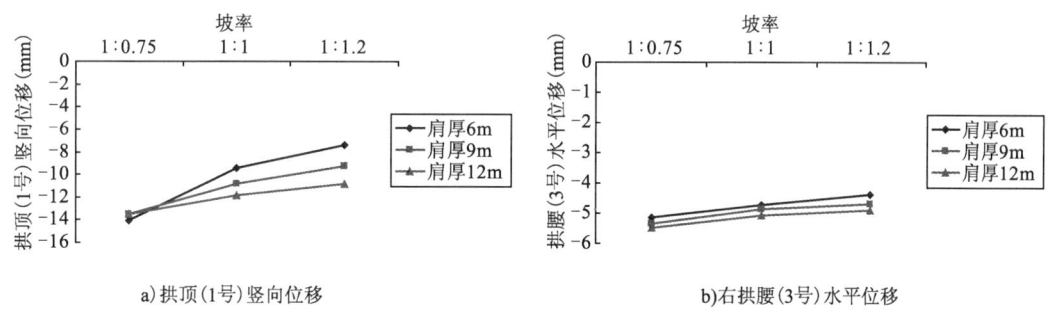

图 14-15　Ⅴ级围岩特征点位移与肩厚、坡度关系曲线（净距 6m）

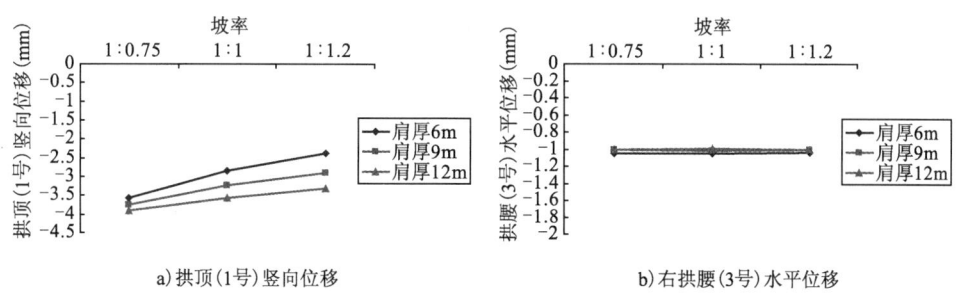

图 14-16　Ⅳ级围岩特征点位移与肩厚、坡度关系曲线（净距 6m）

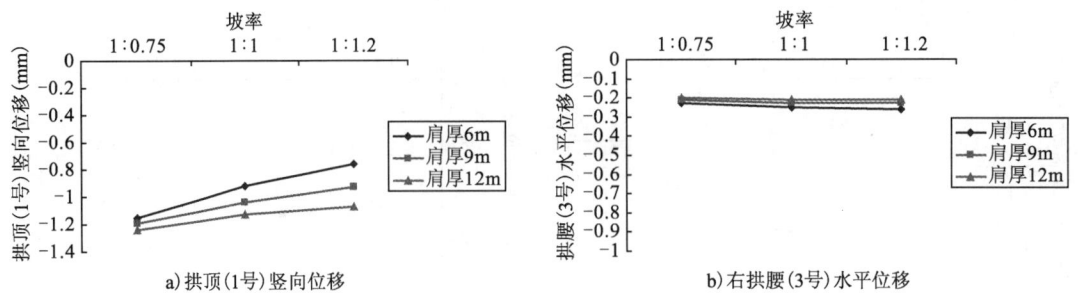

图 14-17　Ⅲ级围岩特征点位移与肩厚、坡度关系曲线（净距 6m）

三、小结

通过上述平面有限元数值仿真计算及结果分析，对于地形偏压条件下修建小净距隧道，可以得到以下结论：

(1)地形偏压条件下修建小净距隧道，中岩墙仍然是设计、施工中的薄弱部位，设计中应采取加固措施，施工中应进行重点监控量测。

(2)地形偏压条件下修建小净距隧道，宜先开挖靠外侧的隧道，这样，在洞周围岩内产生的拉应力较小，拉应力区范围较小，同时，在喷射混凝土内产生的轴力拉力较小，对保持围岩稳定性、支护体系受力以及隧道长期安全性有利。

(3)对于围岩级别确定，埋深一定的地形偏压条件下的小净距隧道，坡率、坡面最小覆土厚度、净距三者是主要影响因素，一般而言，坡率越小，净距越大，最小覆土厚度越大对隧道变形、受力较为有利，且坡率和净距的影响更大，三者又是相互关联的。

(4)从小净距隧道洞周塑性区和拉应力区的分布状态，如塑性区是否贯通岩墙、是否贯通到坡面和地表以及拉应力区是否形成贯通两隧道的拉应力区，拉应力区是否发展到坡面以及地表，加上经济性评价来合理选择坡率、隧道净距、最小覆土厚度、支护体系、岩墙和坡面加固措施、施工方法是可行的。

(5)通过计算，建议Ⅴ级围岩条件下坡率不大于 1∶1，对于Ⅴ、Ⅳ、Ⅲ级围岩坡面最小覆土厚度不小于 1.0B，两隧道净距不小于 0.5B（B 为隧道开挖跨度）。

第二节　模型试验研究

一、试验概况

针对Ⅴ级围岩，30m 埋深，考虑不同净距（3m、6m、12m）、不同最小覆土厚度（6m、9m）、不同坡率（1∶1、1∶1.5、1∶1.25）等 7 组试验工况，见表 14-6。所有试验的支护参数均选用第 3 章中 V 级围岩条件下的支护参数(见表 6-5)。先、后行洞均仅考虑初期支护,采用上、下台阶法开挖。在数值计算的基础上,均先行开挖左洞(靠坡面)。

偏压小净距试验工况一览表　　　　　　　　　表 14-6

编号	围岩级别	埋深(m)	净距(m)	最小覆土厚度(m)	坡率	开挖方法	支护体系	中岩墙加固方法
1	V	30	3	6	1/1.5	上下台阶法	初期支护	无
2	V	30	3	6	1/1.25	上下台阶法	初期支护	无
3	V	30	3	6	1/1	上下台阶法	初期支护	无
4	V	30	3	9	1/1	上下台阶法	初期支护	无
5	V	30	6	6	1/1	上下台阶法	初期支护	无
6	V	30	12	6	1/1	上下台阶法	初期支护	无
7	V	30	3	6	1/1	上下台阶法	初期支护	注浆加固

测点布置见图 14-18。试验过程与第六章模型试验中有初期支护的试验过程完全相同。

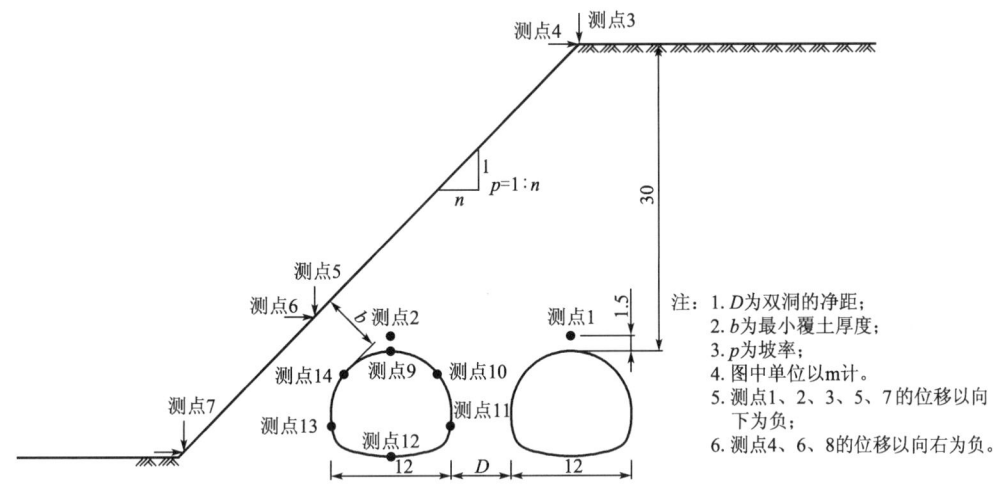

图 14-18　偏压小净距隧道的测点布置示意图(试验 1～7)

二、模型试验结果分析

(一)代表性试验结果分析

比较 7 组偏压试验发现有类似的变形规律,这里以试验 3 为代表,分析其变形规律。图 14-19 为隧道拱顶上方地中位移随开挖进程变化图;图 14-20、图 14-21 分别为坡面表测点竖向、水平位移随开挖进程变化图;图 14-22 为先行洞(左洞)洞周位移分布情况。

从图 14-19 可以看出,拱顶上方地中位移主要发生在本洞开挖时,先行隧道开挖对后行隧道洞周围岩有扰动,后行隧道开挖对先行隧道洞周变形也有一定的影响。

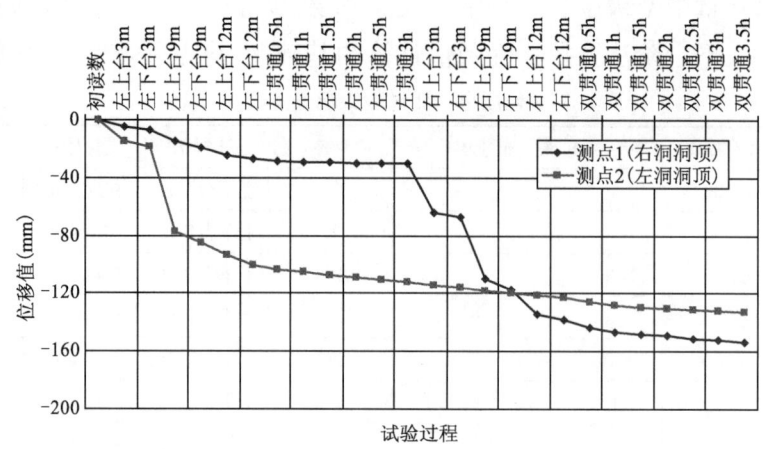

图 14-19 试验 3 拱顶上方的地中测点位移随试验过程的变化

从图 14-20、图 14-21 可以看出：坡面变形较大的部位是开挖隧道的拱肩以上部位，从试验结果就竖直方向位移而言，测点 3＞测点 5≫测点 7；就水平方向位移而言，测点 4＞测点 6≫测点 8。因此该部位宜加强监控，坡顶部位应进行重点监控。

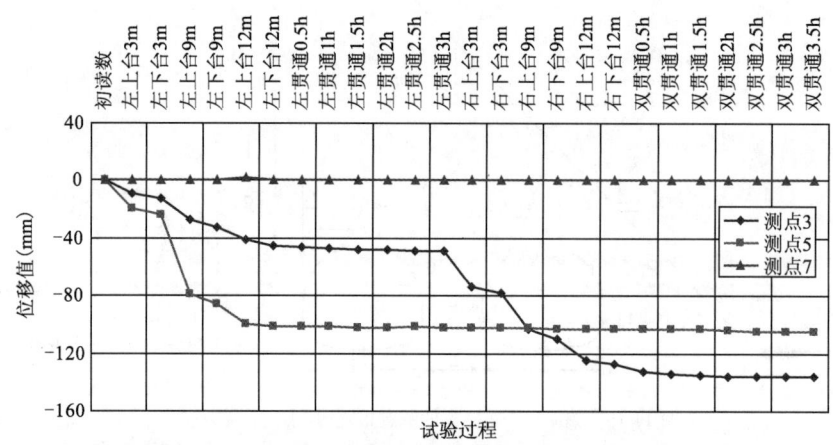

注：1. 左洞指的是先行洞，右洞指的是后行洞。
2. 图中"左上台3m"表示左洞上台阶开挖进尺至3m，依此类推。

图 14-20 坡上测点竖直方向位移随试验过程的变化

从图 14-22 可知，后行洞的开挖对先行洞的洞周位移有明显的影响，在后行洞开挖之前，先行洞便处于轻微的偏压状态；后行洞开挖之后明显的加重了这种偏压的趋势；洞周位移的最大值出现中岩墙测（测点 10 最大，其次是测点 9，再次是测点 11），在施工的过程中应该对该部位重点监控。

(二)坡率变化的影响分析

以试验 1、2、3 三个试验来说明坡率变化对偏压小净距隧道的影响。图 14-23 为坡率变化示意图;图 14-24 为先行洞拱顶上方地中位移随开挖进程变化图;图 14-25 为后行洞拱顶上方地中位移随开挖进程变化图;图 14-26 为先行隧道洞周位移分布情况。

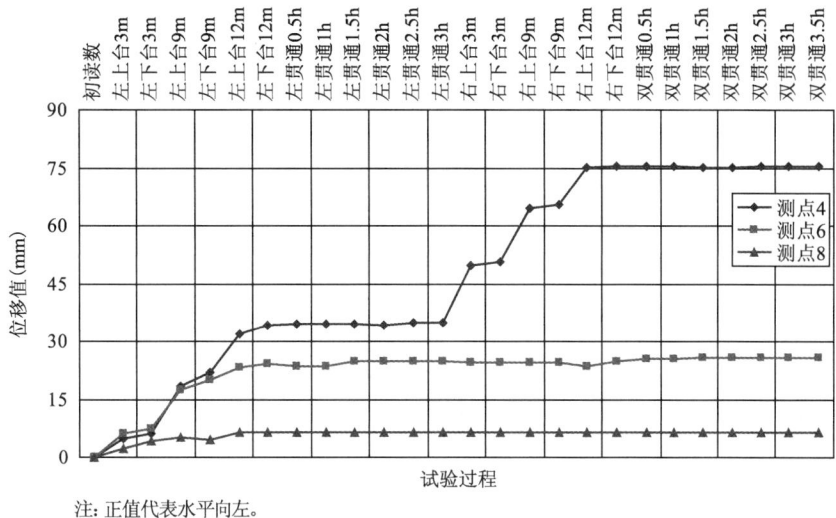

图 14-21　坡上测点水平方向位移随试验过程的变化

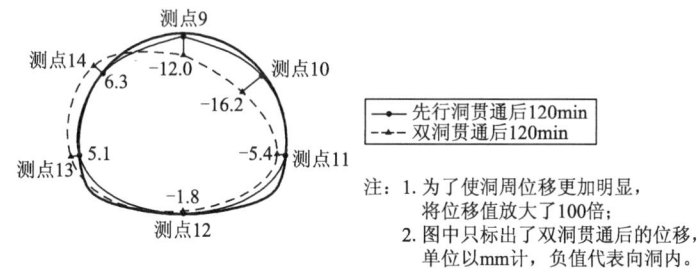

图 14-22　试验 3 先行洞洞周位移

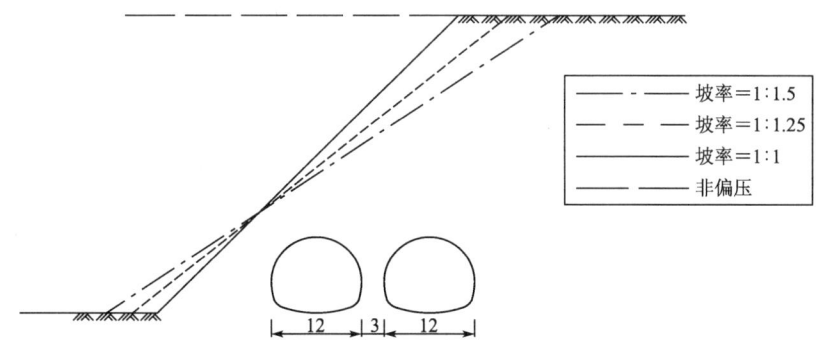

图 14-23　偏压小净距隧道坡率变化示意图(尺寸单位:m)

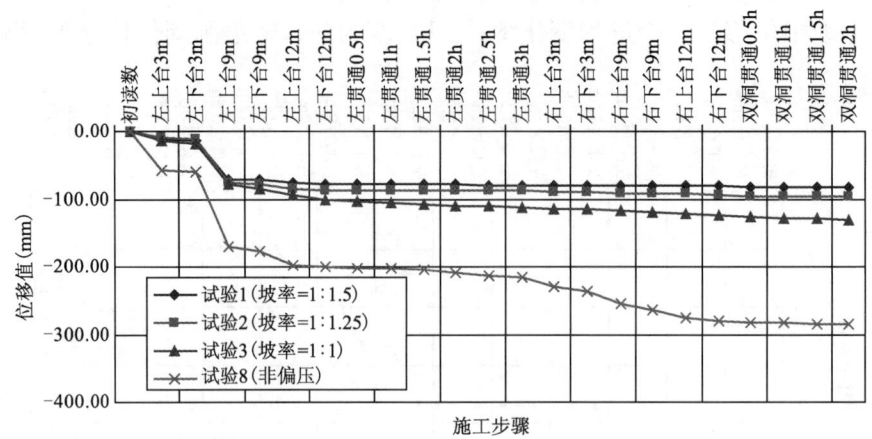

图 14-24 坡率不同,先行洞拱顶地中位移对比

从试验结果可知:对于偏压条件小净距隧道,地中位移受本洞开挖影响较大,随着坡率的增加,隧道支护、围岩的变形加大,先行隧道结构受力不对称性更加明显。

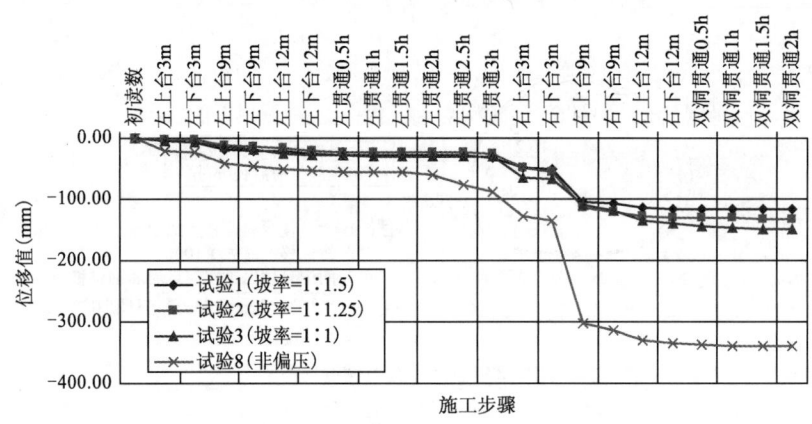

图 14-25 坡率不同,后行洞拱顶地中位移对比

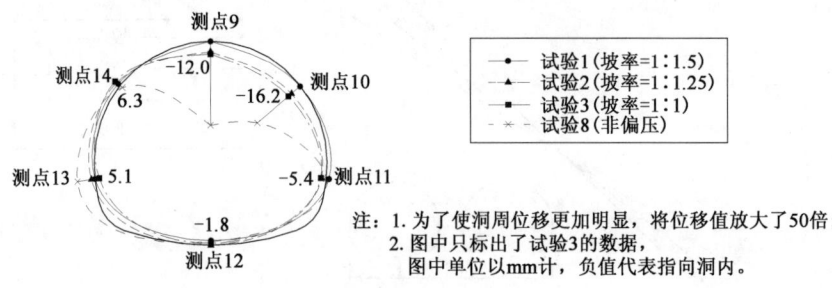

注:1. 为了使洞周位移更加明显,将位移值放大了50倍;
2. 图中只标出了试验3的数据,图中单位以mm计,负值代表指向洞内。

图 14-26 先行洞洞周位移比较图

(三)最小覆土厚度变化的影响分析

以试验3、试验4两组试验来说明最小覆土厚度变化对偏压小净距隧道的影响。图14-27为最小覆土厚度变化示意图;图14-28为先行洞拱顶上方地中位移随开挖进程变化图;图14-29为后行洞拱顶上方地中位移随开挖进程变化图;图14-30为先行隧道洞周位移分布情况。

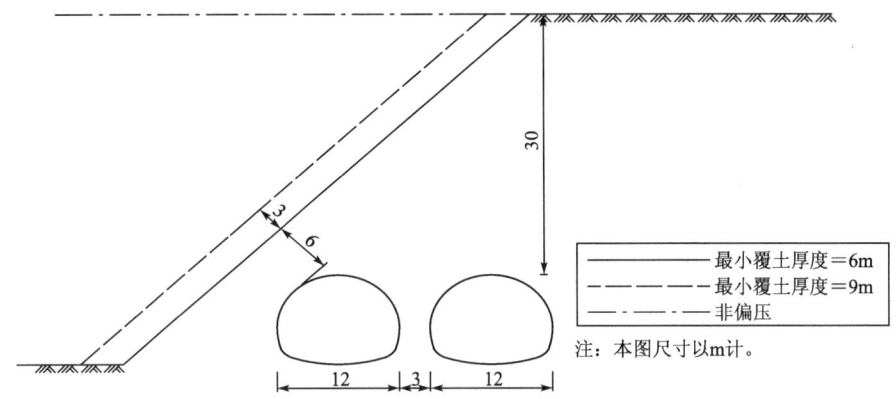

图14-27　偏压小净距隧道最小覆土厚度变化示意图

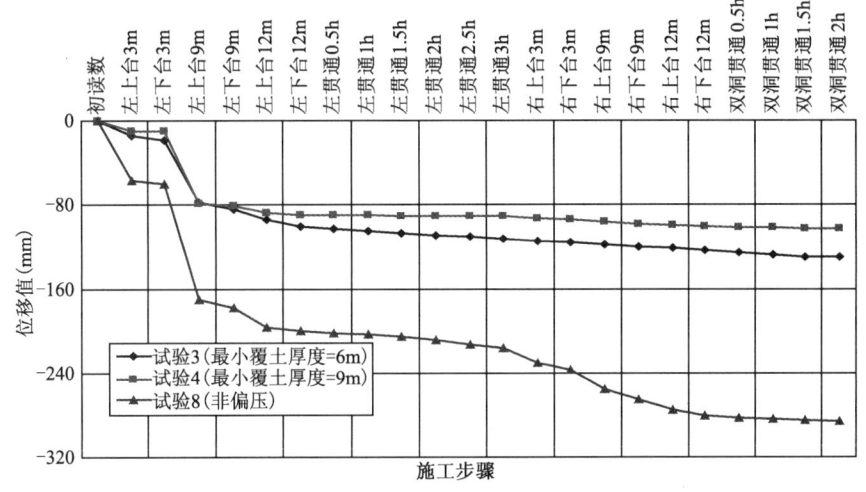

图14-28　最小覆土厚度不同,先行洞拱顶地中位移对比

从试验结果可以看出:随着最小覆土厚度的增加,隧道结构的偏压情况可以得到一定改善,但是由于初始地应力的增大,先行洞的洞周位移反而增加;而且从拱顶的地中位移来看,最小覆土厚度很大时,不但拱顶的地中位移的总量增大,而且后行洞开挖时对先行洞的影响也增大。

另一方面,从数值计算的结果可以看出,随着最小覆土厚度的减小,隧道周围的塑性区、拉应力区将贯通到坡面及地表,对隧道围岩的稳定性、支护体系受力极为不利,因此，不宜较小。

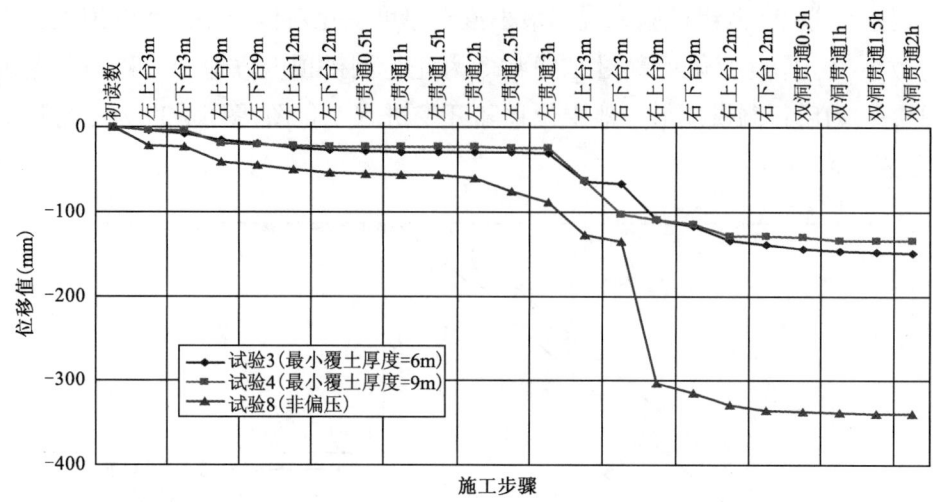

图14-29　最小覆土厚度不同，后行洞拱顶地中位移对比

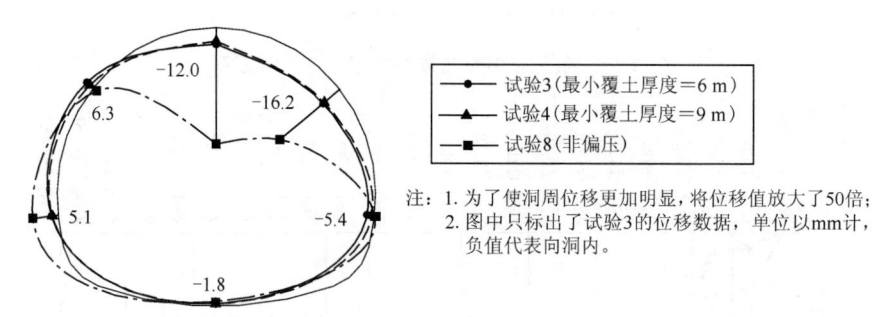

注：1. 为了使洞周位移更加明显，将位移值放大了50倍；
　　2. 图中只标出了试验3的位移数据，单位以mm计，负值代表向洞内。

图14-30　最小覆土厚度不同，先行洞洞周位移对比

因此，在地形偏压条件下选择隧道布线方案时需综合考虑。

(四)净距变化的影响分析

通过试验3(净距=3m)、试验5(净距=6m)、试验6(净距=12m)三组试验来说明净距变化对偏压小净距隧道的影响。图14-31为偏压小净距隧道净距变化示意图；图14-32为先行洞拱顶上方地中位移随开挖进程变化图；图14-33为后行洞拱顶上方地中位移随开挖进程变化图；图14-34为先行隧道洞周位移分布情况。从试验结果可以看出：随着净距的变大，先行洞的偏压状况得到改善；与数值计算规律一致。

(五)中岩墙注浆加固的影响分析

通过试验3(中岩墙不加固)、试验7(中岩墙加固)两组试验来说明中岩墙注浆加固对偏压小净距隧道的影响。

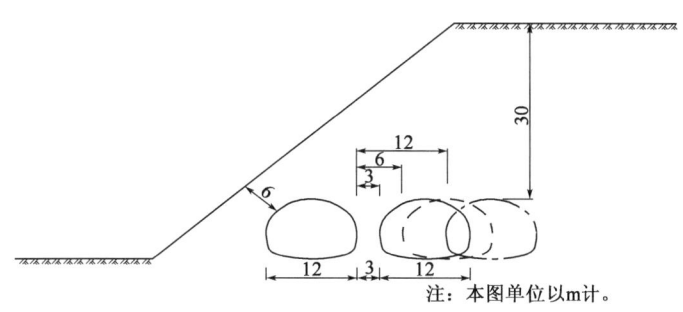

图 14-31　偏压小净距隧道净距变化示意图

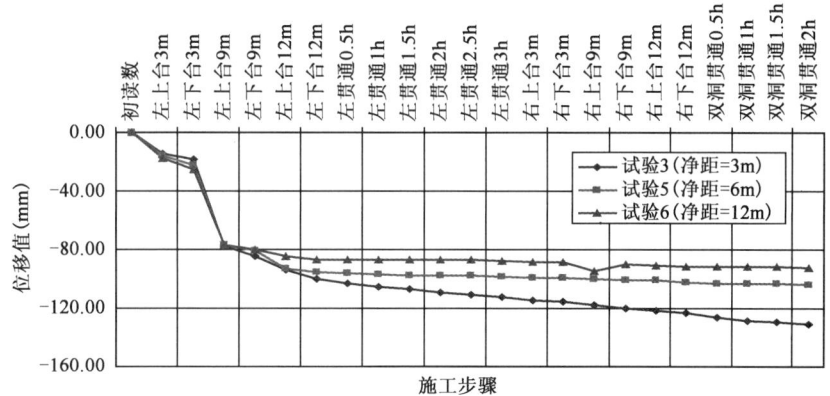

图 14-32　净距不同，先行洞拱顶上方地中位移对比

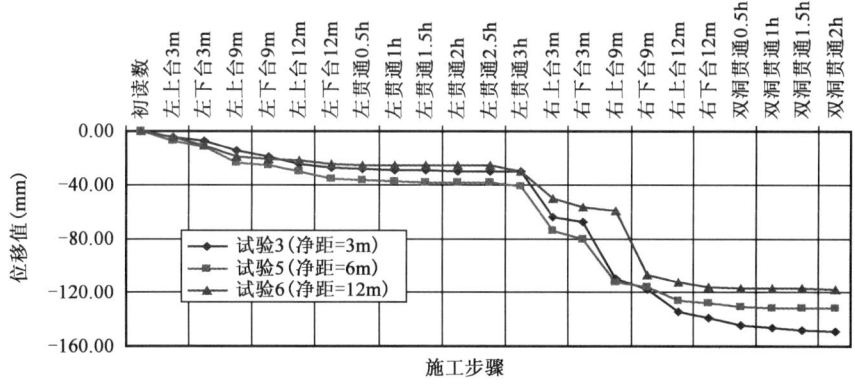

图 14-33　净距不同，后行洞拱顶上方地中位移对比

图 14-35 为中岩墙加固示意图；图 14-36 为先行洞拱顶上方地中位移随开挖进程变化图；图 14-37 为后行洞拱顶上方地中位移随开挖进程变化图；图 14-38 为先行隧道洞周位移分布情况。

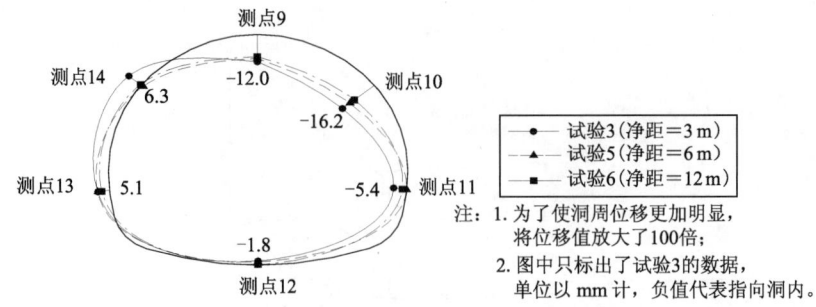

图 14-34 净距不同,先行洞洞周位移对比

由试验结果可知,对中岩墙加固可以明显改善围岩的变形、先行洞支护体系的不对称变形和受力情况。

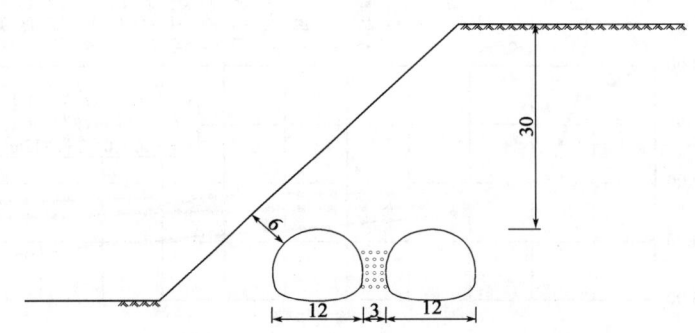

图 14-35 偏压小净距隧道中岩墙注浆示意图(尺寸单位:m)

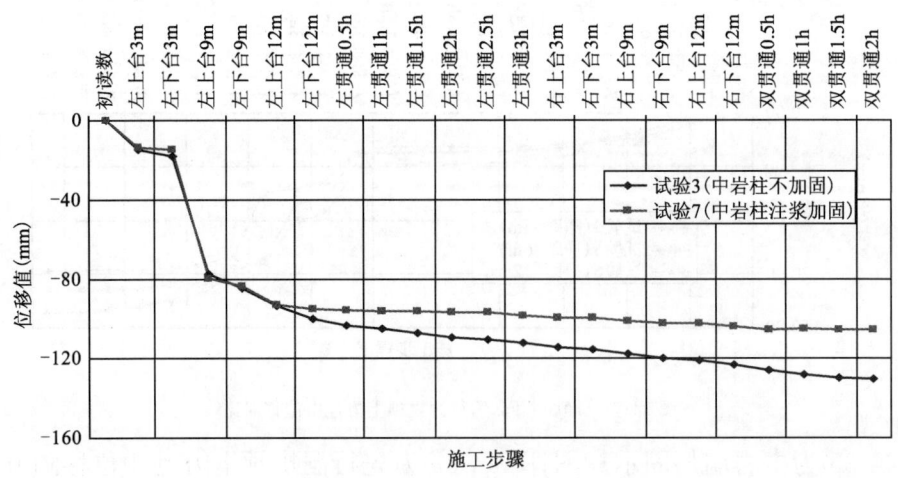

图 14-36 中岩墙加固与否,先行洞拱顶上方地中位移对比

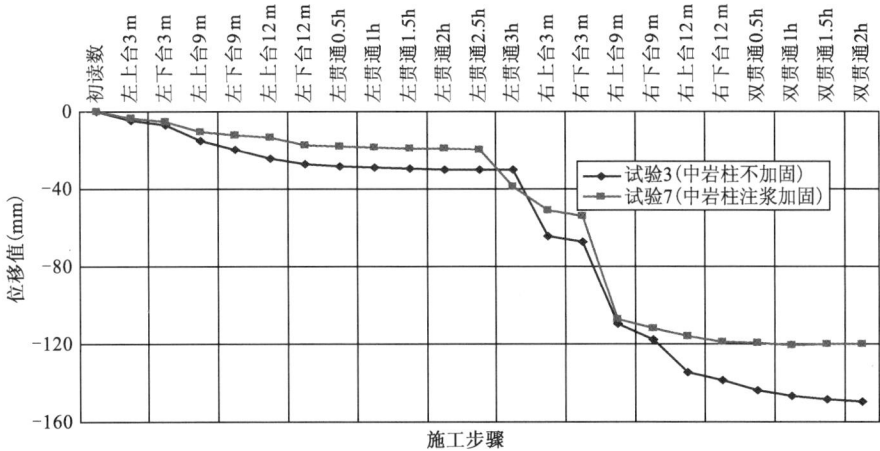

图 14-37　中岩墙加固与否,后行洞拱顶上方地中位移对比

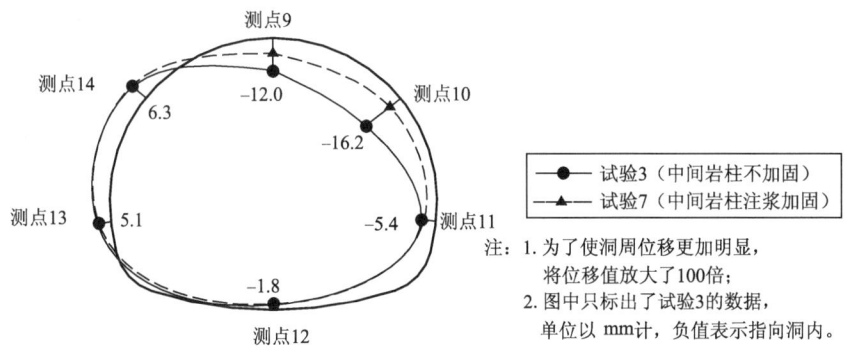

图 14-38　中岩墙加固与否,先行洞洞周位移对比

三、模型试验结论

(1)对坡面地表位移的监控,先行洞开挖时,应重点监控中岩墙上方和后行洞拱顶上方地表的位移;后行洞开挖时,应重点监控先行洞拱顶上方和中岩墙上方地表位移。

(2)后行洞开挖使先行洞的偏压更加严重,先行洞洞周位移的最大值依次出现在右侧拱肩、拱顶、右侧拱腰,在施工的过程中应对这三个部位重点监控;同时结构受力最大部位也出现在这三个部位,在结构设计时应加以注意。

(3)坡率越大,隧道开挖对围岩的扰动越明显,先行洞的偏压越明显。

(4)随着净距的变大,不论是地中位移还是先行洞洞周位移都有较明显的变小趋势,且先行洞的偏压状况得到了改善。

(5)中岩墙注浆后,地中位移和先行洞洞周位移都有较明显的变小,并且先行洞的偏压状况得到了改善,因此中岩墙注浆加固,可保证后行洞开挖的顺利进行。

第三节 小 结

对于地形偏压条件下的小净距隧道,通过研究可以得到以下结论:

(1)坡率、净距对偏压小净距隧道结构受力影响较大,最小覆土厚度影响相对较小。对中岩墙进行加固能改善围岩、支护体系的变形和受力状态,同时,对先行洞周位移、坡面变形应重点监控。

(2)地形偏压条件小净距隧道,可根据洞周塑性区(对高级别围岩采用拉应力区)是否贯通中岩墙或贯通到坡面,并结合工程经济性分析进行综合选择净距、最小覆土厚度、加固方法、支护体系和施工措施等。建议Ⅴ级围岩条件下坡率不大于1∶1,对于Ⅴ、Ⅳ、Ⅲ级围岩坡面最小覆土厚度不小于$1.0B$,两隧道净距不小于$0.5B$(B为隧道开挖跨度)。

(3)地形偏压条件下的小净距隧道,宜先开挖靠外侧的隧道,对围岩稳定性、支护体系受力及隧道长期安全有利。

第四篇　公路小净距隧道工程实例

第十五章 纳溪至宜宾高速公路南溪隧道[103]

一、概况

图 15-1 为南溪隧道宜宾端洞口实况。

图 15-1 南溪隧道宜宾端洞口

(一)隧道设计技术标准

(1)公路等级:双向四车道高速公路。

(2)隧道设计速度:80km/h。

(3)隧道建筑限界,见图 15-2。

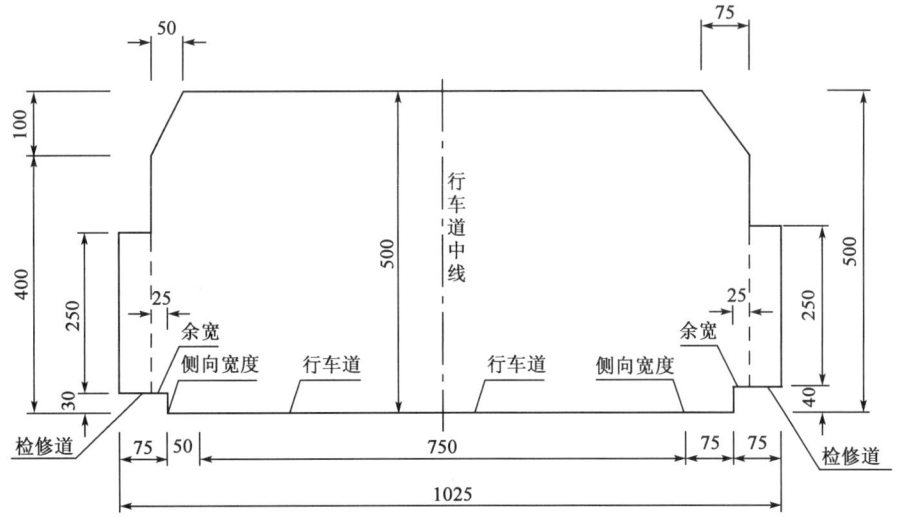

图 15-2 隧道主洞建筑限界(尺寸单位:cm)

(4)隧道内轮廓,见图15-3。

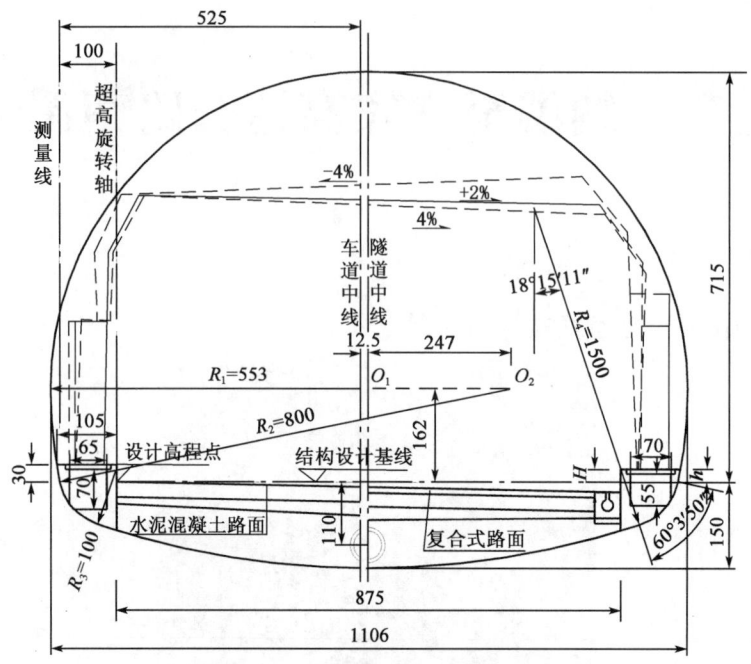

图15-3 隧道主洞内轮廓(尺寸单位:cm)

(二)隧道规模

南溪隧道长度、桩号一览表见表15-1。

南溪隧道长度、桩号一览表　　　　　表15-1

隧道名称	起止桩号		隧道长度(m)	备注
南溪隧道	左线	K116+660.45～K119+375.78	2715.33	分离式隧道
	右线	YK116+660～YK119+388.82	2728.82	

(三)小净距段平纵面

南溪隧道宜宾端洞口(左线为K119+305～K119+375.78,右线为YK119+317～YK119+388.82)双洞净距为12～4.5m,其中K119+305～K119+330为Ⅳ级围岩段,净距为12～8.6m,K119+330～K119+375.78为Ⅴ级围岩段,净距为8.6～4.5m,其平纵面见图15-4。

(四)小净距段工程地质条件简述

(1)Ⅳ级围岩(K119+305～K119+330):属白垩系上统夹关组,以砂岩为主,泥岩主要以薄夹层的形式出现在砂岩中,岩体裂隙不发育,层间结合较好。岩体较完整,呈厚层状结构,岩体波速V_p=2544～3021m/s,完整性系数K_v=0.63～0.70,R_c=18.57

MPa，[BQ]=278.21。地下水一般呈滴水状，雨季呈淋雨状。

(2) V级围岩(K119+330～K119+375.78)：属白垩系上统夹关组，以砂岩为主，泥岩主要以薄夹层的形式出现在砂岩中，强～弱风化，属软质岩，岩体裂隙较发育，层间结合一般。岩体较破碎～较完整，呈中厚层～厚层状结构，岩体波速V_p=2340～2812m/s，完整性系数K_v=0.52～0.63，R_c=18.57MPa，[BQ]=238.21。地下水一般呈滴水状，雨季呈淋雨状。

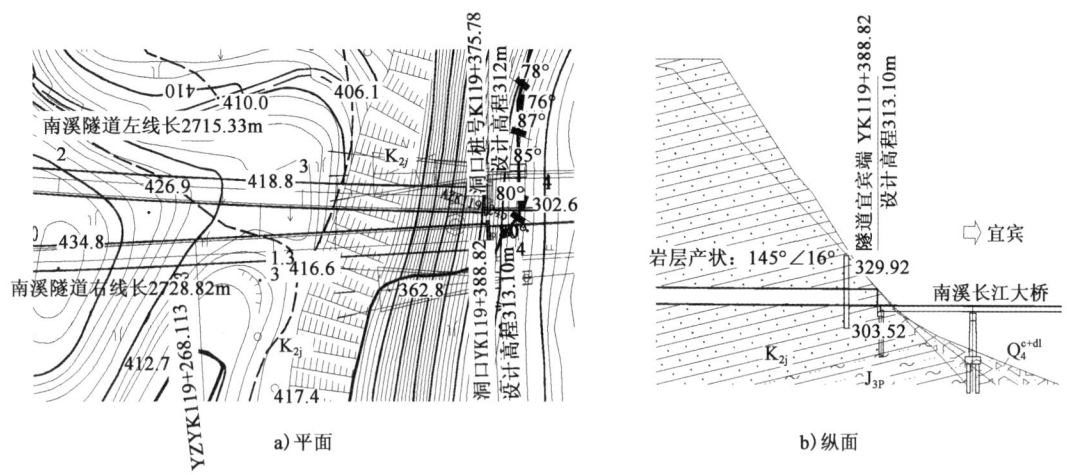

图 15-4 南溪隧道小净距段平纵面

二、针对小净距段的设计

(一)结构支护参数

结合研究成果并采用工程类比法，考虑本路段实际净距大小、地质条件确定隧道衬砌支护参数，见表 15-2。

小净距隧道衬砌支护参数表　　　表 15-2

衬砌类型	适用条件	喷混凝土	锚杆	钢筋网	钢架	预留量	混凝土拱墙	混凝土仰拱
$V_{浅}$(C)	净距3～9m的浅埋V级围岩段	24 含仰拱	350@70×100	ϕ6.5@20	118@70	12	50(钢筋混凝土 ϕ22@25)	50(钢筋混凝土 ϕ22@25)

注：1. 表中单位除钢筋直径以 mm 计外，其余均以 cm 计。
　　2. $V_{浅}$(C)适用于 K119+330～K119+375.78，净距 8.6～4.5m。
　　3. 净距小于 6m 时采用 ϕ32 预应力对拉锚杆对中岩墙进行加固。

(二)中岩墙加固方法

南溪隧道中岩墙加固区为设计基线至起拱线以上 30°范围，采用对拉预应力锚杆（ϕ32 中空注浆锚杆，纵环向间距均为 80cm）加固（图 15-5）。中岩墙加固区域不再设置系统锚杆。

对拉预应力锚杆的施工工艺要求如下：

(1)φ32中空注浆锚杆杆体极限抗拉力不小于290kN；预应力值在90～110kN之间。

(2)对拉锚杆孔宜垂直于中岩墙施作,在先行洞掘进完成后一次钻孔到位,锚杆长度宜长于锚杆孔50cm,当中岩墙厚度小于5m时可采用一根通长锚杆,当中岩墙厚度大于5m时锚杆可分段加工并采用连接套连接。

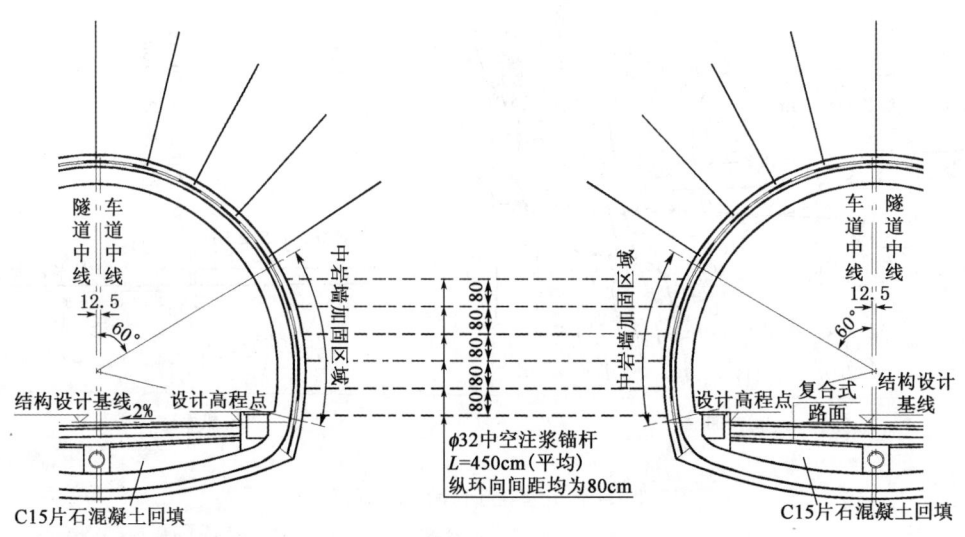

图15-5　南溪隧道中岩墙加固方法

(3)对拉锚杆采用先灌后二次张拉施工工艺,在先行洞开挖并待钻孔内水泥砂浆强度达到其设计强度后施加预拉力40kN；后行洞开挖暴露锚杆端部后,拆除预安装的丝扣保护包装,施加预拉力到90～110kN,然后先行洞补张拉到90～110kN。每根锚杆除砂浆锚杆段外,均对锚杆杆体涂油并用宽5cm塑料带缠绕包裹,形成张拉自由段。锚杆采用扭力扳手上紧螺帽方法施加预应力,施工前应在洞外标定扳手力矩与锚杆拉力关系。

(4)锚杆安装前向钻孔内灌注M20早强水泥砂浆(要求浇筑12h后抗压强度不小于20MPa),然后插入锚杆,杆体与孔壁间水泥砂浆应充填饱满。砂浆配合比采用试验室所开的配合比。砂浆应拌和均匀,随拌随用,一次拌和的砂浆应在初凝前用完。

(5)注浆要求:注浆孔口压力不得大于0.4MPa；注浆管应插至距孔底5～10cm处,随水泥砂浆的注入缓慢匀速拔出,随即迅速将杆体插入。若孔口无砂浆流出,应将杆体拔出重新注浆。

(三)施工控制措施

Ⅴ级围岩小净距段(K119+330～K119+375.78,净距8.6～4.5m)采用如下施工

控制措施：

(1)后行洞采用CD法施工,减小对先行洞的影响。

(2)两隧道开挖掌子面之间的距离宜保持在30m以上。

(3)先行洞初期支护完成并且浇筑仰拱后,才可进行相邻位置的后行洞爆破开挖。

(4)双洞爆破开挖不可同时进行。

(5)先行洞周边相对位移值基本稳定后才能开挖相邻位置的后行洞掌子面。

(6)其他施工控制措施同普通分离式隧道。

(四)监控量测

Ⅴ级围岩小净距段(K119+330～K119+375.78,净距8.6～4.5m)采用如下监控量测措施：

(1)小净距隧道的最薄弱部位是中岩墙,而中岩墙的破坏始于靠先行洞一侧的拱腰位置,因此中岩墙是小净距隧道监控量测的重点,而中岩墙监控量测的重点是靠先行洞一侧的拱腰位置。

(2)后行洞爆破开挖后,立即检查中岩墙靠先行洞一侧拱腰位置是否出现纵向裂缝,如果裂缝宽度超过2mm或者长度超过2m,则应立即停止施工,同时对中岩墙进行加固。

(3)先行洞的监控量测分为两个阶段：本洞开挖阶段；后行洞开挖阶段。本洞开挖阶段的监控量测与分离式隧道相同,先行洞开挖稳定后的周边相对位移值不应超过规范中规定值的90%;后行洞开挖阶段可能会引起先行洞周边位移的增长,当后行洞掌子面通过先行洞监测断面1B(B为单洞开挖宽度)后,先行洞的周边相对位移值不应超过隧道周边允许相对位移值。

(4)后行洞爆破时,中岩墙靠先行洞一侧拱腰位置处的最大震速不可超过15cm/s。

(5)其他监控量测措施同普通分离式隧道。

三、小净距段的施工

在南溪隧道小净距段施工过程中施工方基本落实了设计意图,但是后行洞施工并没有采用CD法,而是与先行洞一样采用了台阶法,洞口段围岩较破碎采用台阶留核心土法。

在后行洞施工过程中,先行洞初期支护没有出现较大变形、开裂等情况,南溪隧道小净距段已于2009年12月顺利完工。

四、小结

(1)对于岩质Ⅴ级围岩中,净距4.5～6m的小净距隧道,对拉预应力锚杆是个行之有效的中岩墙加固方式,可改善中岩墙的力学环境。

(2)对于Ⅴ级围岩中,净距6m以上的小净距隧道,可不必对中岩墙进行加固,但是应强调施工工艺的控制与加强监控量测。

(3)对于Ⅴ级围岩中,净距4.5～9m的小净距隧道,后行洞不一定非要采用CD法施工,也可尝试采用台阶法(必要时留核心土),以便降低施工难度,加快工程进度。

(4)对于Ⅳ级围岩中,净距9m以上的小净距隧道,可按普通分离式隧道处理。

第十六章　映秀至汶川高速公路单坎梁子隧道[104]

一、概况

图 16-1 为单坎梁子隧道汶川端洞口实况。

图 16-1　单坎梁子隧道汶川端洞口

(一)隧道设计技术标准

单坎梁子隧道技术标准与纳溪至宜宾高速公路南溪隧道相同,这里不再赘述。

(二)隧道规模

单坎梁子隧道长度、桩号一览表见表 16-1。

单坎梁子隧道长度、桩号一览表　　　　表 16-1

隧道名称	起止桩号		隧道长度(m)	备注
单坎梁子隧道	左线	ZK37+120～ZK38+772	1652	分离式隧道
	右线	K37+125～K38+792	1667	

(三)小净距段平纵面

单坎梁子隧道出口端(右线为 K38+590～K38+792,对应左线为 ZK38+570～ZK38+772)净距为 12～4.5m;其中 K38+570～K38+670 为Ⅳ级围岩段,净距为 12～

9.2m；K38+670～K38+750 为Ⅴ级围岩段，净距为 9.2～6.1m；K38+750～K38+792 为Ⅴ级围岩段，净距为 6.1～4.5m（路堑式明洞段）；平纵面见图 16-2。

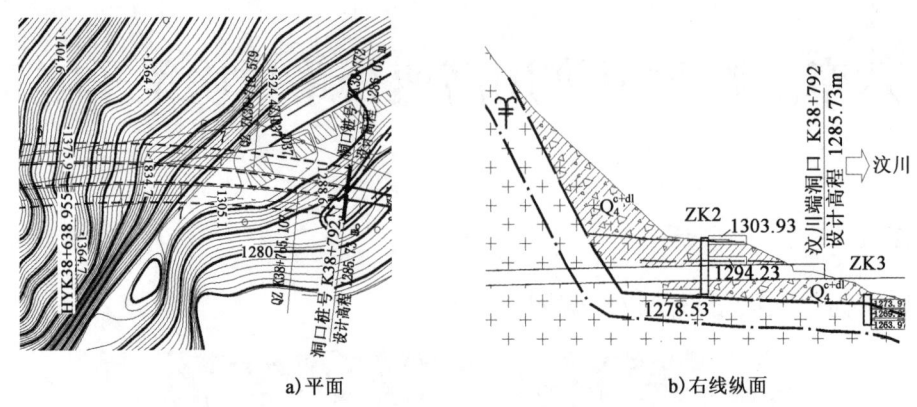

图 16-2 单坎梁子隧道小净距段平纵面

（四）小净距段工程地质条件简述

（1）Ⅳ级围岩（K38+570～K38+670）：元古界澄江—晋宁期花岗岩，属坚硬岩，受构造影响明显，结构面较发育，岩体较破碎，呈碎裂结构。$R_c=70～120$MPa，代表性 $K_v=0.30$，代表性 $[BQ]=252$。拱顶无支护时易出现小～中坍塌，边墙易出现掉块和小坍塌。平水期主要呈滴水状或线状，雨季局部呈小股状水。

（2）Ⅴ级围岩（K38+670～K38+792）：含砾低液限黏土、块石呈松，软～松散结构，结构不均，易垮塌。基岩为风化花岗岩裂隙发育，呈碎裂状结构。拱顶无支护时易出现大规模坍塌，边墙易出现坍塌。地下水不甚发育，主要呈滴水状，局部可呈淋雨状。

二、针对小净距段的设计

（一）结构支护参数

结合研究成果并采用工程类比法，考虑本路段实际净距大小、地质条件确定隧道衬砌支护参数，见表 16-2。

表 16-2 小净距隧道衬砌支护参数表

衬砌类型	适用条件	喷混凝土	锚杆	钢筋网	钢架	预留量	混凝土拱墙	混凝土仰拱
Ⅴ加强偏(X)	土质Ⅴ级围岩浅埋偏压地段	28（含仰拱）	350（50×100）	$\phi6.5@20$	I22b@50	20	60～80 钢筋混凝土	60 钢筋混凝土

注：1. 表中单位除钢筋直径以 mm 计外，其余均以 cm 计。
　　2. Ⅴ加强偏(X)适用于 K38+680～K38+750，净距 8.8～6.1m，K38+750 之后为路堑式明洞。
　　3. K38+680～K38+750，净距 8.8～6.1m，采用 4.5m 长 $\phi42$ 注浆小导管对中岩墙进行加固。

(二)中岩墙加固方法

单坎梁子隧道中岩墙加固区为拱顶圆心角 30°以下范围,采用 $\phi42$ 注浆小导管(长 4.5m,纵环向间距＝50×100cm)加固(图 16-3)。

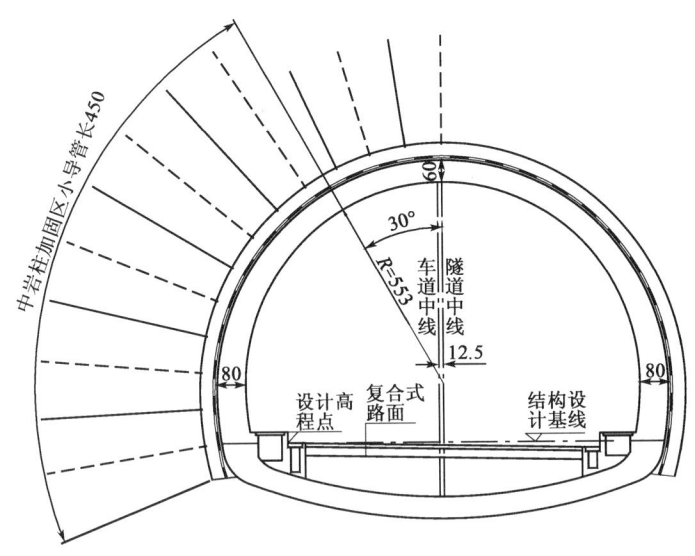

注:本图尺寸除钢筋直径以 mm 计外,其余尺寸均以 cm 计。

图 16-3　单坎梁子隧道中岩墙加固方法

$\phi42$ 注浆小导管的施工工艺要求如下:

(1)小导管用热轧无缝钢管加工制成,直径为 42mm,壁厚 4mm。小导管管壁应钻注浆孔,孔径为 8mm,孔间距为 10cm,呈梅花形布置。尾部 30cm 不钻注浆孔作为止浆段。

(2)注浆材料采用纯水泥浆(w/c=1.0),注浆压力为 0.5～1.0MPa。

(三)施工控制措施

Ⅴ级围岩小净距段(K38+680～K38+750,净距为 8.8～6.1m)施工控制措施与南溪隧道Ⅴ级围岩小净距段相同。

(四)监控量测

Ⅴ级围岩小净距段(K38+680～K38+750,净距 8.8～6.1m)采用的监控量测措施与南溪隧道Ⅴ级围岩小净距段相同。

三、小净距段的施工

在单坎梁子隧道小净距段施工过程中施工方基本落实了设计意图,但是后行洞施工并没有采用 CD 法,而是与先行洞一样采用了台阶留核心土法。

在后行洞施工过程中,先行洞初期支护没有出现较大变形、开裂等情况,单坎梁子隧道小净距段目前正在顺利实施。

四、小结

(1)对于松散破碎的土质Ⅴ级围岩中,净距9m以下的小净距隧道,注浆加固是个行之有效的中岩墙加固方式,可提高中岩墙的承载能力。

(2)对于Ⅴ级围岩中,净距9m以上的小净距隧道,可不必对中岩墙进行加固。

(3)对于Ⅴ级围岩中,净距6m以上的小净距隧道,后行洞可尝试采用台阶留核心土法,以便降低施工难度,加快工程进度。

(4)对于Ⅳ级围岩中,净距9m以上的小净距隧道,可按普通分离式隧道处理。

第十七章　映秀至汶川高速公路七盘沟隧道[104]

一、概况

图 17-1 为七盘沟隧道汶川端洞口实况。

图 17-1　七盘沟隧道汶川端洞口

(一)隧道设计技术标准

七盘沟隧道技术标准与纳溪至宜宾高速公路南溪隧道相同,这里不再赘述。

(二)隧道规模

七盘沟隧道长度、桩号一览表见表 17-1。

七盘沟隧道长度、桩号一览表　　　　表 17-1

隧道名称	起止桩号		隧道长度(m)	备注
七盘沟隧道	左线	ZK46+719～ZK47+438	719	分离式隧道
	右线	K46+725～K47+430	705	

(三)小净距段平纵面

七盘沟隧道出口端(右线为 K47+300～K47+430,对应左线为 ZK47+304～ZK47+434)净距为 7.2～5.7m;其中 K47+300～K47+400 为Ⅳ级围岩段,净距为 7.2～6.1m;K47+400～K47+415 为Ⅴ级围岩段,净距 6.1～5.9m;K47+415～K47+

430 为Ⅴ级围岩段,净距 5.9~5.7m(路堑式明洞段)。平纵面见图 17-2。

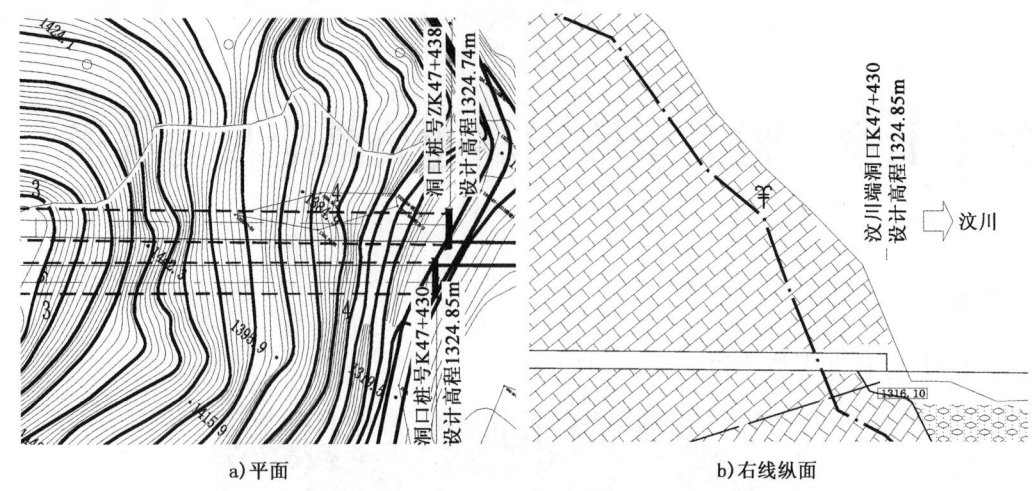

图 17-2 七盘沟隧道小净距段平纵面

(四)小净距段工程地质条件简述

(1)Ⅳ级围岩(K47+300~K47+400):古生界泥盆系月里寨群,主要由灰岩构成,少量砂岩、板岩、千枚岩等呈薄层或夹层状产出。受构造影响较重,岩层薄层状为主,部分呈中厚状,岩体裂隙发育,岩体破碎,呈碎裂~裂隙块状结构,层间结合较差,发育有溶洞,拱顶无支护时易出现较大规模坍塌,边墙易出现小坍塌。$K_v=0.35~0.55$,$[BQ]=254~331$。地下水为岩溶水及裂隙水,点滴状出水为主,局部可呈淋雨状及小股状。

(2)Ⅴ级围岩(K47+400~K47+430):强风化灰岩,岩层以薄层状为主,裂隙发育,岩体破碎,层间结合较差,发育有溶洞,拱顶无支护时易出现大规模坍塌,边墙易出现小坍塌。地下水为岩溶水及裂隙水,点滴状出水为主,局部可呈淋雨状及小股状。

二、针对小净距段的设计

(一)结构支护参数

与普通分离式隧道相同。

(二)中岩墙加固方法

中岩墙未加固。

(三)施工控制措施

Ⅴ级围岩小净距段(K47+400~K47+430,净距为 6.1~5.9m)除先后行洞均采用台阶法施工外,其余施工控制措施与南溪隧道相同。

(四)监控量测

Ⅴ级围岩小净距段(K47+400～K47+430,净距为6.1～5.9m)采用的监控量测措施与南溪隧道相同。

三、小净距段的施工

在七盘沟隧道小净距段施工过程中施工方基本落实了设计意图。

在后行洞施工过程中,先行洞初期支护没有出现较大变形、开裂等情况,七盘沟隧道小净距段已于2011年3月顺利完工。

四、小结

(1)对于岩质Ⅴ级围岩中,净距>6m的小净距隧道,可不对中岩墙进行加固,也可不对衬砌结构进行加强,但是应强调施工工艺的控制与加强监控量测。

(2)对于岩质Ⅴ级围岩中,净距>6m的小净距隧道,后行洞可尝试采用台阶法,以便降低施工难度,加快工程进度。

(3)对于Ⅳ级围岩中,净距6m以上的小净距隧道,可按普通分离式隧道处理。

第十八章　雅安至泸沽高速公路徐店子隧道[105]

一、概况

图 18-1 为徐店子隧道雅安端洞口实况。

图 18-1　徐店子隧道雅安端洞口

(一)隧道设计技术标准

徐店子隧道技术标准与纳溪至宜宾高速公路南溪隧道相同,这里不再赘述。

(二)隧道规模

徐店子隧道长度、桩号一览表见表 18-1。

徐店子隧道长度、桩号一览表　　　表 18-1

隧道名称		起止桩号	隧道长度(m)	备注
徐店子隧道	左线	K106+925～K108+195	1270m	分叉式隧道
	右线	YK106+925～YK108+197	1272m	

(三)小净距段平纵面

徐店子隧道进口端(右线为 YK106+965～YK107+110,对应左线为 ZK106+965～ZK107+110)净距为 3.0～12.0m,其中 YK106+965～YK107+898 为 Ⅴ 级围岩段,净距为 3.0～4.4m,YK107+898～YK107+110 为 Ⅲ 级围岩段,净距为 4.4～

12.0m,其平纵面见图18-2。

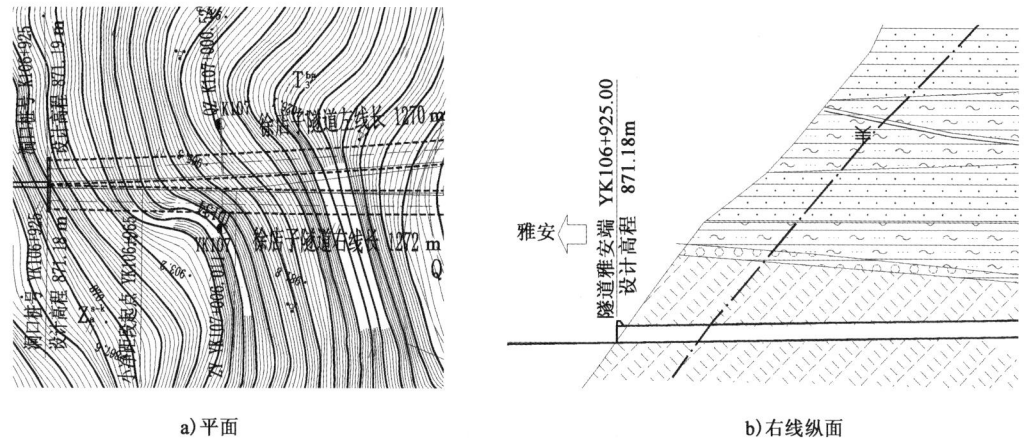

a)平面　　　　　　　　　　　b)右线纵面

图18-2　徐店子隧道小净距段平纵面

(四)小净距段工程地质条件简述

(1)Ⅴ级围岩(YK106+965～YK107+898):震旦系下统开建桥、苏雄组强风化流纹斑岩,硬质岩,岩体破碎,碎裂-碎块状结构,卸荷裂隙很发育,并以陡倾角(60°～80°)为主,地下水不发育。天然抗压强度为19.60MPa。

(2)Ⅲ级围岩(YK107+898～YK107+110):震旦系下统开建桥、苏雄组弱风化流纹斑岩,硬质岩,岩体较破碎,巨块(石)碎(石)状镶嵌结构。节理裂隙发育,并以陡倾角(60°～80°)为主,地下水不发育。天然抗压强度为78.90MPa。

二、针对小净距段的设计

(一)结构支护参数

结合研究成果并采用工程类比法,考虑本路段实际净距大小、地质条件确定隧道衬砌支护参数,见表18-2。

小净距隧道衬砌支护参数表　　　　　　　　　　表18-2

衬砌类型	适用条件	喷混凝土	锚杆	钢筋网	钢架	预留量	混凝土拱墙	混凝土仰拱
Ⅴ(C)	岩质Ⅴ级围岩浅埋地段	24	350 (80×100)	φ8@20	I18@80	20	50 钢筋混凝土	50 钢筋混凝土
Ⅲ(H)	Ⅲ级围岩	15	250 (100×120)	φ8@25	—	12	35	—

注:1.表中单位除钢筋直径以mm计外,其余均以cm计。
　　2.Ⅴ(C)适用于YK106+965～YK107+898,净距3.0～4.4m,Ⅲ(H)适用于YK107+898～YK107+056,净距4.4～9.0m,YK107+056之后按普通分离式隧道考虑。
　　3.YK106+965～YK107+898,净距3.0～4.4m,采用φ32对拉预应力锚杆对中岩墙进行加固。

(二)中岩墙加固方法

徐店子隧道 YK106+965～YK107+898,净距为 3.0～4.4m,采用 ϕ32 对拉预应力锚杆对中岩墙进行加固。中岩墙加固方法与与纳溪至宜宾高速公路南溪隧道相同。

(三)施工控制措施

Ⅴ级围岩小净距段(YK106+965～YK107+898,净距为 3.0～4.4m)施工控制措施与南溪隧道Ⅴ级围岩小净距段相同。

Ⅲ级围岩小净距段(YK107+898～YK107+110,净距为 4.4～9.0m)未采用针对小净距隧道的施工控制措施。

(四)监控量测

Ⅴ级围岩小净距段(YK106+965～YK107+898,净距为 3.0～4.4m)采用的监控量测措施与南溪隧道Ⅴ级围岩小净距段相同。

Ⅲ级围岩小净距段(YK107+898～YK107+110,净距为 4.4～9.0m)未采用针对小净距隧道的监控量测措施。

三、小净距段的施工

在徐店子隧道小净距段施工过程中施工方基本落实了设计意图,但是后行洞施工并没有采用CD法,而是与先行洞一样采用了台阶留核心土法。

在后行洞施工过程中,先行洞初期支护没有出现较大变形、开裂等情况,徐店子隧道小净距段已于2011年3月顺利完工。

四、小结

(1)对于岩质Ⅴ级围岩中,净距为 3～4.5m 的小净距隧道,对拉预应力锚杆是个行之有效的中岩墙加固方式,可改善中岩墙的力学环境。

(2)对于Ⅴ级围岩中,净距为 3m 以上的小净距隧道,后行洞不一定非要采用CD法施工,也可尝试采用台阶留核心土法,以便降低施工难度,加快工程进度。

(3)对于Ⅲ级围岩中,净距为 4.5m 以上的小净距隧道,仅对初支进行适当加强即可,净距 9m 以上的小净距隧道可按普通分离式隧道处理。

第十九章　广元至川甘界高速公路小净距隧道[106]

一、概况

(一)隧道设计技术标准

广元至川甘界高速公路小净距隧道技术标准与纳溪至宜宾高速公路南溪隧道相同,这里不再赘述。

(二)隧道规模

广元至川甘界高速公路共有12座隧道,其中2座短隧道(表19-1)净距在9m以下,按照《公路隧道设计规范》(JTG D70—2004)中的规定均应属小净距隧道,图19-1为银子坝隧道洞口实况。

图 19-1　银子坝隧道洞口

银子坝和杨家岭隧道长度、桩号一览表　　表 19-1

序号	隧道名称		起止桩号	隧道长度(m)	备注
1	银子坝隧道	左线	ZK18+564～ZK18+804	240	净距8m
		右线	K18+564～K18+805	241	
2	杨家岭隧道	左线	ZK33+112～ZK33+218	106	净距7.5～8.5m
		右线	K33+110.5～K33+220	109.5	

注:最小净距全部出现在洞口Ⅴ级围岩段。

(三)工程地质条件简述

(1)银子坝隧道:洞口为松散的碎石土及强风化绢云、砂质千枚岩,岩质极软,风化裂隙发育,洞身千枚岩质较软~软,片理发育,片理间结合差,岩体较完整。BQ=248~295,[BQ]=188~245。地下水不发育,以点滴状为主。

(2)杨家岭隧道:进洞口为松散堆积的碎块石及强风化千枚岩,岩质极软,岩体破碎;出口仰坡为强风化千枚岩,结构面发育,岩体疏松;洞身为中风化千枚岩,岩质软,片理发育,片理间结合一般,岩体较完整。$R_c=3.22\text{MPa}$;$K_v=0.4~0.69$,平均0.53;[BQ]=172.2。地下水不发育,以点滴状为主。

二、针对小净距隧道的设计

(一)结构支护参数

按照普通分离式隧道设计,结构未做加强。

(二)中岩墙加固方法

未加固。

(三)施工控制措施

施工控制措施与南溪隧道Ⅴ级围岩小净距段相同。

(四)监控量测

监控量测措施与南溪隧道Ⅴ级围岩小净距段相同。

三、小净距段的施工

在广元至甘肃高速公路小净距隧道Ⅴ级围岩段施工过程中,施工方基本落实了设计意图,但是后行洞施工并没有采用CD法,而是与先行洞一样采用了台阶法(洞口破碎围岩留核心土)。

在后行洞施工过程中,先行洞初期支护没有出现较大变形、开裂等情况,银子坝隧道已于2010年10月顺利完工,杨家岭隧道截至2011年8月先行洞已贯通,后行洞施工顺利。

四、小结

(1)对于Ⅴ级围岩中,净距8m以上的小净距隧道,不需要进行结构加强与中岩墙加固。

(2)对于Ⅴ级围岩中,净距8m以上的小净距隧道,仅在开挖方法、监控量测方面予以控制即可保证隧道施工安全。

第二十章　丽江至攀枝花高速公路小净距隧道[107]

一、概况

(一)隧道设计技术标准

丽江至攀枝花高速公路小净距隧道技术标准与纳溪至宜宾高速公路南溪隧道相同,这里不再赘述。

(二)隧道规模

丽江至攀枝花高速公路共有10座隧道(表20-1),均是分离式隧道,双洞最小净距最大13m,最小8m,按照《公路隧道设计规范》(JTG D70—2004)中的规定均应属小净距隧道。图20-1、图20-2分别为拖路湾1、2号隧道丽江端洞口实况图。

隧道长度、桩号一览表　　　表20-1

序号	隧道名称	起止桩号		隧道长度(m)	备注
1	福田隧道	左线	ZK1+020～ZK1+655	635	最小净距13m
		右线	K1+045～K1+655	610	
2	沿江隧道	左线	ZK24+859～ZK25+048	189	最小净距8m
		右线	K24+842～K25+081	239	
3	狮子石隧道	左线	ZK25+610～ZK28+192	2582	最小净距10m
		右线	K25+632～K28+190	2558	
4		新庄左线隧道	ZK29+408～ZK32+910	3502	最小净距10m
		新庄右线1号隧道	K29+438～K29+658	220	
		新庄右线2号隧道	K29+710～K32+930	3220	
5	拖路湾1号隧道	左线	ZK34+495～ZK35+050	555	最小净距9.2m
		右线	K34+498～K35+033	535	
6	拖路湾2号隧道	左线	ZK35+232～ZK35+543	311	最小净距10m
		右线	K35+235～K35+543	308	
7	双梁子隧道	左线	ZK35+917～ZK36+395	478	最小净距8.2m
		右线	K35+921～K36+400	479	
8	白石岩隧道	左线	ZK37+339～ZK40+298	2959	最小净距8m
		右线	K37+338～K40+320	2982	

续上表

序号	隧道名称	起止桩号		隧道长度(m)	备注
9	马家湾隧道	左线	ZK41+412～ZK41+828	416	最小净距8m
		右线	K41+425～K41+828	403	
10	马路梁隧道	左线	ZK49+471～ZK50+038	567	最小净距11m
		右线	K49+471～K50+046	575	

注：最小净距全部出现在洞口Ⅴ级围岩段。

图 20-1　拖路湾1号隧道丽江端洞口

图 20-2　拖路湾2号隧道丽江端洞口

(三)工程地质条件简述

丽江至攀枝花高速公路位于攀西裂谷中南段，属侵蚀、剥蚀中低山、中山原峡谷地貌。地层出露有新近系的昔格达组、白垩系下统冯家河组，上三叠统的宝鼎组、大乔地组和丙南组，二叠系上统的峨眉山玄武岩组，下统阳新组、梁山组，还有印支期的花岗岩、角闪岩及辉长岩岩浆岩侵入体；华力西期的角闪正长岩、辉长岩夹铁矿层的岩浆岩侵入体；晋宁期的石英闪长岩岩浆岩侵入体等。除洞口第四系覆盖层、风化岩及洞身断层破碎带为Ⅴ级围岩外，其余为Ⅳ～Ⅲ级围岩。

二、针对小净距段的设计

(一)结构支护参数

按照普通分式隧道设计，结构未做加强。

(二)中岩墙加固方法

未加固。

(三)施工控制措施

Ⅴ级围岩小净距段施工控制措施与南溪隧道Ⅴ级围岩小净距段相同。

(四)监控量测

Ⅴ级围岩小净距段监控量测措施与南溪隧道Ⅴ级围岩小净距段相同。

三、小净距段的施工

在丽江至攀枝花高速公路小净距隧道Ⅴ级围岩段施工过程中，施工方基本落实了设计意图，但是后行洞施工并没有采用CD法，而是与先行洞一样采用了台阶法(洞口破碎围岩留核心土)。

在后行洞施工过程中，先行洞初期支护没有出现较大变形、开裂等情况，丽江至攀枝花高速公路6座小净距隧道已于2011年8月顺利贯通。

四、小结

(1)对于Ⅴ级围岩中，净距8m以上的小净距隧道，不需要进行结构加强与中岩墙加固。

(2)对于Ⅴ级围岩中，净距8m以上的小净距隧道，仅在开挖方法、监控量测方面予以控制即可保证隧道施工安全。

(3)对于Ⅳ级围岩中，净距8m以上的小净距隧道，按普通分离式隧道处理。

第二十一章　巴中至达州高速公路小净距隧道[108]

一、概况

(一)隧道设计技术标准

巴中至达州高速公路小净距隧道技术标准与纳溪至宜宾高速公路南溪隧道相同，这里不再赘述。

(二)隧道规模

巴中至达州高速公路共有20座隧道，其中18座隧道(表21-1)是分离式隧道，双洞最小净距最大27m，最小7.7m，按照《公路隧道设计规范》(JTG D70—2004)中的规定均应属小净距隧道。图21-1、图21-2分别为孙家坡隧道达州端洞口、魏家山隧道达州端洞口实况图。

隧道长度、桩号一览表　　　　　　　　表21-1

序号	隧道名称		起止桩号	隧道长度(m)	备注
1	尖顶子隧道	左线	ZK4+327～ZK5+615	1288	最小净距11m
		右线	K4+323～K5+597	1274	
2	玉皇庙隧道	左线	ZK6+928～ZK7+565	637	最小净距18m
		右线	K6+970～K7+540	570	
3	佑垭口隧道	左线	ZK16+065～ZK16+625	560	最小净距15m
		右线	K16+012～K16+585	573	
4	木子岭隧道	左线	ZK18+548～ZK18+965	417	最小净距17m
		右线	K18+515～K18+962	447	
5	团包梁隧道	左线	ZK26+067～ZK26+524	457	最小净距13m
		右线	K26+065～K26+526	461	
6	驷马隧道	左线	ZK35+675～ZK36+373	698	最小净距20m
		右线	K35+681～K36+360	679	
7	尖包梁隧道	左线	ZK39+846～ZK40+199	353	最小净距21m
		右线	K39+845～K40+221	376	
8	高家岭隧道	左线	ZK40+555～ZK41+895	1340	最小净距27m
		右线	K40+616～K41+897	1281	

续上表

序号	隧道名称		起止桩号	隧道长度(m)	备注
9	元缸石隧道	左线	ZK45+330～ZK46+305	975	最小净距9.6m
		右线	K45+348～K46+312	964	
10	孤山寺隧道	左线	ZK50+063～ZK52+070	2007	最小净距22m
		右线	K50+090～K52+078	1988	
11	白顶子隧道	左线	ZK54+610～ZK56+382	1772	最小净距11.6m
		右线	K54+647～K56+392	1745	
12	孙家坡隧道	左线	ZK64+980～ZK67+226	2246	最小净距8.6m
		右线	K65+054～K67+227	2173	
13	赵家坡隧道	左线	ZK70+423～ZK73+668	3245	最小净距12.7m
		右线	K70+437.5～K73+663	3225.5	
14	东岳庙隧道	左线	ZK79+848～ZK82+001	2153	最小净距8.6m
		右线	K79+820～K82+040	2220	
15	林家寨隧道	左线	ZK82+508～ZK83+784	1276	最小净距27m
		右线	K82+530～K83+786	1256	
16	刘家沟隧道	左线	ZK95+102～ZK96+454	1352	最小净距10.5m
		右线	K95+102～K96+434	1332	
17	魏家山隧道	左线	ZK97+984～ZK101+091	3107	最小净距7.7m
		右线	K97+984～K101+059	3075	
18	武童寨隧道	左线	ZK103+876～ZK104+382	506	最小净距26m
		右线	K103+880～K104+394	514	

注：最小净距全部出现在洞口Ⅴ级围岩段。

图21-1 孙家坡隧道达州端洞口

图21-2 魏家山隧道达州端洞口

(三)工程地质条件简述

巴中至达州高速公路隧址区均为构造侵蚀低山地貌区，地层为典型的砂泥岩互层，岩层较平缓，地质条件相对简单，但是区内沟谷发育，地形条件较复杂。除魏家山隧道地下水较发育外，其余隧道地下水均不发育。

隧道围岩以Ⅲ、Ⅳ、Ⅴ级围岩为主,洞口一般为Ⅴ级围岩,洞身一般为Ⅲ、Ⅳ级围岩。

二、针对小净距段的设计

(一)结构支护参数

按照普通分离式隧道设计,结构未做加强。

(二)中岩墙加固方法

未加固。

(三)施工控制措施

Ⅴ级围岩小净距段施工控制措施除后行洞采用台阶法留核心土外,其余措施与南溪隧道Ⅴ级围岩小净距段相同。

(四)监控量测

Ⅴ级围岩小净距段监控量测措施与南溪隧道Ⅴ级围岩小净距段相同。

三、小净距段的施工

在后行洞施工过程中,先行洞初期支护没有出现较大变形、开裂等情况,截至2011年8月,巴中至达州高速公路18座隧道小净距段已顺利完工。

四、小结

(1)对于Ⅴ级围岩中,净距8m以上的小净距隧道,不需要进行结构加强与中岩墙加固。

(2)对于Ⅴ级围岩中,净距8m以上的小净距隧道,仅在开挖方法、监控量测方面予以控制即可保证隧道施工安全。

第二十二章 小净距隧道设计与施工要点

一、小净距隧道情况汇总

将前面的内容总结提炼后形成表22-1。34座小净距隧道分别位于四川东西南北各个区域,所处的地质条件各不相同,具有较为广泛的代表性。

根据小净距隧道已有的研究成果以及表22-1中的提炼总结,结合现场调研,得出小净距隧道结构支护参数加强方法、中岩墙加固方法、施工控制措施、监控量测措施。

小净距隧道情况一览表　　　　　表22-1

序号	隧道名称	所处位置	地质概况	围岩级别	净距(m)	中岩墙加固	结构加强	施工控制	监控量测
1	南溪	宜宾(川南)	砂岩为主,夹有泥岩	Ⅴ	4.5~6.0	ϕ32 对拉预应力锚杆(80cm×80cm)	否	有	有
				Ⅴ	6.0~8.6	否	否	有	有
				Ⅳ	8.6~12.0	否	否	有	否
2	单坎梁子	汶川(川西)	黏土、块石	Ⅴ	6.1~8.8	ϕ42 注浆小导管(450cm @ 80cm×80cm)	有	有	有
			强风化花岗岩	Ⅴ	8.8~9.2	否	否	有	有
			节理裂隙发育的花岗岩	Ⅳ	9.2~12.0	否	否	有	否
3	七盘沟	汶川(川西)	强风化灰岩	Ⅴ	5.9~6.1	否	否	有	有
			灰岩	Ⅳ	6.1~7.2	否	否	有	否
4	徐店子	石棉(川西南)	强风化流纹斑岩	Ⅴ	3.0~4.4	ϕ32 对拉预应力锚杆(80cm×80cm)	有	有	有
			弱风化流纹斑岩	Ⅲ	4.4~9.0	否	有	有	否
5	银子坝	青川(川东北)	千枚岩	Ⅴ	8.0	否	否	有	有
6	杨家岭	青川(川东北)	千枚岩	Ⅴ	7.5~8.5	否	否	有	有

续上表

序号	隧道名称	所处位置	地质概况	围岩级别	净距(m)	中岩墙加固	结构加强	施工控制	监控量测
7	丽攀路10座小净距隧道	攀枝花（川南）	正长岩、闪长岩、玄武岩、花岗岩	Ⅴ	>8.0	否	否	有	有
				Ⅳ	>8.0	否	否	否	否
				Ⅲ	>8.0	否	否	否	否
8	巴达路18座小净距隧道	巴中、达州（川东北）	砂泥岩互层	Ⅴ	>7.7	否	否	有	有
				Ⅳ	>9.7	否	否	否	否

二、结构支护参数加强方法

小净距隧道结构参数加强方法见表22-2。

小净距隧道结构参数加强方法　　　　表22-2

围岩级别	双洞净距			
	$(0.25\sim0.375)B$	$(0.375\sim0.5)B$	$(0.5\sim0.67)B$	$>0.67B$
Ⅱ	—	—	—	—
Ⅲ	增设10×15格栅钢架@120cm	—	—	—
Ⅳ	钢架间距缩小10cm	—	—	—
Ⅴ	钢架间距缩小10cm	—	—	—

注：钢架间距缩小10cm，指的是比相同围岩、埋深条件下的普通分离式隧道的钢架间距缩小10cm。

三、中岩墙加固方法

小净距隧道中岩墙加固方法见表22-3。

小净距隧道中岩墙加固方法　　　　表22-3

围岩级别	净距			
	$(0.25\sim0.375)B$	$(0.375\sim0.5)B$	$(0.5\sim0.67)B$	$>0.67B$
Ⅱ	—	—	—	—
Ⅲ	—	—	—	—
Ⅳ	对拉预应力锚杆	—	—	—
Ⅴ（岩质）	对拉预应力锚杆	—	—	—
Ⅴ（松散破碎土质）	①小导管注浆；②对拉预应力锚杆	小导管注浆	—	—

注：B——单洞开挖宽度。

四、施工控制

Ⅲ级围岩小于$0.375B$、Ⅳ级围岩小于$0.5B$、Ⅴ级围岩小于$0.67B$时需采用如下施工控制措施：

（1）开挖方法见表22-4。

小净距隧道开挖方法   表22-4

围岩级别		净距			
		(0.25～0.375)B	(0.375～0.5)B	(0.5～0.67)B	>0.67B
Ⅱ、Ⅲ	先行洞	全断面			
	后行洞	台阶法	全断面		
Ⅳ	先行洞	台阶法			
	后行洞	台阶法（必要时留核心土）	台阶法		
Ⅴ	先行洞	台阶法（必要时留核心土）			
	后行洞	台阶留核心土法（必要时选用CD法）	台阶留核心土法	台阶法（必要时留核心土）	

(2)两隧道开挖掌子面之间的距离宜保持在30m以上。

(3)先行洞初期支护完成并且浇筑仰拱后，才可进行相邻位置的后行洞爆破开挖。

(4)双洞爆破开挖不可同时进行。

(5)先行洞周边相对位移值基本稳定后才能开挖相邻位置的后行洞掌子面。

(6)其他施工控制措施同普通分离式隧道。

五、监控量测

Ⅲ级围岩小于$0.5B$、Ⅳ级围岩小于$0.67B$、Ⅴ级围岩小于$1.0B$时采用如下监控量测措施：

(1)小净距隧道的最薄弱部位是中岩墙，而中岩墙的破坏始于靠先行洞一侧的拱腰位置，因此中岩墙是小净距隧道监控量测的重点，而中岩墙监控量测的重点是靠先行洞一侧的拱腰位置。

(2)后行洞爆破开挖后，立即检查中岩墙靠先行洞一侧拱腰位置是否出现纵向裂缝，如果裂缝宽度超过2mm或者长度超过2m，则应立即停止施工，同时对中岩墙进行加固。

(3)先行洞的监控量测分为两个阶段：本洞开挖阶段；后行洞开挖阶段。本洞开挖阶段的监控量测与分离式隧道相同，先行洞开挖稳定后的周边相对位移值不应超过规范中规定值的90%；后行洞开挖阶段可能会引起先行洞周边位移的增长，当后行洞掌子面通过先行洞监测断面$1B$（B为单洞开挖宽度）后，先行洞的周边相对位移值不应超过隧道周边允许相对位移值。

(4)后行洞爆破时，中岩墙靠先行洞一侧拱腰位置处的最大震速不可超过15cm/s。

(5)其他监控量测措施同普通分离式隧道。

参 考 文 献

[1] 中华人民共和国行业标准.JTG D70—2004 公路隧道设计规范[S].北京:人民交通出版社,2004.

[2] 中华人民共和国行业标准.JTG F60—2009 公路隧道施工技术规范[S].北京:人民交通出版社,2009.

[3] 何川,林刚,汪会帮.公路双连拱隧道[M].北京:人民交通出版社,2006.

[4] 姚振凯,黄运平,彭立敏.公路连拱隧道工程技术[M].北京:人民交通出版社,2006.

[5] 李志厚,朱合华,丁文其.公路连拱隧道设计与施工关键技术[M].北京:人民交通出版社,2010.

[6] 谭忠盛,杨小林,王梦恕.复线隧道施工爆破对既有隧道的影响分析[J].岩石力学与工程学报,2003,22(2):282-287.

[7] 陈宝林.宝成复线新须家河隧道控爆施工[J].世界隧道,1999(6):56-58.

[8] 原部兵.板桃隧道洞口段两超小净距隧道的施工[J].现代隧道技术,2002,39(1):54-57.

[9] 仇文革,张志强.深圳地铁重叠隧道近接施工影响的数值模拟分析[J].铁道标准设计,2000,20(6):41-42.

[10] 王明年,李志业,刘智成,等.软弱围岩3孔小间距平行浅埋隧道施工力学研究[J].铁道建筑技术,2002(4):11-14.

[11] 王明年,李志业,关宝树.3孔小间距浅埋暗挖隧道地表沉降控制技术研究[J].岩土力学,2002,23(6):3-5.

[12] 王红伟.广州地铁浅埋暗挖区间平面交叉大跨连拱段隧道施工技术[J].铁道建筑,2002(11):3-6.

[13] 陈先国,高波.地铁近距离平行隧道有限元数值模拟[J].岩石力学与工程学报,2002,21(9):1330-1334.

[14] 胡元芳.小线间距城市双线隧道围岩稳定性分析[J].岩石力学与工程学报,2002,21(9):1335-1338.

[15] 徐爱敏,卢汝绥.特种条件下的隧道施工——招宝山隧道的开挖[J].铁道建筑,1997(6):5-9.

[16] 郗庆桃.梧桐山隧道爆破震动控制技术措施[J].世界隧道,1999(4):45-53.

[17] 赖锦兴.里洋小净距隧道设计[C].//2001年全国公路隧道学术会议论文集.2001.

[18] 赖德良,金旗山小净距隧道施工技术探讨[J].华东公路,2003(2):32-37.

[19] 龚建伍,夏才初,朱合华,等.鹤上大断面小净距隧道施工方案优化分析[J].岩土力学2009,30(1):236-240.

[20] 秦峰,吴存兴.小净距隧道开挖方法浅论[J].现代隧道技术,2003,40(6):39-42.

[21] 张建兵.小净距隧道施工技术[J].山西建筑,2009,35(14):297-298.

[22] 阚坤生.互通式地下立交隧道分岔形式和施工力学行为研究[D].北京:北京交通大学,2009.

[23] 孙忠成.小洋山小净距群洞隧道施工技术[J].铁道标准设计,2006(12):66-69.

[24] 李浩,王涛,方忠强,等.连拱加小净距隧道穿越公墓区的设计分析[J].现代隧道技术,2010,47(2):37-41.

[25] 许文锋.小净距群体隧道施工顺序研究[J].地下空间与工程学报,2009,5(3):563-567.

[26] 刘明贵,张国华,刘绍波,等.大帽山小净距隧道群中夹岩累计损伤效应研究[J].岩石力学与工程学报,2009,28(7):1363-1369.

[27] 张永兴,张远华.隧道爆破开挖条件下地表建筑振动速度响应研究[J].地震工程与工程振动,2010,30(6):112-119.

[28] 杜菊红.小间距隧道动态施工力学研究[D].上海:同济大学,2008.

[29] 朱敬民,王立维.层状岩体中地下工程符合衬砌模型试验研究[J].重庆建筑工程学院学报,1991,13(1):1-14.

[30] 王景春,殷杰.相邻隧道中心距的研究[J].石家庄铁道学院学报,1995,8(2):109-113.

[31] 李誉.近距离二线隧道开挖稳定性的动静力分析[D].北京:北京交通大学,1996.

[32] 张玉军,朱维申,杨家岭.近距离双隧道开挖与支护稳定性的粘弹塑性有限元计算[C].//第一届海峡两岸隧道与地下工程学术与技术研讨会论文集(上册).1999.

[33] 刘艳清,钟世航,卢汝绥,等.小净距并行隧道力学状态的试验研究[J].岩石力学与工程学报,2000,19(5):590-594.

[34] 吴焕通.小间距地铁区间隧道施工工序模拟分析[J].2002,39(5):32-35.

[35] 山口巖,山崎系治.并设シールドの影响予测解析と实际の挙動,トンネル工学研究論文[J].報告集(5),1995:39-45.

[36] 大久保達也,森信介.近接トンネルピラ一部補強法に関する研究——FEM解析による検證[C].//土木學會第50回年次學術講演會,平成7年9月:1102-1103.

[37] 木村定雄,山下雄一.并设シールドトンネルの影响评价について,トンネル工学研究論文[J].報告集(6),1996:327-333.

[38] 蒋宇静,江崎哲郎.近接トンネルの相互影响の评价について,トンネル工学研究論文[J].報告集(6),1996:1-8.

[39] 櫻井春輔.双设トンネルの举動と中壁部に作用する土圧に関する研究,トンネル工学研究論文[J].報告集(6),1996:83-88.

[40] Hiroshi Kuriyama, Tokuji Koga, Takaya Ogata. The design and construction of pillar reinforcement at horizontal twin tunnels[J]. Proceeding of Tunnel Engineering JSCE,

2000(10):125-130.

[41] 杨转运,龚雄文,刘会,等. 小净距隧道中央岩柱的力学性能及加固处理[J]. 铁道建筑技术,2005(3):57-61.

[42] 戴安全,易丽云,杨转运. 小净距隧道中央岩柱稳定性的模糊综合评价[J]. 山东交通学院学报,2010,18(4):53-57.

[43] 谭坤. 公路小净距隧道安全控制关键技术研究[D]. 成都:西南交通大学,2010.

[44] 杨龙伟. 公路小净距隧道施工关键技术模型试验研究[D]. 成都:西南交通大学,2009.

[45] 刘芸,周玉兵. 软岩小净距隧道中夹岩柱分区及加固方法研究. 地下空间与工程学报,2013,9(2):373-379.

[46] 田志宇,林国进. 四川小净距隧道的发展与技术要点总结[J]. 现代隧道技术,2012,49(1):7-11.

[47] 何巍. 小净距隧道围岩稳定性及中夹层力学行为研究[D]. 武汉:武汉理工大学,2007.

[48] T. 川田,M. 大冢,M. 小林. 最小净距的大型双线公路隧道的观测施工[J]. 水电技术信息,1996(1):146-154.

[49] 今田辙,等. 山岭隧道施工[M]. 鹿岛:鹿岛出版社,1996:271-277.

[50] Solim E,张佳文. 小间距双线隧道的二维与三维分析[J]. 探矿工程译丛,1995(2):62-64.

[51] 中野研一郎,岡田滋. トンネル掘削における超近接爆破に関する研究,トンネル工学研究論文[J]. 報告集(3),1993:53-62.

[52] 根征喜,横田光正. 近接トンネルにおける爆破振動データの計測について[C]. //土木學會第50回年次學術講演會,平成7年9月:1104-1105.

[53] 李云鹏,王芝银,韩常领,等. 不同围岩类别小间距隧道施工过程模拟研究[J]. 岩土力学,2006,27(1):11-16.

[54] 龚建伍,夏才初,郑志东,等. 鹤上三车道小净距隧道爆破振动测试与分析[J]. 岩石力学与工程学报,2007,26(9):1882-1887.

[55] 张国华,陈礼彪,夏祥等. 大断面隧道爆破开挖围岩损伤范围试验研究及数值计算[J]. 岩石力学与工程学报,2009,28(8):1610-1619.

[56] 唐明明,王芝银,李云鹏. 穿越公路偏压小净距隧道施工方法探讨[J]. 岩土力学,2011,32(4):1163-1168.

[57] 张玉军,刘谊平. 上下行隧道立交处围岩稳定性的有限元计算[J]. 岩土力学,2002,23(4):512-515.

[58] 王暖堂,陈瑞阳,谢菁. 城市地铁复杂洞群浅埋暗挖法施工技术[J]. 岩土力学,2002,23(2):208-212.

[59] 王新荣. 采用微振爆破技术组织小间距并行隧道施工[J]. 西部探矿工程,2001(5):

78-79.

[60] 刘慧.招宝山超小净距双线隧道的安全控爆研究[J].工程爆破,2000,6(1):49-55.

[61] 刘慧,史雅语,冯叔瑜.招宝山超小净间距双线隧道控制[J].爆破监测,1997,14(4):25-28.

[62] 阳生权.小间距平行隧道爆破震动加速度测试[J].爆破,1997,14(4):38-40.

[63] 李树良.对邻近隧道爆破施工的几点体会[J].铁道建筑技术,1998(4):26-29.

[64] K. W. Lo, L. K. Chong, L. F. Leung, et al. Field Instrumentation of a multiple Tunnel Interaction Problem[J]. Tunnels and Tunnelling,1998(6).

[65] H. R. Samuel, R. J. Mair, Y. C. Lu, et al. The effects of boring a new tunnel under an existing masonry tunnel[C]. // The Intertional Sympsium on Geotechnical Aspects of Underground Construction in Soft Ground. 1999:293-298.

[66] Kimmance, J. P. Lawrence, S. Hassan, et al. Observation of Deformations Created in Existing Tunnels by Adjacent and Cross Cutting[C]. // Proceedings International Symposium Geotechnical Aspects of Underground Construction in Soft Ground. London,1996.

[67] 陈宇,颜小虎.监控量测技术在大跨度小净距隧道中的应用[J].山西建筑,2008,34(34):318-319.

[68] 覃卫民,李祺,任伟中,等.复杂结构形式隧道的围岩位移监测分析[J].岩石力学与工程学报,2010,29(3):549-557.

[69] 蒋坤,夏才初.双向八车道小净距公路隧道监控量测分析[J].岩石力学与工程学报,2010,29(supp):3755-3761.

[70] 张煜.高速公路小净距隧道洞口段施工数值模拟及监控量测技术研究[D].成都:西南交通大学,2007.

[71] 郑俊清.复杂地质条件小净距短隧道现场监测分析及数值模拟研究[D].杭州:浙江大学,2011.

[72] 谢军旗.小净距隧道围岩力学行为与监控量测技术研究[D].成都:西南交通大学,2007.

[73] 李树鹏.小净距隧道的施工监控量测和围岩稳定性的数值模拟研究[D].武汉:武汉理工大学,2008.

[74] 刘洪州,黄伦海.连拱隧道设计施工技术研究现状[J].西部探矿工程,2001(1):54-55.

[75] 何川,林刚,张志强,等.连拱隧道的主要修建技术问题和对策[J].现代隧道技术,2002:265-259.

[76] 李志厚,吴华金,刘宏.练江隧道选址方案研究[J].现代隧道技术,2002,39(6):265-269.

[77] 韩昌领.公路隧道总体设计中若干问题的探讨[J].公路交通科技,2002(5):12-14.

[78] 张国华,宋军.双跨连拱隧道防排水技术[J].西部探矿工程,2002(3):82-84.

[79] 杨敦才.中导洞—核心土(先拱后墙)工艺施工方法[J].四川水力发电,2008,27(4):68-71.

[80] 姚振凯,黄运平,杨敦才,等.中导洞—核心土工艺施工三车道公路连拱隧道成功探索[J].公路,2006(5):219-222.

[81] 李玉文.连拱隧道中墙形式研究[D].成都:西南交通大学,2004.

[82] 姚振凯,李世清,朱琪,等.公路连拱隧道技术新进展[M].北京:人民交通出版社,2011.

[83] 陈文辉,秦峰,陈贵华.小净距隧道、连拱隧道、普通分离式隧道造价对比分析[J].公路交通技术,2005(6):120-122.

[84] 刘伟,陈少华,姚国芳,等.山区高速公路隧道结构形式的初步研究[C].2001年全国公路隧道学术会议论文集.2001.

[85] 四川省交通厅公路勘察设计院.国道317(213)线都江堰至汶川公路两阶段施工图设计资料[R].2003.

[86] 孙钧.地下工程设计理论与实践[M].上海:上海科学技术出版社,1995.

[87] 关宝树.隧道力学概论[M].成都:西南交通大学出版社,1993.

[88] 孙钧.地下结构(上、下册)[M].北京:科学出版社,1991.

[89] 孙均,汪炳鉴.地下结构有限元法解析[M].上海:同济大学出版社,1988.

[90] 潘昌实.隧道力学数值方法[M].北京:中国铁道出版社,1995.

[91] 王瑁成,邵敏.有限单元法基本原理与数值方法[M].北京:清华大学出版社,1997.

[92] 何川,佘健.高速公路隧道维修与加固[M].北京:人民交通出版社,2006.

[93] 周维垣.高等岩石力学[M].北京:中国水利水电出版社,1989.

[94] 戴俊.岩石动力学特性与爆破理论[M].北京:冶金工业出版社,2002.

[95] 刘国华,王振宇.爆破荷载作用下隧道的动态响应与抗爆分析[J].浙江大学学报(工学版),2004,38(2):204-208.

[96] Hsin Yu Low, Hong Hao. Reliability analysis of reinforced concrete slabs under explosive loading[J]. Structural Safety,2001(23):157-178.

[97] 夏才初.地下工程测试理论与检测技术[M].上海:同济大学出版社,1998.

[98] 周晓军.地下工程监测和检测理论与技术[M].北京:科学出版社,2014.

[99] 张强勇,李术才,李勇,等.地下工程模型试验新方法新技术及工程应用[M].北京:科学出版社,2012.

[100] 汪旭光,于亚伦,等.爆破安全规程实施手册[M].北京:人民交通出版社,2004.

[101] 杨军,金乾坤,等.岩石爆破理论模型及数值计算[M].北京:科学出版社,1999.

[102] 张俊秀,刘光烈,等.爆炸及其应用技术[M].北京:兵器工业出版社,1998.

[103] 四川省交通运输厅公路规划勘察设计研究院.国家高速公路网成渝地区环线纳溪—宜宾段公路施工图设计两阶段施工图设计文件[R].2008.

[104] 四川省交通运输厅公路规划勘察设计研究院. 映秀至汶川高速公路两阶段施工图设计文件[R]. 2009.

[105] 四川省交通运输厅公路规划勘察设计研究院. 北京至昆明高速公路四川境雅安至泸沽项目两阶段施工图设计文件[R]. 2007.

[106] 四川省交通运输厅公路规划勘察设计研究院. 四川省姚渡（甘川界）至广元公路两阶段施工图设计文件[R]. 2008.

[107] 四川省交通运输厅公路规划勘察设计研究院. 丽江至攀枝花高速公路两阶段施工图设计文件[R]. 2010.

[108] 四川省交通运输厅公路规划勘察设计研究院. 巴中至达州高速公路两阶段施工图设计文件[R]. 2010.